Premalatha Jayawardena-Moser

Grundwortschatz Singhalesisch – Deutsch

Premalatha Jayawardena-Moser

Grundwortschatz Singhalesisch – Deutsch

Mit grammatischer Übersicht

3., überarbeitete Auflage

සිංහල - ජර්මන් ශබ්ද කෝෂය

මූලික වචන මාලාව

2011

Harrassowitz Verlag · Wiesbaden

Bibliografische Information der Deutschen Nationalbibliothek
Die Deutsche Nationalbibliothek verzeichnet diese Publikation in der Deutschen Nationalbibliografie; detaillierte bibliografische Daten sind im Internet über https://dnb.de abrufbar.

Bibliographic information published by the Deutsche Nationalbibliothek
The Deutsche Nationalbibliothek lists this publication in the Deutsche Nationalbibliografie; detailed bibliographic data are available in the internet at https://dnb.de.

Informationen zum Verlagsprogramm finden Sie unter
https://www.harrassowitz-verlag.de

Gedruckt auf alterungsbeständigem Papier.
Druck und Verarbeitung: docupoint GmbH
Printed in Germany

ISBN 978-3-447-05027-2

Herrn Professor Klaus Matzel †

Inhaltsverzeichnis

Vorwort XIII

Abkürzungen und Zeichen 1
Hinweise für den Benutzer 3

1 Einleitung 9

1.1 Vorbemerkungen 9

1.1.1 Die singhalesische Sprache § 1 9
1.1.2 Die singhalesische Schrift 9
§ 1 a) Das Alphabet 9
§ 1 b) Wie schreibt man die singhalesischen Buchstaben? 12

1.1.3 Einige Bemerkungen zur Aussprache § 2 14
§ 2 a) Zur Aussprache des *a*-Vokals 14
§ 2 b) Zur Aussprache der Längen 14
§ 2 c) Zur Aussprache der Konsonanten 14
§ 2 d) Zur Aussprache der Doppelkonsonanten 15
§ 2 e) Zur Aussprache der Halbnasale 15

1.2 Grammatische Übersicht 16

1.2.1 Das Substantiv 16
§ 3 Allgemeines 16
§ 4 Das Maskulinum (Paradigma 1–5) 16
§ 5 Das Femininum (Paradigma 6–9) 19
§ 6 Verwandtschaftsbezeichnungen (Paradigma 10) 21
§ 7 Das Neutrum (Paradigma 11) 22

1.2.2 Das Adjektiv § 8 23
§ 8 a) Attributiver Gebrauch des Adjektivs 23
§ 8 b) Prädikativer Gebrauch des Adjektivs 23
§ 8 c) Substantivierung von Adjektiven 23
§ 8 d) Steigerung von Adjektiven 24

1.2.3 Das Pronomen 24
§ 9–11 Personalpronomina 24
§ 9 Erste Person (Paradigma 12) 24
§ 10 Zweite Person (Paradigma 13) 25
§ 11 Dritte Person (Paradigma 14–16) 26
§ 12 Demonstrativpronomina 27
§ 12 a) Pronominalstämme 27
§ 12 b) Attributiv verwendet 27
§ 12 c) Substantiviert 27
§ 13 Interrogativpronomina 27

§ 14 Das Reflexivpronomen ... 28
§ 15 Indefinitpronomina ... 29
§ 16 Pronominaladjektiva ... 29
§ 17 Das altertümliche Relativpronomen ... 30

1.2.4 Die Zahlwörter ... 31
§ 18 Kardinalzahlen ... 31
§ 19 Zahlkollektiva ... 33
§ 20 Ordinalzahlen ... 33
§ 21 Zahlfragewörter ... 33

1.2.5 Das Verbum ... 34
§ 22–24 Tempus ... 34
§ 22 Allgemeines über Konjugationsklassen ... 34
§ 23 Das Präsens ... 35
§ 24 Das Präteritum ... 36
§ 25 Genus verbi ... 37
§ 25 a) Aktiv ... 37
§ 25 b) Medium ... 37
§ 25 c) Passiv ... 37
§ 25 d) Das periphrastische Passiv ... 38
§ 26 Modus ... 38
§ 26 a) Der Indikativ ... 38
§ 26 b) Der Imperativ ... 38
§ 26 c) Der Adhortativ/Kohortativ (ermahnend) und der Permissiv ... 39
§ 26 d) Der Optativ (Wunschform) ... 40
§ 26 e) Der Potentialis (Möglichkeitsform) ... 40
§ 27 Das Kausativum (Verbum des Veranlassens) ... 41
§ 28 Zu unregelmäßigen Verben ... 42
§ 29 Besondere Verbalformen und ihre Anwendung ... 42
§ 29 a) Verba substantiva ... 42
§ 29 b) Modalverben und Ersatzformen ... 43
§ 29 c) Dativkonstruktionen ... 43
§ 29 d) Verbale Zusammensetzungen ... 44
§ 30 Infinite Verbalformen ... 45
§ 30 a) Der Konditional (Bedingungsform) ... 45
§ 30 b) Der Konzessiv (zur Bezeichnung der Einräumung) ... 46
§ 30 c) Die Verbalform auf *-nnē*/*-ē* (die sog. emphatische Form) ... 46
§ 30 d) Der Infinitiv ... 47

1.2.6 Die Partizipien ... 48
§ 31 Das Partizip der Gegenwart ... 48
§ 32 Das Partizip der Vergangenheit ... 48

1.2.7 Die Absolutiva ... 49
§ 33 Das Absolutivum I ... 49
§ 34 Das Absolutivum II ... 50

1.2.8 Die Adverbien 50
§ 35 Die Pronominaladverbien 50
§ 35 a) Lokal 51
§ 35 b) Temporal 51
§ 35 c) Modal 51
§ 35 d) Kausal 52
§ 35 e) Adverbien der Menge 52
§ 35 f) Indefinitadverbien 52
§ 35 g) Adverbien zur Bezeichnung der Beschränkung 52
§ 36 Adverbien nominaler Herkunft 52

1.2.9 Die Postpositionen § 37 53
§ 37 a) Lokal 53
§ 37 b) Temporal 54
§ 37 c) Modal 54
§ 37 d) Kausal 54
§ 37 e) Final 54
§ 37 f) Zur Bezeichnung der Beschränkung 55
§ 37 g) Zur Bezeichnung der Ähnlichkeit 55

1.2.10 Die Konjunktionen und die suffigierten Partikeln 55
§ 38 Die Konjunktionen 55
§ 38 a) Kopulativ 55
§ 38 b) Disjunktiv 55
§ 38 c) Adversativ 55
§ 38 d) Temporal 56
§ 38 e) Kausal 56
§ 38 f) Konditional 56
§ 38 g) Modal 56
§ 39 Die suffigierten Partikeln 56
§ 39 a) Interrogativpartikeln 56
§ 39 b) Begriffsverstärkende Partikeln 56
§ 39 c) Begriffsbetonende Partikel 57
§ 39 d) Affirmativpartikel 57
§ 39 e) Partikel zum Ausdruck der Ungewißheit 57
§ 39 f) Partikeln zur Wiedergabe vom Hörensagen 57
§ 39 g) Partikel zur Markierung des Satzendes (Kopula) 57
§ 39 h) Partikel zur Markierung des Gedanken- bzw. Redeabschlusses 58
§ 39 i) Partikeln der Verbindung und der Einräumung 58

1.2.11 Die Negation 58
§ 40 Die Negation beim Verbum 58
§ 40 a) Negationspräfix: *no-* 58
§ 40 b) Negiertes Verbum substantivum: *näta/nähä/nă̈* 58
§ 40 c) Negationspartikeln/Satzwörter: *näta/nähä/nă̈*; *bähä/bă̈* 59
§ 40 d) Prädikativer Gebrauch: *noveyi/novē/neveyi/nemeyi/nemē* 59

§ 40 e) Negiertes Fragewort: *nädda?* < *nätida?* 59
§ 40 f) Negation beim Imperativ/Prohibitivverbersatz: *epā!* 59
§ 41 Die Negation beim Nomen (Adjektiv und Substantiv) 59
§ 41 a) Negationspräfix *a-* vor Konsonant 59
§ 41 b) Negationspräfix *an-* vor Vokal 59
§ 41 c) Negationspräfix *ni-* vor Konsonant 59
§ 41 d) Negationspräfix *nir-* vor Vokal 59
§ 41 e) Negationspräfix *no-* vor Partizip 59
§ 41 f) Negationspräfix *no-* vor Verbalsubstantiv 59
§ 41 g) Negationspräfix *no-* vor Adjektiv/Substantiv 60

1.2.12 Die Verbalsubstantiva 60
§ 42 Allgemeines 60
§ 42 a) Das Verbalsubstantiv auf *-īma* 60
§ 42 b) Das Verbalsubstantiv auf *-uma* 60
§ 42 c) Das Verbalsubstantiv auf *-illa* 60

2 Grundwortschatz 61

a 61
ā 70
ä 72
ǟ 74
i 74
ī 78
u 78
ū 81
ṛ 81
e 82
ē 85
ai 85
o 85
ō 86
au 87
ka 87
kha 97
ga 97
gha 103
ca 103
cha 105
ja 105
jha 106
jña 106
ña 106
ṭa 107

ṭha ... 107
ḍa ... 108
ṇa ... 108
ta ... 108
tha ... 115
da ... 115
dha ... 121
na ... 122
pa ... 130
pha ... 144
ba ... 144
bha ... 149
ma ... 150
ya ... 159
ra ... 163
la ... 167
va ... 172
śa ... 185
ṣa ... 186
sa ... 187
ha ... 202
ḷa ... 212
fa ... 212

Anhang ... 213

1. Einige Begriffe zu Datums- und Zeitangaben ... 213
2. Literatur ... 215

Vorwort

Der vorliegende Grundwortschatz bildet zusammen mit dem in Kürze erscheinenden Aufbauwortschatz das erste Wörterbuch Singhalesisch-Deutsch. Diese Arbeit ist auf Anregung des kürzlich verstorbenen Professors Klaus Matzel entstanden, der den größten Teil dieses Bandes noch durchgesehen hat. Dieses Werk soll eine Lücke schließen, da auch die meisten derzeit vorliegenden Wörterbücher Singhalesisch-Englisch entweder veraltet oder unübersichtlich sind.

Der Grundwortschatz enthält 2530 Stichwörter und eine Einleitung mit einer grammatischen Übersicht. Ziel dieses Werkes ist, erstens beim Selbststudium (z.B. unter Benutzung eines der auf Seite 8 genannten Lehrbücher) das Erlernen des Singhalesischen in beiden Sprachvarianten (Schrift- und Umgangssprache) mit der Grammatik und Idiomatik zu erleichtern, zweitens das Verstehen eines normalen Textes (Roman, Kurzgeschichte, Zeitung, Zeitschrift, Brief, Protokoll usw.) mit Hilfe dieses Wörterbuches zu ermöglichen und drittens Wissenschaftlern, die Sprachvergleiche betreiben, Gelegenheit zu bieten, einen schnelleren Zugang zur Grundlage der grammatischen Kategorien und zu den Begriffen sowie den Redewendungen des Singhalesischen zu finden.

Die Auswahl der Stichwörter erfolgte mit Hilfe von Statistiken, die ich auf der Grundlage ausgewählter Texte verschiedener Textgattungen des Singhalesischen erstellt habe. Außerdem habe ich das bis jetzt 24-bändige *Siṃhala Śabda Kōṣaya* 'Singhalesisches Wörterbuch' (s. Seite 8) zu Rate gezogen. Ferner verglich ich zu diesem Zweck auch die Grund- und Aufbauwortschatz-Wörterbücher anderer Sprachen.

Idiomatische Ausdrücke und semantische Fragen wurden systematisch berücksichtigt. Nicht nur die spezifischen Wortprägungen der Schriftsprache, sondern auch die der Umgangssprache wurden – möglichst nach Häufigkeit – erfaßt. Sowohl das Wörterverzeichnis als auch die grammatische Übersicht, auf die im Wörterverzeichnis Bezug genommen wird, trägt dem Unterschied zwischen Schriftsprache und Umgangssprache Rechnung.

Nach dem mißlungenen Versuch, für dieses Wörterbuch ein geeignetes, bereits vorhandenes Textverarbeitungssystem für Singhalesisch zu erhalten, kam mir das Rechenzentrum der Universität Münster zu Hilfe. Ich bin Herrn Hans-Werner Kiske vom Rechenzentrum zu großem Dank dafür verpflichtet, daß er die Herstellung des Schriftsatzes in die Wege geleitet und unterstützt hat. Auch Herrn Wolfgang Kaspar, Rechenzentrum, gilt mein Dank für sein Entgegenkommen bezüglich des Textverarbeitungsprogramms LATEX. Für die Herstellungsarbeiten der singhalesischen Schriftzeichen, die mit großem Zeitaufwand verbunden waren, danke ich Herrn Tim Doherty sehr. Bei den Vorarbeiten zu dieser Datei habe ich das auf Seite 8 erwähnte Buch über die Analyse der singhalesischen Schrift zu Rate gezogen. Außerdem kamen mir dabei meine Erfahrungen mit den Schwierigkeiten der Lernenden zugute, durch die Verwechselbarkeit mancher Schriftzeichen verursacht.

Die Konzeption, die Gesamtgestaltung und der Inhalt des Wörterbuches basieren auf den Erfahrungen und Erkenntnissen, die ich beim Singhalesisch-Unterricht an den Universitäten in Regensburg, Münster und in Peradeniya, Śrī Laṃkā, erworben habe. Die Fragen der Studierenden sind stets Anregungen, über Ungeklärtes nachzudenken.

Für die Mitarbeit danke ich sehr Frau Janet Frielitz, Frau Sabine Ketteler, Frau Eva Rest, Herrn Daniel Korth und meinem Mann, Dr. Karl Moser, dem letzteren auch dafür, daß er mich bei dieser nicht gerade kurzweiligen Arbeit stets ermuntert und durch finanzielle Unterstützung dieses Projekt ermöglicht hat.

Dank schulde ich auch dem Verlag Harrassowitz, insbesondere dem Verlagsleiter Herrn Langfeld, für sein Interesse und für die verlegerische Betreuung dieses Projekts.

Für Kritik bin ich selbstverständlich dankbar.

Münster, im Dezember 1992 P. Jayawardena-Moser

Vorwort zur zweiten Auflage

Aufgrund des ermutigenden Interesses der Benutzer ist nach erfreulich kurzer Zeit eine zweite Auflage des Grundwortschatzes notwendig geworden. Dadurch ergibt sich die Gelegenheit, einzelne Korrekturen und Ergänzungen (die z.T. bereits im Aufbauwortschatz auf einem gesonderten Blatt erschienen) anzubringen.

Mit Ausnahme der Literaturliste, die jetzt im Anhang II erscheint, ist der Gesamtaufbau des Buches einschließlich der Seitenzahl unverändert geblieben.

Für wertvolle Hinweise danke ich Herrn Professor Heinz Bechert, Universität Göttingen, und Herrn Professor J.B.Disanayake, Universität Colombo. Dank schulde ich auch Herrn Langfeld, dem Verlagsleiter des Harrassowitz Verlages, für sein Interesse an einer Überarbeitung und nicht zuletzt meinem Mann für die unablässige Ermunterung und Hilfe.

Für Kritik bin ich weiterhin dankbar.

Dülmen, im Juni 1997 P. Jayawardena-Moser

Vorwort zur dritten Auflage

Wegen des ungebrochenen Interesses am Grundwortschatz ist nach wenigen Jahren eine dritte Auflage notwendig geworden. Dadurch wurde es mir möglich, den Wortschatz zu aktualisieren, einige Verbesserungen vorzunehmen und einige Ergänzungswünsche in der grammatischen Übersicht zu berücksichtigen. So werden das Präsens des Indikativs, das Präteritum und die Modalverben und Ersatzformen ausführlicher behandelt. Bei 60 zusätzlichen Stichwörtern ist der Umfang und der Gesamtaufbau des Buches nahezu unverändert geblieben. Die alte Rechtschreibung wurde beibehalten.

Für seine Hilfe – auch in seiner Freizeit – bezüglich des Programms LATEX danke ich Herrn Wolfgang Kaspar, Rechenzentrum der Universität Münster, sehr. Dank schulde ich auch Herrn Michael Langfeld, dem Verlagsleiter des Harrassowitz Verlags für sein Interesse und nicht zuletzt meinem Mann für seine unermüdliche Hilfe.

Für Kritik bin ich weiterhin dankbar.

Dülmen, im Januar 2004 P. Jayawardena-Moser

Abkürzungen und Zeichen

Grammatische Termini: ohne Punkt; Abkürzungen der deutschen Wörter: mit Punkt

a.	auch
abh	abhängig
abl, Abl	Ablativ
abpart	Abtönungspartikel
abs	Absolutivum
adj	Adjektiv
adv	Adverb
afpart	Affirmativpartikel
akk, Akk	Akkusativ
Anm.	Anmerkung
arch	archaisch
Bed., Bedeut.	Bedeutung, bedeutend
bel	belebt (Pflanzen ausgeschl.)
best	bestimmt
buddh.	buddhistisch
bzw.	beziehungsweise
comp	Computerfachausdruck
dat, Dat	Dativ
d.	der, die, das, dem, den, des
dempart	Demonstrativpartikel
dem pron	Demonstrativpronomen
e.	ein, eine(-m, -n, -r, -s)
eigtl.	eigentlich
engl.	englisch
f, fem	Femininum
f.	für
fig	figurativ
frg	Frage
frgpart	Fragepartikel
gebr	Gebrauch, gebraucht
geh	gehobene Sprache
gelegtl.	gelegentlich
gen, Gen	Genitiv
ggf.	gegebenenfalls
gramm	grammatisch
hist.	historisch
höfl. Form	höfliche Form
hon	Honorifikum
indef	indefinit
inf	Infinitiv
instr, Instr	Instrumental
int	Interjektion
int adv	Interrogativadverb
intpart	Interrogativpartikel
int pron	Interrogativpronomen
intr	intransitiv
inv	Involitiv
ipt	Imperativ
jmd.	jemand
jmdm.	jemandem
jmdn.	jemanden
jmds.	jemandes
K, kons	Konsonant
kaus	Kausativ
komp	Kompositum
konj	Konjunktion
konz	Konzessiv
Lehnw	Lehnwort
lok, Lok	lokal, Lokativ
m, mask	Maskulinum
m.	mit
mod verb ers	Modalverberbersatz
n, neutr	Neutrum
n.	nach
nachgest.	nachgestellt
neg	Negation, negiert
negpart	Negationspartikel
neg präf	Negationspräfix
neu	neuer Sprachgebrauch
nom, Nom	Nominativ
o.	oben
obj	Objekt
obl	oblique
obs	obsolet
onom poet	onomatopoetisch
opt	Optativ
P	Pāli
para	Paradigma
part	Partizip
part ps/präs	Partizip des Präsens

part pt/prät	Partizip des Präteritums
pass	Passiv
pers	personal
Pkt	Prākṛt, Prākrit
pl, Pl	Plural
poet	poetisch
poss	possessiv
post	Postposition
präd	prädikativ
präf	Präfix
proh verb ers	Prohibitivverbersatz
pron	Pronomen
ps	Präsens
pt	Präteritum
refl pron	Reflexivpronomen
relig.	religiös
s	Substantiv
s.	siehe
s.a.	siehe auch
s.o.	siehe oben
s.u.	siehe unten
schr	schriftsprachlich
selt.	selten
sg	Singular
Skt	Sanskṛt, Sanskrit
sog.	sogenannt
sprich	gesprochen
stf	Stammform
Stoffbez	Stoffbezeichnung
subst	substantiviert
subst elem	Substantivierungselement
suf	Suffix
sufpart	suffigierte Partikel
sup	Superlativ
temp	temporal
tr	transitiv
u.	und, unten
umg	umgangssprachlich
unbel	unbelebt
unbest	unbestimmt
unp	unpersönlich
unregel	unregelmäßig
unz	unzählbar (s.u.)
urs, urspr.	ursprünglich
usw.	und so weiter
V, vok	Vokal
v.	vom, von
verb komp	Verbkompositum
vgf	verbale Grundform
vgl.	vergleiche
vn	Verbalnomen (-substantiv)
Vok	Vokativ
vs	Verbum substantivum
vulg	vulgär
wtl.	wörtlich
z.	zu, zum, zur
z.B.	zum Beispiel
zs	Zusammensetzung
zsgv	zusammengesetztes Verbum
zw	Zahlwort

>	lautlich oder bedeutungsmäßig entwickelt zu
<	lautlich oder bedeutungsmäßig entwickelt aus
ă	der Vokal *a* z.B. kann kurz oder lang ausgesprochen werden
a'i	nicht als Diphthong, sondern als getrennte Vokale zu lesen
t'h	nicht als aspiriertes *th*, sondern als getrennte Laute zu lesen
=	ist bedeutungsmäßig gleich
+	zusammengesetzt mit
*	zu erwartende, erschlossene, aber nicht vorkommende Form
‾	über einem Vokal, bezeichnet die Länge

unzählbar: die Substantive, die keinen formalen Plural bilden
Sandhi: euphonische Verbindung
Univerbierung: das Zusammenwachsen zweier Wörter zu einem einzigen, meist ohne Bedeutungsspezialisierung.

Hinweise für den Benutzer

I Auswahl der Stichwörter

Der Grundwortschatz erfaßt als Stichwörter diejenigen Ausdrücke, die notwendig sind, um einen normalen Text (Roman, Kurzgeschichte, Zeitschrift, Zeitung, Brief) nahezu vollständig zu verstehen und ein Gespräch selbst zu führen oder einem folgen zu können. Die Auswahl basiert auf mehreren Texten aus verschiedenen Textgattungen.

Wenn Dubletten, wie z.B. *kāraṇaya* und *karuṇa* 'Grund, Motiv, Tatsache', die zu unterschiedlichen Entwicklungsstufen gehören, ohne Bedeutungs- und Häufigkeitsunterschied vorkommen, werden sie an zwei Stellen gleichwertig behandelt. Solche gleichwertigen Dubletten sind in der Gegenwartssprache des Singhalesischen häufig.

II Behandlung der Stichwörter

II.1 Allgemeines

II.1.a Schriftbild der Stichwörter

Die Stichwörter sind in der ersten Spalte in singhalesischer Schrift angeführt. Fakultative Schreibweisen, die häufig in den Texten begegnen, wie z.B. Wörter, in denen eine Ligatur vorkommt, sind in runden Klammern neben der normalen Schreibweise angegeben, z.B. බෞද්ධ (බෞද්‍ධ) *bauddha* 'buddhistisch'.

In der zweiten Spalte sind die Stichwörter in der Großen Kursivschrift transkribiert, und zwar in der bei den Indologen üblichen Umschrift [1] (vgl. Umschrift des singhalesischen Alphabets auf Seite 10 und Bemerkungen zur Aussprache in § 2).

II.1.b Anordnung

Die Stichwörter sind nach dem singhalesischen Alphabet angeführt. Diese Anordnung kann man sowohl aus dem Alphabet auf Seite 10 als auch aus dem Inhaltsverzeichnis entnehmen.

II.1.c Homonyme

Gleichlautende Stichwörter sind durch unmittelbar hinter dem Stichwort hochgestellte Zahlen unterschieden, z.B. *ata*^{1} 'Hand', *ata*^{2} 'Richtung'; 'Seite'. Da auf die Übersichtlichkeit viel Wert gelegt wurde, war bei der Unterscheidung von Stichwörtern dieser Art nicht die Herkunft maßgeblich, sondern lediglich die Bedeutung und Verwendung dieser Wörter in der Gegenwart.

1 Diese Umschrift schien mir für dieses Wörterbuch am zweckmäßigsten, da in den meisten bedeutsamen Werken über Singhalesisch, z.B. von Wilhelm Geiger und K. Matzel, dieselbe Umschrift verwendet worden ist.

II.1.d Varianten der Stichwörter

Wenn ein Laut/Buchstabe innerhalb eines Stichwortes in runden Klammern gesetzt ist, heißt das, daß das Wort mit oder ohne diesen Laut/Buchstaben ohne Bedeutungsunterschied erscheinen kann, z.B. ඉගි(ල්)ලෙනවා *igi(l)lenavā* = ඉගිල්ලෙනවා/ඉගිලෙනවා *igillenavā/igilenavā* 'fliegen' (Vogel).

II.1.e Fakultative Formen

Unmittelbar nach dem Stichwort werden die Formen, die in den Texten fakultativ zum jeweiligen Stichwort vorkommen, in der Normalen Kursivschrift angeführt. Diese sind an anderen Stellen im Wörterverzeichnis als Stichwörter wieder aufgenommen. (Wenn jedoch diese zweite Form nach alphabetischer Ordnung gleich als nächstes Stichwort erscheinen muß, werden die beiden Formen nebeneinander angeführt.) Etwaige Nebenformen, die seltener vorkommen, werden als letzte Angabe in der zweiten Spalte angeführt. Diese werden nicht als Stichwörter wieder aufgenommen.

II.1.f Angaben zur Sprachvariante

Wenn ein Stichwort oder eine Konstruktion entweder ausschließlich in der Schriftsprache oder nur in der Umgangssprache gebraucht wird, wird dies entsprechend gekennzeichnet. Keine Angabe bezüglich der Sprachvariante bedeutet, daß in diesem Fall beides üblich ist. Wurde ein Stichwort an einer Stelle bereits als schriftsprachlich (schr) oder umgangssprachlich (umg) oder poetisch (poet) oder obsolet (obs) bezeichnet, so wird diese Angabe an der zweiten Stelle nicht wiederholt.

Aufgrund des Wechsels von $s > h$ werden in der Regel sowohl die *s*-haltigen, wie auch die *h*-haltigen Formen als Stichwörter aufgenommen. Unter der häufiger vorkommenden Variante werden die beiden Formen behandelt; an der zweiten Stelle wird auf die erste Eintragung verwiesen. (Die *s*-Form bezeichnet die schriftsprachliche Variante, die auch in feierlicher Rede Anwendung findet. Die *h*-Form zeigt die gesprochene Variante, die - wenn nicht mit dem Vermerk umg versehen - zunehmend auch in der Schriftsprache verwendet wird.)

II.1.g Angaben zur Herkunft und Wortbildung

Aufgrund der Übersichtlichkeit wurde in der Regel auf Angaben zur Herkunft und Wortbildung verzichtet. Wenn jedoch solche Angaben erforderlich erschienen, um einen Ausdruck besser verständlich zu machen, wurden Hinweise auf Herkunft und Wortbildung gegeben, und zwar mit Hilfe des im Wörterverzeichnis vorkommenden Materials (s.a. IV.3.c).

II.1.h Restliche Angaben

Die restlichen Angaben sind von der Wortart abhängig (s.u.).

II.2 Substantive

Die Stichwörter, die Substantive sind, werden in ihrer Form im Singular des Nominativs angegeben. Dahinter werden gegebenenfalls die fakultativen Formen des Stichwortes angeführt (s.o. II.1.e). Gleich danach folgt/folgen jeweils die Stammform/-en, die durch den " - " im Auslaut gekennzeichnet ist/sind. Die übrigen Angaben sind vom Genus abhängig (s.u.).

II.2.a Maskulina und Feminina

Bei den Substantiven, die Maskulina und Feminina sind, also bei denjenigen Substantiven, die Lebewesen bezeichnen, erscheint unmittelbar hinter der Stammform bzw. hinter den grammatischen Angaben der Hinweis zum Paradigma (**para ...**), der sich auf die grammatische Übersicht in der Einleitung bezieht. Bei den Stichwörtern, die keinem der angeführten Paradigmen zuzuordnen sind, wird/werden die Pluralform/-en angegeben.

II.2.b Neutra

Da bei der überwiegenden Mehrzahl der Substantiva, die Unbelebtes bezeichnen, also bei denen des Genus Neutrum, die Stammform und die Form des Plurals (Nominativ u. Akkusativ) zusammenfallen, wird der Plural nur bei den Abweichungen angegeben.

Eine Wortartdefinition kommt bei Substantiven nur dann vor, wenn die Zugehörigkeit eines Stichwortes zu mehreren Wortarten vorliegt. Dies ist bei mehreren Abstraktbildungen der Fall.

II.3 Verben

II.3.a Einfache Verben

Die Verben werden in ihrer Grundform auf *-navā* angegeben. Die Konjugationsmuster der regelmäßigen Verben sind aus den Paradigmen der grammatischen Übersicht zu entnehmen. Die Formen der unregelmäßigen Verben werden im Wörterverzeichnis angeführt, (dabei erscheint lediglich die flektierte Form des Singulars der 3. Person), und zwar in dieser Reihenfolge: schr ps, abs, part pt, pt; umg abs, part pt, pt. Die Abkürzungen stehen für:

schr ps	= schriftsprachliches Präsens
(schr) abs	= schriftsprachliches Absolutivum II
(schr) part pt	= schriftsprachliches Partizip des Präteritums
(schr) pt	= schriftsprachliches Präteritum
umg abs	= umgangssprachliches Absolutivum II
(umg) part pt	= umgangssprachliches Partizip des Präteritums
(umg) pt	= umgangssprachliches Präteritum

Auch die Formen derjenigen Verben, die ohne Bedeutungsunterschied Formen von zwei Konjugationsklassen aufweisen, wie z.B. උපදිනවා/ඉපදෙනවා 'geboren werden', werden im Wörterverzeichnis angeführt. Bei denjenigen Verben, die im Präteritum ein $h > s$ oder ein $y > v$ zeigen, werden die Formen des Präteritums (schr u. umg) angegeben. Ebenfalls wird auf unregelmäßige Kausativbildungen und auf durch Kontraktion innerhalb des Verbalstammes - siehe zum Beispiel කියනවා 'sagen' im Wörterverzeichnis - entstandene Unregelmäßigkeiten hingewiesen.

Im allgemeinen wurde auf Angaben zur Transitivität eines Verbums verzichtet, da dies aus der Übersetzung unschwer zu entnehmen ist (s. aber IV.3.a).

II.3.b Zusammengesetzte Verben

Hierbei werden die zusammengesetzten Bestandteile so dargelegt, daß man die Bildeweise klar erkennen und dadurch die Bedeutung gut nachvollziehen kann.

II.4 Sonstige Wortarten

Bei den übrigen Stichwörtern außer Substantiven und Verben wird jeweils die Wortart definiert, z.B. adj, adv.

III Zu den Nebeneintragungen

III.1 Allgemeines

Die Nebeneintragungen zu den Stichwörtern befinden sich in der zweiten Spalte unmittelbar unter den Angaben zum Stichwort. Sie bestehen aus Beispielen zur Anwendung des Stichwortes.

III.1.a Anordnung

Bei mehreren Angaben der gleichen Wortartkategorie gilt die alphabetische Reihenfolge. Unterschiedliche Arten von Angaben erscheinen in folgender Reihenfolge: 1. nominale, 2. verbale. Die Angaben zu Verbalnomina bilden die letzte Eintragung.

III.1.b Grammatische Angaben

Bei Nebeneintragungen wird nur dann die Wortart definiert, wenn es notwendig erscheint, wie das z.B. bei vielen Adverbien der Fall ist. Auch die Verbalnomina werden mit Wortartdefinition (vn) versehen.

Bei abweichender Rektion eines Verbums – wenn z.B. ein singhalesisches Verb ein Dativobjekt verlangt, während bei der deutschen Entsprechung ein Akkusativobjekt erscheinen muß – wird dies anhand von Beispielen in den Nebeneintragungen gezeigt.

Außerdem enthalten die Nebeneintragungen Angaben zur Sprachvariante (s.o. II.1.f) und zu Paradigmen/Pluralbildung.

III.1.c Komposita

Im allgemeinen haben die Komposita in den Nebeneintragungen das jeweilige Stichwort als erstes Glied. In seltenen Fällen kommt jedoch das Stichwort als 2. Glied vor, wenn z.B. der Gebrauch eines Suffixes veranschaulicht werden soll, oder unterschiedliche Bedeutungen eines Wortes, das als 2. Glied eines Kompositums erscheint, gezeigt werden sollen.

IV Deutsche Übersetzung

IV.1 Allgemeines

Es wurde versucht, in den Übersetzungen möglichst wortgetreu zu bleiben und dennoch den Sprachgebrauch des Deutschen zur Geltung kommen zu lassen. Bei idiomatisch voneinander abweichenden Stellen wird zusätzlich die wörtliche Bedeutung angegeben, und zwar mit dem Vermerk "...; *wtl.* ...".

Wenn ein zusätzliches Wort in der deutschen Übersetzung gebraucht wird, das keine Entsprechung im singhalesischen Ausdruck/Satz hat, also eine notwendige Ergänzung, erscheint es in runden Klammern in der Normalen Schrift. (Dies soll aber nicht mit der folgenden Art von Angaben verwechselt werden: (ab-)brechen = brechen, abbrechen.)

Eine grammatische, semantische oder syntaktische Erklärung, die der Übersetzung hinzugefügt wird, steht in der Normalen Kursivschrift unmittelbar hinter dem betreffenden Ausdruck in runden Klammern.

IV.2 Verweise

Die Verweise finden sich in der dritten Spalte. Es gibt zwei Arten davon: 1. Verweise auf die Grammatische Übersicht (*s. a.* §...), 2. die auf andere Stellen des Wörterverzeichnisses (*s. a.* ..., *s. o./s. u.* ...).

IV.3 Zusätzliche Angaben

IV.3.a Grammatische Angaben

Grammatische Angaben kommen im allgemeinen in der zweiten Spalte vor (s. II.2–II.4). Wenn sie aber aus Präzisierungsgründen innerhalb der Übersetzungen erscheinen, beziehen sie sich nur auf das unmittelbar vorangehende Wort, z.B. bedeutet "schmerzen *intr*", daß das singhalesische Verb dem intransitiven Gebrauch des Verbums im Deutschen entspricht.

IV.3.b Angaben zur Sprachvariante

Wenn ein Stichwort mehrere Bedeutungen hat und in einer Bedeutung nur in der Umgangssprache verwendet wird oder obsolet geworden ist, wird unmittelbar hinter dieser Bedeutungsangabe auf die Sprachvariante hingewiesen. Zum Beispiel bedeutet "...; Heirat *umg*", daß der singhalesische Ausdruck in der Bedeutung von 'Heirat' nur in der Umgangssprache und in den übrigen Bedeutungen sowohl in der Schriftsprache als auch in der Umgangssprache verwendet wird.

IV.3.c Angaben zur Herkunft

In der Regel wurde auf Angaben zur Herkunft der Wörter verzichtet (s.o. II.1.g). Wenn jedoch solche Angaben erforderlich erscheinen, um einen Ausdruck besser zu verstehen, wie dies z.B. bei den Maßangaben der Fall ist, wurde auf die englische Entsprechung hingewiesen. Auch bei den Fremdwörtern aus dem Englischen, die noch nicht singhalesiert worden sind und deshalb mit dem nachgestellten Element *eka* erscheinen[1], z.B. *kār eka* neben *kāraya* 'Auto', wird die englische Entsprechung angeführt, wenn die Form mit *eka* als Stichwort vorkommt. Da sich diese Angaben – im Gegensatz zu den in II.1.g genannten Angaben – auf Material außerhalb des Wörterverzeichnisses beziehen, werden sie nicht zu den Stichwörtern, sondern zu den Bedeutungen hinzugefügt.

1 Zu diesem "Singhalesierungsprozeß" siehe P. Jayawardena-Moser, Ansätze zur Sprachreform und Sprachnormung des Singhalesischen, in: Sprachreform - Geschichte und Zukunft, Vol V, hrsg. von István Fodor - Claude Hagège, Hamburg 1990, S. 1–30.

1 Einleitung

1.1 Vorbemerkungen

1.1.1 Die singhalesische Sprache

§ **1** Das Singhalesische ist eine indogermanische Sprache, die in einem Prakritidiom ihren Ursprung hat. Dieses ist seinerseits auf das Altindische zurückzuführen. Angesichts der langen schriftlichen Tradition konnte das Singhalesische einerseits den lautgesetzlich entwickelten Endungssatz der alten Substantivdeklination zum erheblichen Teil (unter Verschmelzung mit Postpositionen) bewahren und im Verbalsystem das alte Konjugationsparadigma – wenn auch stark vereinfacht – erhalten. Syntaktisch und auch z.T. morphologisch hat es aber Einflüsse der umgebenden Sprachen erfahren. Andererseits zeigt das Singhalesische einen auffallend großen Unterschied zwischen der gesprochenen und der geschriebenen Sprache, das heißt, es besteht eine ausgesprochene Situation der Diglossie. Während in der Literatursprache die formale Übereinstimmung zwischen Subjekt und Prädikat in Numerus und Person zu beobachten ist, findet sich in der gesprochenen Variante keine Kongruenz dieser Satzglieder. Dort tritt z.B. im Indikativ des Präsens an die Stelle des flektierten Verbs in allen Personen die verbale Grundform auf *-navā*.

Nicht nur in der Morphologie und in der Syntax, sondern z.T. auch im Wortschatz macht sich die Diglossiesituation bemerkbar, z.B. *pāsala/pāsäla* 'Schule' in der Schriftsprache gegenüber *iskōlē* in der Umgangssprache, *nävata* 'wieder' gegenüber *äyi(t)/äye(t)*. Dieser Unterschied wird hier sowie im Wörterverzeichnis systematisch berücksichtigt.

Im Singhalesischen wechselt ein einfaches *s* im An- und Inlaut, nicht aber im Silben- und Wortauslaut, nicht selten mit *h*. In der Umgangssprache ist dieser Wechsel sehr häufig zu beobachten. Da die Regeln hierüber nur nach sprachgeschichtlichen Gesichtspunkten aufzustellen sind, wird auf den Wechsel von *s* > *h* sowohl hier als auch im Wörterverzeichnis hingewiesen.

Eine durchgängige Besonderheit des Singhalesischen ist das Fehlen der Flexion des Adjektivs. Das unflektierte Adjektiv wird in der geschriebenen und in der gesprochenen Sprache in seiner Stammform dem Bezugswort vorangestellt.

1.1.2 Die singhalesische Schrift

§ **1 a) Das Alphabet**: In der Literatursprache der Gegenwart wird das *miśra-siṃhala*-Alphabet ('das Alphabet des gemischten Singhalesischen') benutzt, das im Vergleich zum *śuddha-siṃhala*-Alphabet ('dem Alphabet des reinen Singhalesischen') zusätzliche Schriftzeichen für folgende Laute hat: die Vokale *ṛ, ṝ, ai, au* und *l̥*, den Visarga *ḥ*, alle Aspirata, *ś, ṣ* und *jña* sowie *f* (s.u.).

Die Schriftzeichen des Singhalesischen: das *miśra-siṃhala*-Alphabet

අ	ආ	ඇ	ඈ	ඉ	ඊ	උ	ඌ	ඍ	ඎ	ඏ
a	*ā*	*ä*	*ǟ*	*i*	*ī*	*u*	*ū*	*ṛ*	*ṝ*	*ḷ*
එ	ඒ	ඓ	ඔ	ඕ	ඖ	(අ)ං	(අ)ඃ			
e	*ē*	*ai*	*o*	*ō*	*au*	(*a*)*ṃ*	(*a*)*ḥ*			
ක	ඛ	ග	ඝ	ඟ	ඞ					
ka	*kha*	*ga*	*gha*	*n̆ga*	*ṅa*					
ච[2]	ඡ	ජ[3]	ඣ	ඦ[4]	ඤ					
ca	*cha*	*ja*	*jha*	*jña*	*ña*					
ට	ඨ	ඩ	ඪ	ඬ	ණ					
ṭa	*ṭha*	*ḍa*	*ḍha*	*n̆ḍa*	*ṇa*					
ත	ථ	ද	ධ	ඳ	න					
ta	*tha*	*da*	*dha*	*n̆da*	*na*					
ප	ඵ	බ	භ	ඹ	ම					
pa	*pha*	*ba*	*bha*	*m̆ba*	*ma*					
ය	ර	ල	ව							
ya	*ra*	*la*	*va*							
ශ	ෂ	ස	හ	ළ	ෆ[5]					
śa	*ṣa*	*sa*	*ha*	*ḷa*	*fa*					

1 ඏ : *ḷ* ist nicht mehr in Gebrauch.

2 ච : *c*(*a*) ist wie *ch* in engl. *church* auszusprechen.

3 ජ : *j*(*a*) ist wie *j* in engl. *jug* auszusprechen.

4 ඦ : *jña* ist kein "Halbnasal", sondern eine Kombination von ජ und ඤ. Sowohl im *Siṃhala Śabda Kōṣaya* wie auch im Grundwortschatz, 1. Aufl., kommt dieses Schriftzeichen zwischen ජ und ඣ vor. Aufgrund der besseren Systematik wurde die Stellung hier geändert.

5 ෆ : für *fa*, das nur in Fremdwörtern, vornehmlich aus dem Englischen, erscheint, kommt in älteren Drucken einfach ප oder *f* ප oder ප*f* vor (handschriftlich auch ෆ).

Wie aus der Tabelle hervorgeht, handelt es sich hier um eine modifizierte Silbenschrift. Die Vokale erscheinen am Wortanfang in ihrer Primärform, wie z.B. අත : *ata* 'Hand'. Die Konsonanten sind in ihrer *a*-haltigen Form angegeben, z.B. ක ← ක් + අ, ව ← ව් + අ. Enthält ein Konsonant einen anderen Vokal als ein *a*, so wird er mit einem Sekundärvokalzeichen[1] versehen, z.B. ක + ා → කා. Es folgen zwei Beispiele für die Hinzufügung dieser Vokalzeichen:

k + ā	කා	k + e	කෙ	v + ā	වා	v + e	වෙ
k + ä	කැ	k + ē	කේ	v + ä	වැ	v + ē	වේ
k + ǟ	කෑ	k + ai	කෛ	v + ǟ	වෑ	v + ai	වෛ
k + i	කි	k + o	කො	v + i	වි	v + o	වො
k + ī	කී	k + ō	කෝ	v + ī	වී	v + ō	වෝ
k + u	කු	k + au	කෞ	v + u	වු	v + au	වෞ
k + ū	කූ	k + aṃ	කං	v + ū	වූ	v + aṃ	වං
k + ṛ	කෘ	k + aḥ	කඃ	v + ṛ	වෘ	v + aḥ	වඃ
k + ṝ	කෲ			v + ṝ	වෲ		

Ähnlich wie beim ක *ka* erfolgt die Bildung bei den folgenden Konsonanten, wenn die entsprechenden Vokalzeichen hinzugefügt werden: ග *ga*, ඟ *n̆ga*, ත *ta*, භ *bha* und ශ *śa*. Besonders zu beachten ist dabei, wie die *u*- bzw. *ū*-haltigen Formen dieser Konsonanten geschrieben werden:

ගු ගූ ඟු ඟූ තු තූ භු භූ ශු ශූ

Aber ණ ṇa, න na, ල la, හ ha und ෆ fa, die ebenfalls rechts unten enden, bilden jene Formen ähnlich wie ව va:

ණු, ණූ, නු, නූ, ලු, ලූ, හු, හූ, ෆු, ෆූ

Folgende Konsonanten, die oben rechts oder links auslaufen, werden ähnlich wie ව va mit den Sekundärvokalzeichen u und ū versehen:

ඛ *kha*, ඝ *gha*, ච *ca*, ඡ *cha*, ජ *ja*, ඣ *jha*, ට *ṭa*, ඨ *ṭha* ඩ *ḍa*, ඪ *ḍha*, ඬ *n̆ḍa*, ථ *tha*, ධ *dha*, ප *pa*, ඵ *pha*, බ *ba* ඹ *m̆ba*, ම *ma*, ය *ya*, ෂ *ṣa*, ස *sa*

Von den übrigen Konsonanten hat ඞ nur 2 Formen: ඞ් *ṅ* und ඞ *ṅa*.

Die restlichen zeigen Besonderheiten in einigen Formen:

ඥ	*jña:*	ඥා	*jñā*					ඥු	*jñu*	ඥූ	*jñū*
ඤ	*ña:*	ඤා	*ñā*					ඤු	*ñu*	ඤූ	*ñū*
ද	*da:*	දා	*dā*	දැ	*dä*	දෑ	*dǟ*	දු	*du*	දූ	*dū*
ඳ	*n̆da:*	ඳා	*n̆dā*					ඳු	*n̆du*	ඳූ	*n̆dū*
ර	*ra:*			රැ	*rä*	රෑ	*rǟ*	රු	*ru*	රූ	*rū*
ළ	*ḷa:*							ළු	*ḷu*	ළූ	*ḷū*

1 Mit diesem Begriff sind die unselbständigen Zusatzzeichen gemeint, die keinen Lautwert haben, wenn sie allein stehen.

Im Hinblick auf ihre vokallose Form werden die Konsonanten in zwei Gruppen eingeteilt. Diese Form wird auch beim Schreiben der *ē*-haltigen Konsonanten verwendet, z.B. බේ *bē*, aber කේ *kē*.

1. ක් ග් ඟ් ජ් ඡ් ඤ් ඥ් ඣ් ත් ථ් ද් ඳ් න් ප් ඵ් ය් ර් ල් ශ් ෂ් ස් හ් ළ් ෆ්
2. ඛ් ඞ් ච් ට් ඪ් ඬ් ධ් බ් ඹ් ම් ව්

Zu den Ligaturen: Konsonantenverbindungen auf einem Typenkörper werden in der singhalesischen Schrift immer seltener. Die Verbindung von ද් *d* und ධ *dha*: ද්ධ und die von ද් *d* und ධි *dhi*: ද්ධි sind jedoch nicht selten. Das gleiche gilt für die Verbindung von ද් *d* und වි *vi*: ද්වි sowie die von ද් *d* und වී *vī*: ද්වී.

Beim Aneinanderrücken von Konsonanten finden Verschmelzungen statt, z.B.:

ත්‍ව tva für ත්ව, ක්‍ෂ kṣa für ක්ෂ

Auf ein besonderes Aneinanderrücken der Konsonanten sei hingewiesen, das kaum mehr in der Druckschrift, aber gelegentlich noch in handgeschriebenen Schriftstücken vorkommt, z.B. වත්‍ත = වත්ත *vatta* 'Garten'. Dabei werden die Vokalzeichen, die links vor den Konsonanten treten, vor die Konsonantenverbindung gestellt, z.B. වත්‍තෙන් = වත්තෙන් *vatten* 'von dem Garten'.

Sonstige Konsonantenverbindungen: Zur Darstellung der Konsonantenverbindungen mit dem vorangehenden *r* gibt es drei Möglichkeiten. Die Lautverbindung *-rya* z.B. in *kāryaya* 'Tätigkeit', 'Aufgabe' kann als කාර්යය, als කාය්‍ය්‍ය oder als කාර්‍යය geschrieben werden.

Das *ra*, das unmittelbar einem Konsonanten folgt, wird traditionellerweise wie folgt geschrieben: *agra* අග්‍ර 'höchst', *cakraya* චක්‍රය 'Kreis', 'Rad'.

Es gibt zwei Möglichkeiten, die Verbindung Konsonant + *ya* zu schreiben, z.B. *satya* සත්ය und සත්‍ය 'wahr'.

Anm.: Der "Anusvāra" (ං) und der "Visarga" (ඃ) sind Konsonanten. Da sie aber in den Wörterverzeichnissen vor den Konsonanten vorkommen, wurden sie in der Tabelle auf Seite 10 am Ende der Vokalreihe angeführt.

§ 1 b) Wie schreibt man die singhalesischen Buchstaben?

Für die Buchstaben අ උ ස ක ග ඝ ජ ඡ ඣ ත ද න ප භ ය ශ ෂ ස හ gilt die Regel, daß man links oben anfängt (bei ඝ, භ und ස schreibt man zuerst den Kopf mit dem Strich) und in einem Zug den ganzen Buchstaben schreibt, z.B.

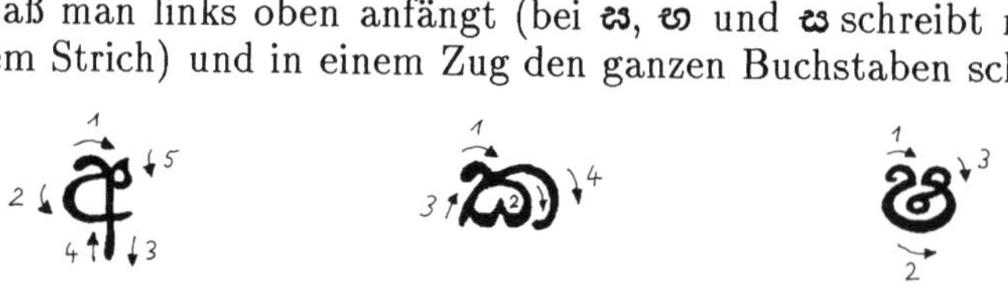

Bei den Buchstaben ඉ ඔ ඕ බ ඩ ඍ ල ඹ ම und beim ෙ beginnt man mit dem kleinen Kreis und schreibt den Buchstaben in einem Zug, z.B.

Bei den sechs Buchstaben ග ඥ ඤ ඬ ද ෆ setzt man links unten zum Schreiben an und schreibt in einem Zug, z.B.

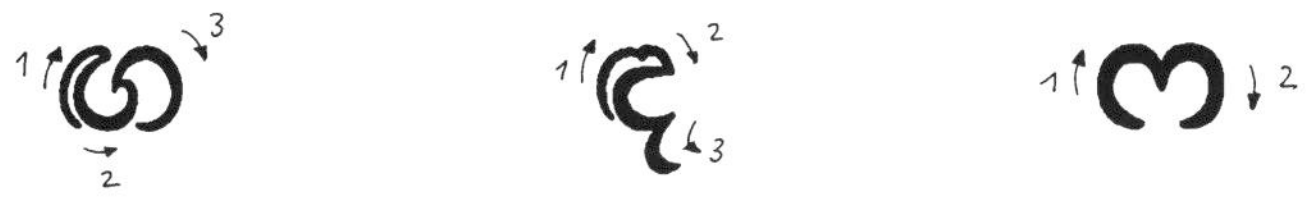

Die Buchstaben එ ඒ ච ට ඨ ඞ ඪ ඊ ඩ ඵ ව fängt man links in der Mitte an. Wenn der Buchstabe einen Kopf mit einem Strich enthält, wie dies z.B. beim එ der Fall ist, schreibt man zuerst den Kopf mit dem Strich und setzt wieder unterhalb des Kopfes zum Schreiben an, z.B.

Bei den restlichen Buchstaben ඊ ර ල ළ setzt man am Anfang der inneren Linie zum Schreiben an und schreibt in einem Zug, z.B.

Einige weitere ausgewählte Beispiele für die Schreibrichtung:

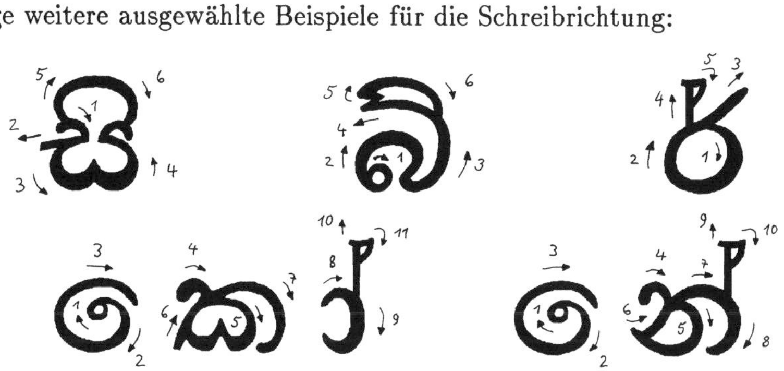

1.1.3 Einige Bemerkungen zur Aussprache

§ **2** Eine ausführliche Darstellung der Aussprache und Orthographie des Singhalesischen findet sich in der Einführung in die singhalesische Sprache, K. Matzel und P. Jayawardena-Moser, 4. Aufl., (im folgenden "Einführung" genannt), S. XXIX–XXXVII. Hier wird auf einige allgemeine Punkte aufmerksam gemacht.

a) **Zur Aussprache des *a*-Vokals**: Das *a* in der ersten Silbe – offen oder geschlossen – ist mit Ausnahme der Verbalformen des Stammes *kara-* 'tun', 'machen' stets als *a* wie im deutschen *man* auszusprechen. Bei den Lehnwörtern aus dem Sanskrit, die in der Anfangssilbe die Konsonantenverbindung K-*r*-*a* oder K-*v*-*a* haben, z.B. *prayōjanaya* 'Nutzen', *svayaṃvaraya* 'Gattenwahl', wird das *a* in offener Silbe als *ə* ausgesprochen.

Das *a* in den folgenden Silben wird in offener Silbe als *ə* ausgesprochen, z.B. *báləna̅vā* 'schauen' (aber *bálánnə* 'schau (bitte)!', da *-lán-* eine geschlossene Silbe ist). Eine Ausnahme zu dieser Regel bildet das Vorausgehen eines *h* Lautes in der Silbe, z.B. *áhánə* 'hörend' gegenüber *asənə* (dasselbe).

b) **Zur Aussprache der Längen**: Die Längen haben im Singhalesischen einen phonemischen Wert (d.h. bedeutungsunterscheidend), z.B. *ata* 'Hand' gegenüber *ātā* 'Großvater'. Die Quantität der langen Vokale wird also streng beachtet.

Die auslautenden Langvokale *ā, ǟ, ē, ō* können in der Umgangssprache gekürzt werden, wenn ihnen eine lange Silbe oder mehrere Silben vorausgehen, z.B. *yanavā* > *yanava* 'gehen', *kǟvā* > *kǟva* 'aß' (dieses *a* wird aber nie als *ə* ausgesprochen), *birindǟ* > *birindä* 'Ehefrau', *tāttē* > *tātte* 'Vater' (Vok), *yāḷuvō* > *yāḷuvo* 'Freunde'. Die Kürzung der auslautenden Vokale erfolgt auch vor Antritt von Partikeln wie *-t* 'und', 'auch', *-da* (Interrogativpartikel), *-nē* (Affirmativpartikel) und *-ma* (Partikel der Begriffsverstärkung), z.B. *ammā-t* > *ammat* 'auch die Mutter', *ōnǟ-da?* > *ōnäda?* 'willst du'/'wollen Sie', *īyē-nē?* > *īyene?/īyenē?* 'gestern, nicht wahr?', *bohō-ma* > *bohoma* 'sehr viel', 'sehr'.

c) **Zur Aussprache der Konsonanten**: Ein auffallender Unterschied zwischen den aspirierten Lauten, z.B. *kha, gha* und den nicht aspirierten Lauten, z.B. *ka, ga*, besteht nur in der sog. "gebildeten Aussprache". In feierlicher Rede oder beim Vorlesen eines Textes werden die Aspirata stärker behaucht ausgesprochen.

Die palatalen Laute *c* und *j* sind wie folgt auszusprechen: *c* wie *ch* in engl. *church* und *j* wie *j* in engl. *jug* oder *journal* (s.a. S. 10, Fußnote 2 u. 3).

Die retroflexen Laute *ṭ, ḍ* und *n̆ḍ* werden mit zurückgebogener Zungenspitze gebildet, die den harten Gaumen hinter den oberen Zähnen berührt. Beim *ṇ* ist die lautliche Umgebung ausschlaggebend. Nur wenn dem *ṇ* unmittelbar ein *ṭ*, ein *ṭh* oder ein *ḍ* folgt, kann man das *ṇ* als retroflexen Laut vernehmen. Zwischen dem retroflexen *ḷ* und dem *l* besteht kein Unterschied in der Aussprache.

Alle drei Zischlaute *ś*, *ṣ* und *s* werden in gewöhnlicher Aussprache – von einigen Ausnahmen abgesehen – als *s* realisiert. In der "gebildeten Aussprache" und in den Fremdwörtern aus dem Englischen werden die beiden Laute *ṣ* und *ś* dem deutschen *sch* ähnlich wiedergegeben. Das *s* ist – anders als im Deutschen – in allen Positionen stimmlos.

In der schnelleren/nachlässigen Aussprache werden oft auslautendes *m* und *n* als *ṃ* ausgesprochen, z.B. *ehenam* 'wenn es so ist' als *ehenaṃ*, *itin* 'also', 'und dann' als *itiṃ*.

d) **Zur Aussprache der Doppelkonsonanten**: Anders als im Deutschen werden die Doppelkonsonanten im Singhalesischen gelängt ausgesprochen; z.B. ist die Lautkombination *-tt-* in *potta* 'Schale', 'Haut' nicht wie die Lautkombination *-tt-* im deutschen *Otto*, sondern wie die im italienischen *otto* 'acht' und im japanischen *motto* '(noch)mehr', 'weiter' auszusprechen. Also wird die Lautkombination *-nn-* in *liyannā* 'Schreiber' annähernd gleich wie die Kombination *-nn-* im deutschen *Annahme* ausgesprochen.

e) **Zur Aussprache der Halbnasale**: Die Bezeichnung "Halbnasal" ist in Bezug auf die Aussprache etwas irreführend. Bei den singhalesischen Lauten *-n̆g-*, *-n̆ḍ-*, *-n̆d-* und *-m̆b-* handelt es sich um phonetische Einheiten, die hinsichtlich des Versmaßes jeweils als ein *mātrā* 'More' (Länge eines kurzen Vokals) betrachtet werden. Dies wird durch die Aussprache dieser Laute bestätigt. So haben z.B. die Wörter *aga* 'Ende', 'Spitze' und *an̆ga* 'Horn' die gleiche Dauer (2 Moren) im Gegensatz zu *aṃga* 'Körperteile', 'Körper', 'Teile', 'Glieder' (3 Moren), das die gleiche Dauer wie das deutsche Wort *Anke* hat.

Von den obenerwähnten Besonderheiten abgesehen, werden die Vokale und Konsonanten des Singhalesischen ähnlich wie im Deutschen ausgesprochen.

1.2 Grammatische Übersicht

1.2.1 Das Substantiv

§ **3 Allgemeines**: Aus dem ursprünglichen grammatischen Drei-Genera-System ist ein natürliches System entstanden, in dem die Substantive, die belebte Wesen bezeichnen, in Maskulina und Feminina und die, die Unbelebtes bezeichnen, in Neutra (außer beim poetischen Gebrauch) eingeteilt werden. Das Substantiv hat im Singular eine bestimmte, z.B. *putā* 'der Sohn', und eine unbestimmte Form, z.B. *putek* 'ein Sohn'. Kennzeichen der unbestimmten Form ist das Suffix *-ek* bzw. *-ak* (s.u.). Vom Plural werden keine unbestimmten Formen gebildet. So kann z.B. *minissu* 'Männer' (s.u.) je nach Kontext entweder als bestimmt oder als unbestimmt aufgefaßt werden.

§ **4 Das Maskulinum**: Maskuline auf Konsonant endende Stämme, z.B. *minis-* 'Mann', 'Mensch', *valas-* 'Bär', *put-* 'Sohn', *hival-* 'Schakal', *yak-* 'Dämon', werden wie das folgende *minis-* dekliniert:

Paradigma 1 *minis-* 'Mann', 'Mensch'

Schriftsprache

	sg		pl
	best	unbest	
Nom	*minisā*	*minisek*	*minissu*
Akk	*minisā*	*miniseku, minisaku*	*minisun*
Instr agentis	*minisā visin*	*miniseku/minisaku visin*	*minisun visin*
Dat	*minisāṭa*	*minisekuṭa, minisakuṭa*	*minisunṭa*
Abl	*minisāgen, minisā keren*	*minisekugen, -akugen, miniseku/-aku keren*	*minisungen, minisun keren*
Gen	*minisāgē*	*minisekugē, -akugē*	*minisungē*
Lok	*minisā kerehi*	*miniseku/-aku kerehi*	*minisun kerehi*
Vok	*minisa*		*minisuni*

Umgangssprache

	sg		pl
	best	unbest	
Nom	*minihǟ*	*minihek*	*minissu*
Akk	*minihǟva*	*minihekva*	*minissunva*

Instr agentis	*minihă atin*	*minihek atin*	*minissu(n) atin*
Dat	*minihăṭa*	*minihek(u)ṭa*	*minissunṭa*
Abl	*minihăgen*	*minihek(u)gen*	*minissungen*
Gen	*minihăgĕ*	*minihek(u)gĕ*	*minissungĕ*
Lok	*minihă lan̆ga*	*minihek lan̆ga*	*minissu(n) lan̆ga*
Vok	*minihŏ*		*minissunē*

Ebenso werden die maskulinen Stämme auf *-a*, in denen der Konsonant der Endsilbe in seiner vokallosen Form nicht im Auslaut stehen kann[1], dekliniert, z.B. *leḍa-* 'Kranker', *kaṇa-* 'Blinder':

Schriftsprache

Nom	*leḍā* 'Kranker'	*leḍek*	*leḍḍu*
Akk	*leḍā*	*leḍeku, -aku*	*leḍun*
Vok	*leḍā*		*leḍuni*

Umgangssprache

Nom	*leḍā*	*leḍek*	*leḍḍu*
Akk	*leḍāva*	*leḍekva*	*leḍḍunva*
Vok	*leḍō*		*leḍḍunē*

Maskuline Stämme auf *-ra* bilden den Plural ohne Verdopplung des *r*, z.B.

Paradigma 2 *sora-* 'Dieb'

Schriftsprache

Nom	*sorā*	*sorek*	*soru*
Akk	*sorā*	*soreku, -aku*	*sorun*
Vok	*sora*		*soruni*

Umgangssprache

Nom	*horā*	*horek*	*horu*
Akk	*horāva*	*horekva*	*horunva*
Vok	*horō*		*horunē*

Ebenso: *mōra-* 'Haifisch', *moṇara-* 'Pfau' usw.

1 Außer den Aspiraten und "Halbnasalen" können folgende Konsonanten in ihrer vokallosen Form nicht im Auslaut stehen (ausgenommen bei Lehn- und Fremdwörtern): *g, ṅ, c, j, jñ, ñ, ṭ, ḍ, ṇ, d, b, r, ṣ, h, ḷ.*

Maskuline Stämme auf *-ī̆* bilden den Plural mit *-ō*, dem – wie im Singular – der Gleitlaut *y* vorangeht, wenn die vorletzte Silbe ein *ä*, ein *i* oder ein *e* enthält oder wenn es sich um Einsilbler handelt, z.B. *divi-* 'Leopard', *mī-* 'Maus':

Paradigma 3 *divi-* 'Leopard'

Schriftsprache

Nom	*diviyā*	*diviyek*	*diviyō*
Akk	*diviyā*	*diviyeku, -aku*	*diviyan*
Vok	*diviya* (poet)		*diviyani* (poet)

Umgangssprache

Nom	*diviyā̆*	*diviyek*	*diviyō*
Akk	*diviyā̆va*	*diviyekva*	*diviyanva*
Vok	*diviyō̆*		*diviyanē*

Einige Stämme auf *-i*, in denen die vorletzte Silbe ein *ā̆*, ein *ū̆* oder ein *ō̆* enthält, bilden den Plural mit *ō*, einige andere aber ohne Endung, z.B. *govi-*: *goviyō* 'die Bauern', aber *koṭi-*: *koṭi* 'die Tiger'. Der Plural der Substantive dieser Gruppe wird jeweils im Wörterverzeichnis angegeben. Auch die Substantive der Stämme auf *-i*, die einen verdopplungsfähigen Konsonanten wie *s, d, t, l* oder *k* im Auslaut haben und mit *ō* unter Verdopplung dieses stammauslautenden Konsonanten den Plural bilden, z.B. *vädi-* 'Väddā': *väddō*, *mäsi-* 'Fliege': *mässō*, erscheinen im Wörterverzeichnis.

Etliche maskuline Stämme auf *-i* haben eine Nebenform auf *-īhu* als Nom Pl., z.B. *govīhu* neben *goviyō* 'Bauern'. Einige andere (meist Skt-Lehnwörter) bilden den Plural des Nominativs regulär mit *-īhu*, z.B. *pakṣi-*: *pakṣīhu* (obl pl: *pakṣīn*) 'die Vögel'. Auch diese Pluralformen werden ins Wörterverzeichnis aufgenommen.

Maskuline Stämme auf *-u-K-u*, die in der Endsilbe ein *s* haben, wie *ukusu-* 'Milan', 'Falke', *kaṭusu-* 'Eidechse', bilden den Plural mit *ō* unter Verdopplung des *s*, z.B. *ukussō*. Die Stämme mit *r, ṭ* oder *ṇ* in der Endsilbe, wie *mituru-* 'Freund', *kapuṭu-* 'Krähe', *bamuṇu-* 'Brahmane', bilden den Plural mit *ō* unter Wegfall des auslautenden *u*-Vokals, der vor den Endungen auch im Singular wegfällt:

Paradigma 4 *kapuṭu-* 'Krähe'

Schriftsprache

Nom	*kapuṭā*	*kapuṭek*	*kapuṭō*
Akk	*kapuṭā*	*kapuṭeku, -aku*	*kapuṭan*
Vok	*kapuṭa* (poet)		*kapuṭani* (poet)

Diejenigen Stämme auf *-u-K-u-*, in denen das auslautende *-u* auf ein altes *-ka* zurückgeht, wie z.B. *kakuḷu-* < ai. *karkaṭaka* 'Krebs', *makuḷu-* < ai. *markaṭaka* 'Spinne', bilden den Plural mit ō, dem der Gleitlaut *v* vorausgeht, z.B. *kakuḷuvō*.

Die umgangssprachlichen Endungen entsprechen denen des Paradigmas *divi-*.

Maskuline Stämme auf *-a(ya)* und *-u(va)*, z.B. *aśva-* 'Pferd', *eḷu-* 'Ziegenbock', und die Stämme auf *-u*, bei denen der stammauslautende Konsonant verdoppelt wird, z.B. *balu-* 'Hund', bilden den Plural mit *(y/v)ō*:

Paradigma 5 *aśva-* 'Pferd', *eḷu-* 'Ziegenbock', *balu-* 'Hund'

Schriftsprache

Nom	*aśvayā*	*aśvayek*	*aśvayō*
Akk	*aśvayā*	*aśvayeku, -aku*	*aśvayan*
Vok	*aśvaya* (poet)		*aśvayani* (poet)
Nom	*eḷuvā*	*eḷuvek*	*eḷuvō*
Akk	*eḷuvā*	*eḷuveku, -aku*	*eḷuvan*
Vok	*eḷuva* (poet)		*eḷuvani* (poet)
Nom	*ballā*	*ballek*	*ballō*
Akk	*ballā*	*balleku, -aku*	*ballan*
Vok	*balla* (poet)		*ballani* (poet)

Umgangssprachliche Endungen entsprechen denen des Paradigmas *divi-*.

Die übrigen Kasusendungen (von Instr agentis bis Lok) in allen Paradigmen entsprechen denen des Paradigmas *minis-*.

Anm.: Das Akkusativkennzeichen der Umgangssprache, das Suffix *-va*, fällt gelegentlich aus, insbesondere bei schnelleren Sprechsituationen. Dies gilt generell außer in *māva*, **Paradigma 12.**

§ **5 Das Femininum**: Feminine Stämme auf *-ī̆*, *-iṇī̆*, *-innī̆*, z.B. *kikiḷi-* 'Henne', *bäḷali-* 'Katze', *ätinni-* 'Elefantenkuh', bilden den Plural mit *(y)ō*:

Paradigma 6 *kikiḷi-* 'Henne'

Schriftsprache

Nom	*kikiḷī, kikiḷiya*	*kikiḷiyak*	*kikiḷiyō*
Akk	*kikiḷiya*	*kikiḷiyaka*	*kikiḷiyan*
Vok	*kikiḷiya* (poet)		*kikiḷiyani* (poet)

Umgangssprache

Nom	*kikiḷī̆*	*kikiḷiyek*	*kikiḷiyō*
Akk	*kikiḷiva*	*kikiḷiyekva*	*kikiḷiyanva*
Vok	*kikiḷiyē*		*kikiḷiyanē*

Feminine Stämme auf *-u* und *-ā*, z.B. *vinnam̆bu-* 'Hebamme', *kāntā-* 'Dame', bilden den Plural mit *(v)ō*:

Paradigma 7 *vinnam̆bu-* 'Hebamme', *kāntā-* 'Dame'

Schriftsprache

Nom	*vinnam̆buva*	*vinnam̆buvak*	*vinnam̆buvō*
Akk	*vinnam̆buva*	*vinnam̆buvaka*	*vinnam̆buvan*
Vok	*vinnam̆buva*		*vinnam̆buvani, -veni*
Nom	*kāntāva*	*kāntāvak*	*kāntāvō*
Akk	*kāntāva*	*kāntāvaka*	*kāntāvan*
Vok	*kāntāva*		*kāntāvani, -veni*

Umgangssprache

Nom	*vinnam̆buva*	*vinnam̆buvek*	*vinnam̆buvō*
Akk	*vinnam̆buva*	*vinnam̆buvek(va)*	*vinnam̆buvan(va)*
Vok	*vinnam̆buvē*		*vinnam̆buvanē*
Nom	*kāntāva*	*kāntāvak*	*kāntāvō*
Akk	*kāntāva*	*kāntāvak(va)*	*kāntāvan(va)*

Feminine Stämme auf *-ā*, z.B. *upāsikā-* 'Laienanhängerin', *kanyā-* 'Jungfrau', *bhāryā-* 'Ehefrau', *lalanā-* 'schöne Frau', *vanitā-* 'Frau', 'Gattin', die ebenso wie *kāntā-* flektieren, sind Lehnwörter aus dem Sanskrit und seltener aus dem Pali. In formeller/feierlicher Rede finden die schriftsprachlichen Vokativformen dieser Substantive Anwendung.

Die echt singhalesischen Stämme auf *-a*, z.B. *an̆gana-* 'Frau', *biriya-* 'Ehefrau', *liya-* '(schlanke) Frau', bilden den Plural mit *ō*:

Paradigma 8 *an̆gana-* 'Frau'

Schriftsprache:

Nom	*an̆gana*	*an̆ganak*	*an̆ganō*
Akk	*an̆gana*	*an̆ganaka*	*an̆ganan, -nun*
Vok	*an̆gana*		*an̆ganeni, -nuni*

Umgangssprache

Nom	*an̆gana*	*an̆ganak*	*an̆ganō*
Akk	*an̆gana(va)*	*an̆ganak(va)*	*an̆ganun(va)*

Vokativformen von *aňgana* sind in der Umgangssprache nicht gebräuchlich. In der feierlichen Rede werden die schriftsprachlichen Formen verwendet.

Feminine auf Konsonant endende Stämme, z.B. *kat-* 'Dame', *den-* 'Kuh', und feminine Stämme auf *-a*, in denen der Konsonant der Endsilbe in seiner vokallosen Form nicht im Auslaut stehen kann (s.o. S. 17, Fußnote), z.B. *biriňda-/birinda-* 'Ehefrau', *laňda-* 'Frau', bilden den Plural des Nominativs mit *u* unter Verdopplung des Verschlußlautes bzw. unter Eintritt des Vollnasals für den Halbnasal:

Paradigma 9 *den-* 'Kuh', *laňda-* 'Frau'

Schriftsprache

Nom	*dena*	*denak*	*dennu*
Akk	*dena*	*denaka*	*denun*
Vok	*dena* (poet)		*denuni* (poet)
Nom	*laňda*	*laňdak*	*landu*
Akk	*laňda*	*laňdaka*	*laňdun*
Vok	*laňda*		*laňduni*

Umgangssprache

Nom	*dena*	*denek*	*dennu*
Akk	*den(a)va*	*denekva*	*den(n)unva*
Vok	*denē*		*den(n)unē*
Nom	*laňda*	*laňdak*	*landu*
Akk	*laňda(va)*	*laňdak(va)*	*laňdunva*
Vok	*laňdē*		*laňdunē*

Das Substantiv *biriňda/birinda* 'Ehefrau' hat im Plural des Nominativs neben *birindu* die Formen *biriňdu*, *birindō* sowie *biriňdō* und im Plural des Akkusativs neben *biriňdun* die Form *birindan*.

Wichtig ist, daß das Element *-ak* der unbestimmten Form – mit Ausnahme der Substantive der gehobenen Sprache, z.B. *kāntāva* 'Dame', *aňgana* 'Frau' und *laňda* 'Frau', die ohnehin nur selten in der gesprochenen Variante vorkommen – in der Umgangssprache durch *-ek* ersetzt wird.

Die übrigen Kasusendungen (von Instr agentis bis Lok) entsprechen denen der Paradigmata maskuliner Stämme.

§ 6 **Verwandtschaftsbezeichnungen**: Zahlreiche Verwandtschaftsbezeichnungen wie *ayyā* 'älterer Bruder' bilden auch in der populären Schriftsprache den Plural mit dem Suffix *-lā*, wobei das stammauslautende *ā* bzw. *ī* gekürzt wird:

Paradigma 10 *ayyā* 'älterer Bruder'

Schriftsprache

Nom	*ayyā*	*ayyek*	*ayyalā*
Akk	*ayyā*	*ayyeku, -aku*	*ayyalā*
Vok	*ayyā/ayyē*		*ayyalā* (selten)

Umgangssprache

Nom	*ayyā*	*ayyek*	*ayyalā*
Akk	*ayyāva*	*ayyekva*	*ayyalāva*
Vok	*ayyē/ayyā*		*ayyalā*

Auch andere Substantive, die menschliche Wesen bezeichnen, bilden in der gesprochenen Variante den Plural mit *-lā*, z.B. *mahattayā* 'Herr': *mahattayalā*, *nōnā* 'Herrin': *nōnalā*, *dostara* 'Doktor': *dostaralā*.

§ 7 **Das Neutrum**: Bei den Neutra fallen – von einigen Ausnahmen abgesehen (s.u.) – die Pluralformen des Nominativs und Akkusativs mit der Stammform zusammen, z.B.

pot- 'Buch':	*pota*	*potak*	*pot* (Nom u. Akk)
mal- 'Blume':	*mala*	*malak*	*mal*
muhudu- 'Meer':	*muhuda*	*muhudak*	*muhudu*
räli- 'Woge':	*rälla*	*rällak*	*räli*
rūpa- 'Gestalt':	*rūpaya*	*rūpayak*	*rūpa*
vana- 'Wald':	*vanaya*	*vanayak*	*vana*
sati- 'Woche':	*satiya*	*satiyak*	*sati*

Paradigma 11 *pot-* 'Buch'

Nom	*pota*	*potak*	*pot*
Akk	*pota*	*potak*	*pot*
Instr	*poten/potin*	*potakin*	*potvalin*
Dat	*potaṭa*	*potakaṭa*	*potvalaṭa*
Abl	*poten/potin*	*potakin*	*potvalin*
Gen	*potē*	*potaka*	*potvala*
Lok	*potehi/potē*	*potaka*	*potvala*

Die erwähnten Ausnahmen bilden diejenigen Wörter, bei denen die Stammform mit dem Nominativ und Akkusativ des Singulars zusammenfällt, z.B. *iridā* 'Sonntag', *dē/deya* 'Ding', 'Sache', *pāra* 'Straße', *raṭa* 'Land', und die Kardinalzahlen (selten). Bei diesen wird der Plural durchgehend mit dem Suffix *-val* gebildet:

iridā	*iridāvak*	*iridāval* (Nom u. Akk)
dē/deya	*deyak*	*dēval*
pāra	*pārak*	*pāraval*
raṭa	*raṭak*	*raṭaval*
dahaya	*dahayak*	*dahayaval*

Mit Ausnahme der Form auf *-ehi* (Lokativ des Singulars), die nur schriftsprachlich vorkommt, gibt es zwischen den beiden Sprachvarianten keinen Unterschied hinsichtlich der Kasusendungen.

Anm.: Die Mehrzahl der Stoffbezeichnungen (im Wörterverzeichnis mit dem Vermerk "Stoffbez" angeführt) kann im Singhalesischen in den obliquen Kasus sowohl als Singular als auch als Plural flektiert werden, z.B. kann der Ausdruck 'im Wasser' im Singhalesischen *vaturē* (lok sg) oder *vaturavala* (lok pl) heißen.

1.2.2 Das Adjektiv

§ **8** Grammatische Kongruenz des attributiv verwendeten Adjektivs mit dem Bezugswort in Kasus, Genus und Numerus gibt es im Singhalesischen nicht.

a) Attributiver Gebrauch des Adjektivs findet sich

1. bei Adjektiven, die Eigenschaftswörter sind, z.B. *hoňda* in *hoňda ḷamayā* 'guter Junge', *pirisidu* in *pirisidu äňdum* 'saubere Kleider', *guṇavat* in *guṇavat minisā* 'tugendhafter Mann', *rūmat* in *rūmat kāntāva* 'schöne Dame', *sudu* in *sudu mala* 'weiße Blume',

2. in den verbalen Zusammensetzungen, z.B. *tada karanavā* 'fest/eng/dicht machen', 'pressen'; *ratu venavā* 'rot werden', 'erröten'.

b) Prädikativer Gebrauch des Adjektivs liegt z.B. vor in *ḷamayā hoňdayi.* 'Der Junge ist gut.', *mala ratuyi.* 'Die Blume ist rot.' (Zu *-yi* siehe § 39 g.)

c) Substantivierung von Adjektiven: Es ist möglich, von vielen Adjektiven maskuline Substantive auf *ā*, z.B. *pohosat* 'reich': *pohosatā* 'der Reiche' (Flexion wie **Paradigma 1**), und feminine Substantive auf *ī*, z.B. *pohosat: pohosatī* 'die Reiche' (Flexion wie **Paradigma 6**), zu bilden. Beim Femininum unterliegen einige Adjektive einer Substantivierungsrestriktion; z.B. gibt es für *naraka* 'schlecht': *narakayā* 'der Schlechte' keine feminine Entsprechung. (Zu den lautlichen Veränderungen, die bei der Bildung von maskulinen und femininen Substantiven eintreten, siehe Einführung S. 162–163.)

Durch Zusammensetzung der Adjektiva mit den Wörtern *kama, bava* und *eka* können Adjektivabstrakta gebildet werden, z.B. *duppat kama* 'Armut', *tada bava* 'die Härte', *hoňda eka* 'das Gute'. *eka* ist das Substantivierungselement für Partizipien, z.B. *karana eka* 'das Tun' (s.a. § 31–32), und kommt in dieser Funktion nur in der Umgangssprache vor. Von Farbadjektiven werden mit der Endung des Nominativs Singular auf *-a* neutrale Abstrakta gebildet, z.B. *nil* 'blau': *nila* 'Blau', *rat(u)* 'rot': *rata* 'Rot'.

Es gibt eine Reihe von Adjektiven, von denen nur Substantive des Neutrums gebildet werden, z.B. *his*: *his bava* 'die Leere', *gorōsu*: *gorōsu kama* 'Grobheit'.

Anm.: Zur Bildung der Adverbien von Adjektiven s.u. § 36.

d) Steigerung von Adjektiven: Zur Bildung des Komparativs wird das Wort *vaḍā* und in der Umgangssprache auch *väḍiya* dem Adjektiv vorangestellt, z.B. *vaḍā* bzw. *väḍiya pohosat* 'reicher (als)'. Dabei steht das Nomen, das zur Bezeichnung dessen dient, womit verglichen wird, im Dativ und wird dem Wort *vaḍā* bzw. *väḍiya* vorangestellt, z.B. *Nimalṭa vaḍā Sunil pohosat.* 'Sunil ist reicher als Nimal.'

Der Superlativ wird in der Schriftsprache durch das vorangestellte *vaḍātma/ itāma/itāmat(ma)* und in der Umgangssprache durch das vorangestellte *vaḍāma/ vaḍātma/väḍiyama* gebildet, z.B. *vaḍātma hoňda ḷamayā* 'der beste Junge'. In der gesprochenen Variante ist der Superlativ auch einfach durch Anhängen von *-ma* an das Adjektiv zu bilden, z.B.*hoňdama ḷamayā* 'der beste Junge'.

Der Elativ wird durch Voranstellung von *itā* gebildet, z.B. *mē pota itā hoňdayi.* 'Dieses Buch ist sehr gut.'

(Ausführlicher siehe Einführung S. 105–106.)

1.2.3 Das Pronomen

§ 9–11 Personalpronomina

§ 9 Erste Person

Paradigma 12 *mama* 'ich'

Schriftsprache

	sg	pl
Nom	*mama*	*api*
Akk	*mā*	*apa*
Instr agentis	*mā visin*	*apa visin*
Dat	*maṭa*	*apaṭa*
Abl	*mǟgen, mā keren*	*apagen, apa keren*
Gen	*mǟgē*	*apagē, apē*
Lok	*mā kerehi*	*apa kerehi*

Umgangssprache

	sg	pl
Nom	*mama, maṃ*	*api*
Akk	*māva, maṃ*	*apiva, apava*
Instr agentis	*mā atin*	*api/apa atin*
Dat	*maṭa*	*apiṭa, apaṭa*
Abl	*magen*	*apen*
Gen	*magē̆*	*apē*
Lok	*mā laňga*	*api laňga*

§ 10 Zweite Person

Die Pronomina vom altererbten Stamm *ta-* 'du', wie z.B. *tō*, pl *topi*, haben im Laufe der Zeit eine abwertende Bedeutung erhalten und werden nur für die sehr unhöfliche und ärgerliche Anrede gebraucht. Anstelle von *ta-* ist in der Schriftsprache *oba* 'Sie', pl *oba*, selten auch *obalā*, und in der Umgangssprache *um̆ba* < *num̆ba*, pl *um̆balā* bzw. *oyā* 'du' getreten. *oyā* wird heute zunehmend häufiger verwendet als *um̆ba*, welches eher als unhöflich gilt. Da, was die Pronomina der 2. Person betrifft, die umgangssprachliche Form wichtiger ist, wird das Paradigma *oyā* angeführt:

Paradigma 13 *oyā* 'du'

	sg	pl
Nom	*oyā*	*oyālā̆, oya golla*
Akk	*oyāva*	*oyālā̆va, oya gollanva*
Instr agentis	*oyā atin*	*oyālā̆ atin, oya golla(n) atin*
Dat	*oyāṭa*	*oyālā̆ṭa, oya gollanṭa*
Abl	*oyāgen*	*oyālā̆gen, oya golla(n)gen*
Gen	*oyāgē̆*	*oyālā̆gē̆, oya golla(n)gē*
Lok	*oyā laňga*	*oyālā̆ laňga, oya golla(n) laňga*

Anm.: Der Gebrauch von *tamusē̆*, pl *tamuselā̆*, einem vorwiegend unter Männern üblichen Pronomen, wird allmählich auf Gleichrangige beschränkt. *tamunnānsē̆*, pl *tamunnānselā̆*, ist die ehrerbietige Anrede für höher Gestellte und Vornehme. *oba vahansē* und *svāmīn vahansē* sind die Anredeformen für buddhistische Mönche.

Es ist üblich, anstelle des Pronomens der 2. Person jeweils das maskuline oder feminine Substantiv, womit die angesprochene Person bezeichnet wird, zu verwenden, z.B. *tāttā yanavāda?* (wtl.) 'Geht Vater?' für 'Gehst du, (Vater)?'

Anm: Zur Verwendung der Fragepartikel *-da* s.u. § 39 a).

§ 11 Dritte Person

Paradigma 14 *ohu* 'er', *ǟ, äya* 'sie'

Schriftsprache

	sg		pl
	mask	fem	mask u. fem
Nom	*ohu, hē, hetema* 'er'	*ǟ, äya, ō(tomō)* 'sie'	*ovuhu*
Akk	*ohu*	*ǟ, äya*	*ovun*
Instr agentis	*ohu visin*	*äya visin*	*ovun visin*
Dat	*ohuṭa*	*äyaṭa*	*ovunṭa*
Abl	*ohugen, ohu keren*	*äyagen, äya keren*	*ovungen, ovun keren*
Gen	*ohugē*	*äyagē*	*ovungē*
Lok	*ohu kerehi*	*äya kerehi*	*ovun kerehi*

Die Umgangssprache hat ein gemeinsames Pronomen für das Mask. u. Fem.

Paradigma 15 *eyā* 'er', 'sie'

	sg	pl
Nom	*eyā*	*eyālā̆, ē golla*
Akk	*eyāva*	*eyālava, ē gollanva*
Instr agentis	*eyā atin*	*eyālā̆ atin, ē golla(n) atin*
Dat	*eyāṭa*	*eyālā̆ṭa, ē gollanṭa*
Abl	*eyāgen*	*eyālā̆gen, ē golla(n)gen*
Gen	*eyāgē̆*	*eyālā̆gē̆, ē golla(n)gē*
Lok	*eyā lan̆ga*	*eyālā̆ lan̆ga, ē golla(n) lan̆ga*

Das für männl. u. weibl. Tiere gebrauchte Pronomen *ū*, pl *un*, wird von Sprechern der ländlichen Gegenden untereinander und sonst in sehr unhöflicher Verwendung auch für männliche menschliche Wesen gebraucht; in diesem Fall findet sich eine zusätzliche Pluralform: *ūlā̆*. Unter ähnlichen Umständen wird das Pronomen *eki*, pl *ēkilā̆*, die spezifische Form für weibliche Tiere, auch für weibliche menschliche Wesen verwendet.

Neutrum

Paradigma 16 *eya* 'dieses', 'jenes'

Schriftsprache

	sg	pl
Nom u. Akk	*eya*	*ēvā*
Instr u. Abl	*eyin, in*	*ēvāyin*
Dat	*eyaṭa, īṭa*	*ēvāṭa*
Gen u. Lok	*ehi*	*ēvāyē*

Umgangssprache

	sg	pl
Nom u. Akk	*ēka*	*ēvă̄*
Instr u. Abl	*ēken, eyin, in*	*ēvayin, ēväyin*
Dat	*ēkaṭa, īṭa*	*ēvaṭa*
Gen u. Lok	*ēke*	*ēvă̄ye*

(Weiteres zu Personalpronomina siehe Einführung S. 14–18, 132, 166–167, 193.)

§ 12 Demonstrativpronomina

a) Pronominalstämme

mē- 'das bei "mir" Befindliche' ("mir" usw. sind nur Richtungshinweise.)
ō/oya- 'das bei "dir" Befindliche'
ē- 'das bei "ihm" Befindliche', 'das nicht Sichtbare', 'das schon Erwähnte'
ara- 'das räumlich Entfernte, aber Sichtbare', 'das schon Erwähnte'

b) Attributiv verwendet

mē pota 'dieses Buch (bei mir)'
oya ḷamayā 'dieser Junge (bei dir)'
ē minisā 'jener/dieser Mann'
ara kikiḷiya 'jene Henne dort'

c) Substantiviert (umgangssprachlich)

mask u. fem	neutr
meyā 'diese(r) hier'	*mēka* 'dieses' (*meya* schr)
oyā 'du'	*ōka* 'dieses (bei dir)'
eyā 'jene(r)', 'diese(r)', 'er', 'sie'	*ēka* 'jenes', 'es' (*eya* schr)
arayā 'jene(r) dort'	*araka* 'jenes dort'

Maskuline und feminine Demonstrativpronomina bilden den Plural mit *-lā*, z.B. *meyālă̄*, und die Neutra mit dem direkt an den Stamm tretenden *-vā*, z.B. *mēvă̄*.

§ 13 Interrogativpronomina

Neben den Formen des Stammes *ka-/ki-/ku-* gibt es im Singhalesischen Interrogativpronomina eines weiteren Stammes *mo(na)-*, die ebenfalls mit der Interrogativpartikel *-da* (s.u. § 39 a) gebildet werden:

Schriftsprache

	sg	pl
'wer':	*kav(u)da, kavarekda*	*kavuruda, kavarahuda*
'was':	*kumakda, kimekda*	*monavāda*

'welche(r):	*kavarekda, koyi kenāda*	*kavarahuda, koyi ayada*
'welches':	*koyi ekada*	*koyi ēvāda*
'welches (Tier)':	*mokekda*	*mokkuda*

Umgangssprache

	sg	pl
'wer':	*kav(u)da*	*kav(u)da, kavuruda*
'was':	*mokakda*	*monavāda*
'welche(r):	*koyi (ek) kenāda*	*koyi ayada*
'welches':	*koyi ekada, koyikada, kōkada*	*koyi ēvada, koyivä̆da*
'welches (Tier)':	*mokekda*	*mokkuda*

Der Stamm der obliquen Kasus bei *kav(u)da* ist *kā-*, bei *kavuru* ist *kavurun-*. Bei den übrigen Interrogativpronomina treten die Kasusendungen jeweils an die Form ohne *-da*, z.B. *kumak: kumakin* 'womit', 'woraus'. Die Deklination erfolgt wie bei den unbestimmten Formen des Maskulinums (**Paradigma 2**) und des Neutrums (**Paradigma 11**).

Attributive Verwendung der Stämme *kavara-* (nur schr), *koyi-* und *mona-*:

kavara sthānayak ... ? 'welcher Ort ... ?'
kavara dinaka ... ? 'an welchem Tag ... ?'
koyi minihāda ... ? 'welcher Mann ... ?'
koyi ḷamayida ... ? 'welche Kinder ... ?'
mona potada ... ? 'welches Buch ... ?'
mona äňdumda ... ? 'welche Kleider ... ?'

Zu den Interrogativpronominaladverbien, wie z.B. *kohē(da)* 'wo', *kavadā(da)* 'wann', s.u. § 35 a)–e) und das Wörterverzeichnis.

§ 14 Das Reflexivpronomen

Das Wort *tamā* 'selber', 'selbst', 'eigen-', 'persönlich', Stammform *tama-*, pl *taman*, in der Umgangssprache *taman/tamun* (< *(ā)tman* 'selbst'), wird im Singhalesischen als Reflexivpronomen verwendet, z.B.

Schriftsprache

tamā varada kaḷa bava minisā piḷi gattēya. 'Der Mann gab zu, daß er den Fehler begangen hat.'

ḷamayā tamāgē at sōdā ganī. 'Der Junge wäscht sich die Hände.' (*tamāgē* kann hier wegfallen.)

Umgangssprache

tamangē väḍēṭa tamanma enna ōnä. 'In eigener Sache muß man persönlich erscheinen.'

Flexion wie **Paradigma 12.** (Ausführlicher: Einführung S. 191–193)

§ 15 Indefinitpronomina

Mit den Stämmen *kisi-*, *yam kisi-* und *kisi yam-* werden im Singhalesischen Indefinitpronomina gebildet, z.B.

Schriftsprache

kisivek, yamkisivek, kisiyam kenek 'irgend einer'; *kisivak, yamkisivak, kisiyam deyak* 'irgend etwas'

Umgangssprache

kisi kenek, yamkisi kenek, kisiyam kenek 'irgend einer'; *kisi deyak, kisiyam deyak, yamkisi deyak* 'irgend etwas'

Die Stämme *kisi-*, *yamkisi-* werden also nur in der Schriftsprache substantivisch gebraucht, während der Stamm *kisiyam-* auch dort nur attributiv verwendet wird.

Mit dem suffigierten Element *-vat/hari* können von einigen Interrogativpronomina weitere Indefinitpronomina gebildet werden, die vorwiegend in der Umgangssprache gebraucht werden, z.B.

kavuruvat schr, umg, *kavuru hari* umg 'irgend jemand'
moka(k)vat, moka(k) hari, mona(vā)vat, monavā hari umg 'irgend etwas'

Negation: Zu den negierten finiten Verben können nur die Indefinitpronomina des Stammes *kisi*, z.B. *kisivek, kisi kenek*, und die auf *-vat*, z.B. *kavuruvat, moka(k)vat, monavat*, treten:

kisivek nogiyēya. schr 'Niemand ging (fort).'
kavuruvat nähä. umg 'Niemand ist da.'
mehē̆ moka(k)vat nähä. umg 'Es gibt hier nichts.'
monavat kävē nähä. umg 'Man hat nichts gegessen.'

§ **16 Pronominaladjektiva** wie *an/anek/anit, anya* 'andere(-r, -s)', *ektarā* 'ein gewisse(-r, -s)', *muḷu* 'ganz', *samahara, ätäm* 'manch', 'einig...', *sav, sarva* 'all', 'ganz' und *säma/häma/sǟma, siyal(u)* 'all' werden hauptsächl. attributiv gebraucht:

an kenek 'ein anderer', *anya striyak* 'eine andere Frau' schr; *anit minihā* 'der andere Mann' umg

ektarā raṭaka ‘in einem gewissen Land’ schr, umg
muḷu gaṇana ‘die ganze Summe’ schr, umg
samahara minissu ‘manche/einige Leute’ schr, umg; *ätäm kenek* ‘manch einer’ schr
säma dena(ma) schr, *häma denāma* umg ‘alle’, ‘alle Leute’; *siyalu dē(ma)* ‘alles’, ‘alle Dinge’ schr, umg
sav sat(a) ‘alle Lebewesen’ poet; *sarvāṃgaya* (<*sarva aṃgaya*) schr, *saruvāṃgema* umg ‘der ganze Körper’

Das Bezugswort der Pronominaladjektiva *muḷu, sarva, säma/häma/sāma* und *siyal(u)* tritt wie in den obigen Beispielen in der Umgangssprache (und bisweilen auch in der Schriftsprache) mit der nachgestellten begriffsverstärkenden Partikel *-ma* (s.u. § 39 b) auf. Wenn diese Pronominaladjektiva substantivisch erscheinen, sind sie meistens mit dem *-ma* versehen (s.u.).

anekā ‘der andere’, *anekek* ‘ein anderer’, *anhu, anekhu* ‘die anderen’ schr; Flexion wie **Paradigma 1**.
muḷulla ‘das Ganze’ (aber: *davasa muḷullēma* ‘den ganzen Tag’) schr, umg
samaharek/samaharu ‘manche/einige (Leute)’ schr, umg; Flexion wie **Paradigma 2**.
samaharak ‘manches’, ‘einiges’ schr, umg; Flexion wie **Paradigma 11,** unbest.
ätämek/ätämmu ‘manche/einige (Leute)’ schr; Flexion wie **Paradigma 1**.
sävoma < *sämama* ‘alle’ schr, *hämōma* ‘alle’ umg
siyallōma ‘alle’ schr, *siyalla(ma)* ‘alles’ schr

In der Umgangssprache gibt es zwei weitere substantivisch verwendete Pronominaladjektiva:

ekkoma/okkoma, sērama/sēroma (letzteres selten) ‘alle’, ‘alles’

Bei den substantivisch verwendeten Pronominaladjektiven mit der Partikel *-ma* treten die Kasusendungen zwischen den Stamm und die Partikel, z.B. *siyalla-ṭa-ma* ‘für alles’, *okko-gē-ma* ‘aller’, ‘von allen’.

§ 17 Das altertümliche Relativpronomen

In der Schriftsprache begegnen gelegentlich Relativsätze, die mit den Formen des alten Relativpronominalstamms *yam-* ‘welch-’ eingeleitet werden, z.B. *yamak maṭa ruci vēda, eya gena yannemi.* ‘Was mir gefällt, das werde ich mitnehmen.’ oder *yamek unanduven väḍa karayida, ohu hoňda pratiphála labannēya.* ‘Wer fleißig arbeitet, der wird gute Ergebnisse erzielen.’ Hierbei kann das Element *-da* (s.u. § 39 a) durch die Konditionalkonjuktion *nam* (s.u. § 38 f) ersetzt werden, was den Relativsätzen eine konditionale Nebenbedeutung verleiht; also: ... *karayi nam,* ... ‘Wenn jemand fleißig arbeitet, wird er gute Ergebnisse erzielen.’ Darin zeigt sich auch der Übergang des Relativpronomens *yam-* zum Indefinitpronomen (s.o. § 15). In den Korrelaten, wie *yam tāk* ‘wie lange’: *ē tāk* ‘solange’, und *yamsē* ‘auf welche Weise’: *esēma* ‘ebenso’, lebt das Relativpronomen in der Schriftsprache weiter, wenn auch dessen Verwendung immer seltener wird.

1.2.4 Die Zahlwörter

§ 18 Kardinalzahlen

	substantivische Form	adjektivische Form
1	*eka*	*ek-, eka-*
2	*deka*	*de-*
3	*tuna*	*tun-*
4	*hatara* < *satara*	*hatara-, hāra-, satara-, (sivu-, sū-)*
5	*pahá* < *pasa*	*pas-, pan-*
6	*haya* < *saya*	*haya-, saya-, ha-, sa-*
7	*hata* < *sata*	*hat-, sat-*
8	*aṭa*	*aṭa-*
9	*navaya, namaya*	*nava-, nama-*
10	*daháya* < *dasaya, daśaya*	*dahá-, dasa-, daśa-*
11	*ekoḷáhá*	*ekoḷos-*
12	*doḷosa, doḷáhá*	*doḷos-*
13	*dahá tuna*	*dahá tun-*
14	*dahá hatara, dāhátara*	*dahá hatara-, dāhátara-*
15	*pasaḷosa, paháḷoha, paháḷava*	*pasaḷos-, paháḷos-*
16	*dahá saya, dāsaya*	*dahá saya-, dā saya-*
17	*dahá hata, dāháta*	*dahá hat-, dāhat-*
18	*dahá aṭa*	*dahá aṭa-*
19	*dahá navaya, dahá namaya*	*dahá nava-, dahá nama-*
20	*vissa*	*visi-*
21	*visi eka*	*visi ek-*
30	*tiha* < *tisa*	*tis-*
40	*hataḷiha* < *sataḷisa*	*hataḷis-, sataḷis-*
50	*panasa, panáhá*	*panas-*
60	*häṭa* < *säṭa*	*häṭa-, säṭa-*
70	*hättǟva* < *sättǟva*	*hättǟ-, sättǟ-*
80	*asūva*	*asū-*
90	*anūva*	*anū-*
100	*siyaya, sīya, ek(a) sīya*	*ek(a) siya-*
200	*desiyaya, desīya*	*desiya-*
300	*tun siyaya, tun sīya*	*tun siya-*
400	*hāra siyaya, hāra sīya*	*hāra siya-*
500	*pan siyaya, pan sīya*	*pan siya-*
600	*haya siyaya, haya sīya*	*haya siya-*
900	*nava siyaya, nama sīya*	*nava siya-, nama siya-*

1000	*(ek) dahása, (ek) dāsa, (ek) dāhá*	*ek dahas-, ek dās-*
2000	*dedahása, dedāsa, dedāhá*	*dedahas-, dedās-*
9000	*nava dahása, nama dāhá*	*nava dahas-, nama dās-*
10000	*dasa dahása, dahá dāhá*	*dasa dahas-, dahá dās-*
100000	*lakṣaya*	*(ek) lakṣa-*
1000000	*daśa/dasa lakṣaya*	*daśa/dasa lakṣa-*
10000000	*kōṭiya*	*(ek) kōṭi-*

123456789: doḷos kōṭi, tis hatara lakṣa, panas haya dās, hat siya asū navaya

Anm.: Wird die ältere Form mit *s* viel seltener als die Form mit *h* gebraucht, so ist ihr auf der obigen Liste ein < vorangestellt. Bei gleichwertiger Verwendung erscheint sie (die Form mit *s*) vor der Variante mit *h*.

Besonderheiten des Gebrauchs: In Bezug auf belebte Wesen ist der Gebrauch von Kardinalzahlen sehr eingeschränkt. Nur höhere runde Kardinalzahlen können so verwendet werden, z.B. *koṭi sīyak* 'hundert Tiger'. Adjektivischer Gebrauch ist außer beim Zahlwort *eka*, z.B. *ek(a) minisek* 'ein Mann', nur dann möglich, wenn das Wort *gaṇanak* 'eine Summe' oder *denek* 'Personen', 'Lebewesen' der adjektivischen Form folgt, z.B. *minissu dahas gaṇanak* 'Tausende von Menschen', *harak pas denek* 'fünf Rinder' (s.a. Zahlkollektiva). Darüber hinaus ist der adjektivische Gebrauch nur in Wendungen mit dem Honorifikum für (buddhistische) Mönche, *nama*, möglich, z.B. *tun nama* 'drei Mönche'. Auf Unbelebtes bezogen werden die Kardinalzahlen sowohl substantivisch als auch adjektivisch verwendet:

substantivische Verwendung

best	unbest
gas pahá '(die) fünf Bäume'	*gas pahak* 'fünf (beliebige) Bäume'
aber	
(*ē*) *eka gasa/gahá* 'der eine Baum (da)'	*eka gasak/gahak* 'ein Baum'

adjektivische Verwendung

best	unbest
pansil '(die) fünf Gebote'	*pas māsayak* 'fünf Monate'

Bemerkenswert ist, daß die Kardinalzahlen Endungen des Singulars aufweisen: *-a* (best), *-ak* (unbest). Gelegentlich begegnet in der Umgangssprache die Pluralendung *-val*, z.B. *apiṭa geval tuna hataraval nǟ.* 'Wir haben keine drei oder vier Häuser.' Häufiger wird der Plural der Kardinalzahlen wie folgt ausgedrückt: *pahē ēvā* wtl. 'fünfer Sachen' = 'die Fünfen'.

§ 19 Zahlkollektiva

Maskulinum und Femininum: Wörter, die belebte Wesen bezeichnen, bilden die Zahlkollektiva mit dem Substantiv *denă̆/denek*:

best	unbest
minissu pasdenă̆ '(die) fünf Männer'	*gähäṇu pasdenek* 'eine Fünfzahl von Frauen' = '(irgendwelche) fünf Frauen'

Neutrum: Wörter, die Unbelebtes bezeichnen, bilden die Zahlkollektiva mit *-a/ -ak*:

gas pahá '(die) fünf Bäume'	*gas pahak* 'eine Fünfzahl von Bäumen' = '(irgendwelche) fünf Bäume'

Die "Einzahl von ..." ist unregelmäßig gebildet:

Personen		Tieren		Dingen	
best	unbest	best	unbest	best	unbest
ekkenā	*ekkenek*	*ekā*	*ekek*	*eka*	*ekak*

§ 20 Ordinalzahlen: Diese werden durch Anfügung von *-veni/-väni/-vana* (< *vena* 'seiend') gebildet:

substantivische Form

mask u. fem	neutr
paḷa(mu)veniyā, paḷamuväniyā, paḷamuvännā 'der/die Erste'	*paḷa(mu)veni eka, -vänna < -väniya*
deveniyā, deväniyā, devännā 'der/die Zweite'	*deveni eka, devänna < deväniya*

adjektivische Form

paḷa(mu)veni śiṣyayā/śiṣyāva 'der erste Schüler/die erste Schülerin'	*paḷa(mu)veni pota* 'das erste Buch'

§ 21 Zahlfragewörter

Maskulinum und Femininum

best	unbest
minissu kīdenāda āvē? 'Wieviele Männer sind gekommen?'	*gähäṇu kīdenek enavāda?* 'Wieviele Frauen werden kommen?'

Neutrum

best	unbest
kīyada dän vēlāva? 'Wieviel Uhr ist es jetzt?'	*oyāṭa kīyak ōnǟda?* 'Wieviel(e) willst/ brauchst du?'

Frageform der Ordinalzahlen

mask u. fem	neutr
eyā kīveniyāda? 'Der wievielte ist er?/Die wievielte ist sie?'	*ē kīveni ekada?* 'Das wievielte ist es?'

1.2.5 Das Verbum

§ 22–24 Tempus

§ 22 Allgemeines über Konjugationsklassen: Die regelmäßigen Verben werden nach Stammausgang in drei Konjugationsklassen eingeteilt:

1. *-anavā* 2. *-inavā* 3. *-enavā*

Die 3. Konjugationsklasse, bei der die überwiegende Mehrzahl der Verben von solchen der 1. und 2. Klasse abgeleitet ist, umfaßt Verben von intransitiver, involitiver (s.u. § 29 c) und passivischer (s.u. § 25 c), d) Bedeutung. Die Bildeweisen der finiten sowie infiniten Präteritalformen hängen von der Zugehörigkeit zu diesen Konjugationsklassen ab.

In der Umgangssprache wird im Präsens die verbale Grundform auf *-navā* ohne Unterschied in Person und Numerus verwendet, z.B.

mama yanava 'ich gehe' *eyala yanavā* 'sie gehen'

Im Präteritum wird das durch das Suffix *-ā* erweiterte Partizip des Präteritums (s.u. § 32) ohne Unterschied in Person und Numerus gebraucht, z.B.

oyā bäluvā 'du schautest an' *api bäluvā* 'wir schauten an'

bäluvā < **bälū-v-ā*: das *v* ist hier ein Gleitlaut, und das *ū* wird bei der Suffigierung gekürzt.

Bei den Verben auf *-inavā* der 2. Klasse tritt ein *y* als Gleitlaut ein, z.B. *äri-y-ā* 'öffnete(n)', 'schickte(n)'. Bei den meisten Verben dieser Klasse assimiliert sich das *y* dem vorausgehenden Konsonanten unter Wegfall des *i*-Vokals, z.B. **däki-y-ā* > *däkkā* 'sah(en)', **päni-y-ā* > *pännā* 'sprang(en)'. Diese Verdopplung des Konsonanten erfolgt nicht bei den wenigen Verben, die in der stammauslautenden Silbe ein *r* haben, z.B. *äriyā* (s.o.). Auch bei einigen Verben, die in der stammauslautenden Silbe ein *ṭ* oder ein *ḍ* haben, wird dieser Konsonant nicht verdoppelt, z.B. *hiṭiyā* 'war(en)', *väḍiyā* 'schritt(en)' (bisweilen werden aber *ṭ* und *ḍ* in dieser Position verdoppelt, z.B. *käṭṭā* zu *kaṭi-* 'spinnen').

Bei denjenigen Verben, die einen "Halbnasal" in der stammauslautenden Silbe haben, zeigt sich ein anderer lautlicher Vorgang: **bäňdi-y-ā* > *bändā* 'band(en)'. Hier ist wohl die Lautverbindung **-ňdd-* zugunsten der euphonischen Verbindung *-nd-* geschwunden (s.a. § 24).

Die Bildung des Präteritums erfolgt bei den Verben der 3. Klasse ohne Einschub eines Gleitlautes. Das *ā*-Suffix tritt unter Wegfall des auslautenden Vokals an das Partizip, z.B. **pipuṇa-ā*/ **pipuṇu-ā* > *pipuṇā* 'blühte(n)' (s.a. § 24 u. 32).

In der Schriftsprache jedoch wird, wie oben in § 1 erwähnt, das Verbum nach Person und Numerus konjugiert:

§ 23 Das Präsens

1. Konjugationsklasse: *bala-* '(an-)schauen'

sg	pl
1. *balami* 'ich schaue'	*balamu*
2. *balahi*	*balahu*
3. *balayi, balā*	*balat(i)*

2. Konjugationsklasse: *daki-* 'sehen'

sg	pl
1. *dakimi* 'ich sehe'	*dakimu*
2. *dakihi*	*dakihu*
3. *dakiyi, dakī*	*dakit(i)*

3. Konjugationsklasse: *väṭe* 'fallen'

sg	pl
1. *väṭemi* 'ich falle'	*väṭemu*
2. *väṭehi*	*väṭehu*
3. *väṭeyi, väṭē*	*väṭet(i)*

Das periphrastische Präsens (als Präsens und als Futur)

sg	pl
1. *balannemi* 'ich schaue', 'werde schauen'	*balannemu*
2. *balannehi*	*balannahu*
3. *balannēya (m), balannīya (f)*	*balannōya, balannāhuya*

Die unterschiedlichen Formen für Maskulinum und Femininum im Singular der 3. Person (Kongruenz in Genus) weisen darauf hin, daß es sich dabei eigentlich um nominale Formen handelt: *balannē-* < *balanuyē* < **balanu-y-ē* (das *y* hier ist ein Gleitlaut) 'ein Schauender'.

§ 24 Das Präteritum

Die kürzere, altertümliche Form

1. Konjugationsklasse:

sg	pl
1. *bälīmi* 'ich schaute'	*bälīmu, bälūmu, bälumha*
2. *bälīhi*	*bälūhu*
3. *bälī(ya)*	*bälū(ya), bälūha*

Das Kennzeichen dieses Präteritums ist das stammauslautende *ī*. Im Gegensatz zum längeren Präteritum (s.u.) weist diese Form verbale Merkmale auf (auch bei der 3. Person zeigt sie z.B. keinen Genusunterschied), was auf ihren verbalen Ursprung hinweist.[1]

2. Konjugationsklasse:

sg	pl
1. *bädīmi* 'ich briet'	*bädīmu*
2. *bädīhi*	*bädūhu*
3. *bädī(ya)*	*bädūha*

3. Konjugationsklasse:

sg	pl
1. *vätiriṇimi, vätirimi* 'ich legte mich hin'	*vätiruṇumu, vätirimu*
2. *vätiriṇihi, vätirihi*	*vätiruṇuhu, vätirihu*
3. *vätiriṇi, vätiriṇa, vätiri*	*vätiruṇu, väturuṇu*

Das auslautende -ī- wird in dieser Flexion beim Antritt der Endung gekürzt. Das Element -ṇ- dürfte aus der Flexion der 3. Klasse des längeren Präteritums übernommen worden sein, s.u.

Bei den meisten einsilbigen Verbalstämmen auf *-a* und *-ā* zeigt sich ein *ǟ* als Stammauslaut des kürzeren Präteritums, z.B. *kǟya* 'er aß' zu *ka-* 'essen' und *pǟya* 'er zeigte' zu *pā-* 'zeigen'. Bei den wenigen Einsilblern auf *-e* und *-o*, die ohnehin als unregelmäßig gelten, ist es wiederum ein *ī*, z.B. *vīya* neben *viya* 'er war', 'er wurde' zu *ve-* 'sein', 'werden' und *bīya* 'er trank' zu *bonavā* 'trinken'.

1 Die These, daß das kürzere Präteritum eine Entsprechung des augmentlosen Aorists des Pāli sei, bestätigen die Untersuchungen zu den ältesten Belegen dieses Präteritums.

Die längere, häufiger verwendete Form

	sg	pl
1.	*bäluvemi* 'ich schaute', 'habe geschaut'	*bäluvemu*
2.	*bäluvehi*	*bäluvahu*
3.	*bäluvēya (m), bäluvāya (f)*	*bäluvōya, bäluvă̆ha*

Ähnlich wie beim periphrastischen Präsens (s.o. § 23) findet sich hier eine nominale Basis: *bäluvē* < **bälū-v-ē* 'einer, der geschaut hat'.

Die Verbalstämme der 2. Konjugationsklasse bilden das längere Präteritum durch Verdopplung des Konsonanten der auslautenden Silbe, z.B. *pani-* 'springen': *pännēya* 'er sprang' (eigtl. **päni-ē-* > **päni-y-ē-* > *pännē-ya* > *pännēya*). Bei den Stämmen mit einem *r* und bisweilen auch bei denen mit einem *ṭ* in der auslautenden Silbe erfolgt keine Verdopplung des Konsonanten, z.B. *äriyemi* 'ich öffnete/schickte', *siṭiyemi* 'ich war'. Bei den Stämmen mit einem "Halbnasal" in der Endsilbe entsteht die Lautverbindung Nasal + Verschlußlaut anstelle der Verdopplung, z.B. *bindemi* 'ich zerbrach' zu *bin̆di-* 'zerbrechen' (s.a. § 22).

Das längere Präteritum der Verben der 3. Klasse wird mit Hilfe des Suffixes *-ṇ(a)-* gebildet, z.B. *väṭe-* 'fallen': *väṭuṇēya* 'er fiel'.

(Eine ausführliche Darstellung des kürzeren und längeren Präteritums findet sich in der Einführung, S. 125–127, 173–176.)

§ 25 Genus verbi

Von transitiven Verbalstämmen wird im Singhalesischen außer den beiden Genera verbi Aktiv und Passiv auch ein formal unterschiedenes Medium gebildet, wenn die Handlung bzw. der Vorgang das tätige Subjekt selbst betrifft:

Schriftsprache		Umgangssprache
a) Aktiv		
Nimal puṭuva kaḍayi.	'Nimal zerbricht den Stuhl.'	*Nimal puṭuva kaḍanavā.*
b) Medium		
puṭuva käḍeyi.	'Der Stuhl zerbricht.'	*puṭuva käḍenavā.*
c) Passiv		
Nimal visin puṭuva käḍeyi/kaḍanu läbē.	'Von Nimal wird der Stuhl zerbrochen.'	*Nimal atin puṭuva käḍenavā.*

Im Aktiv steht der Handelnde im Nominativ, im Passiv nimmt der Agens den Kasus Instr. agentis an. Im Medium steht das Subjekt wiederum im Nominativ. Da sich aber das Aktiv formal vom Medium unterscheidet, z.B. *kaḍayi : käḍeyi*, muß man hier von zwei verschiedenen Genera sprechen, nicht bloß von transitiver und intransitiver Variante eines Verbums.

Bemerkenswert ist, daß die lautgesetzlich entwickelte Passivform *-ä-K-e-*, z.B. *käḍe-*, in der Schriftsprache weitgehend durch die periphrastische Form (Verbalnomen auf *-nu* + konjugierte Formen des Verbums *laba-* 'bekommen') ersetzt wird, während in der Umgangssprache nur die abgeleitete Form vorkommt.

d) Das periphrastische Passiv

Präsens

sg	pl
1. *dakinu labami* 'ich werde gesehen'	*dakinu labamu*
2. *dakinu labahi*	*dakinu labahu*
3. *dakinu labayi/läbē*	*dakinu labat(i)*

Präteritum

sg	pl
1. *dakinu läbīmi, dakina ladimi*	*dakinu läbīmu, dakina ladimu*
2. *dakinu läbīhi, dakina ladihi*	*dakinu läbūhu, dakina ladahu*
3. *dikinu läbī(ya), dakina ladī*	*dakinu läbūha, dakina ladaha*

Die Formen *läbīmi* bzw. *ladimi* usw. können durch die längere Form des Präteritums (s. § 24) *läbuvemi* bzw. *laddemi* usw. ersetzt werden. In Verbindung mit den Formen des Verbalstamms *laba-* kommt das Hauptverb in Form des Verbalnomens auf *-nu* vor (*dakinu labami, dakinu läbīmi*). Dagegen tritt das Hauptverb in Form des Partizip Präsens auf *-na* (s.u. § 31) vor der Verbalform *lad-* auf (*lada* ist das unregelmäßige Partizip der Vergangenheit vom Stamm *laba-* 'erhalten', 'bekommen'), z.B. *dakina ladī* (s.o.). In der Funktion beider Bildungen gibt es keinen Unterschied. Das Partizip des Präsens kann dabei unter Wegfall des stammauslautenden *i*-Vokals auf *-ā* enden, z.B. *daknā ladī* 'wurde gesehen'. Bei den wenigen einsilbigen Verbalstämmen mit geschlossener Silbe kommt nur die Form auf *-ā* vor, z.B. *gannā ladī* zu *gan-* 'nehmen'.

§ 26 Modus

a) Der Indikativ

Die Formen, die oben in § 22–24 angeführt werden, stellen diesen Modus dar.

b) Der Imperativ

Entsprechend der Vielfalt der Personalpronomina der 2. Person gibt es eine Reihe von Imperativformen. Die höfliche Form auf *-nna* ist die meistgebrauchte, die in Verbindung mit dem Pronomen *oyā* oder mit einem gleichwertigen Substantiv (s. u.) verwendet wird:

sg		pl
oyā balanna.	'schau bitte!'	*oyālā balanna.*
tāttā balanna.	'schau du bitte, Vater!'	*tāttalā balanna.*
mahattayā balanna.	'schauen Sie bitte, (mein) Herr!'	*mahattayalā balanna.*

Aber

tamusē balanavā.	'schau du!'	*tamuselā balanavā(lā).*
um̆ba balapan/-han.	'schau du!'	*um̆balā balapallā/-hallā.*
tō balapiya!	'schau du!'	*topi balapiyav!*

(Die vorletzte Form sollte man meiden und die letzte gar nicht erst verwenden!)

Es gibt weitere ehrerbietige Imperativformen wie *balanu mänavi.* wtl. 'das Schauen ist angebracht.' und *balana sēkvā!* 'Würden Sie bitte schauen, (Ehrwürdiger)!'.

Die "unhöfliche" Imperativform (in Verbindung mit *um̆ba*), die bei Sprechern in ländlichen Gegenden untereinander üblich ist, und die sehr unhöfliche Form (in Verbindung mit *tō*) der häufig vorkommenden Verben 'kommen' und 'gehen' stehen außerhalb des Bildungsmusters des Imperativs. Es existieren weder dazu gehörige Verbalstämme noch andere Verbalformen.

sg		pl
um̆ba varen.	'komm (her)!'	*um̆balā varellā.*
tō vara!	'komm (her)!'	*topi varev!*
um̆ba palayan.	'geh!'	*um̆balā palayallā.*
tō pala!	'geh!'	*topi palayav!*

c) Der Adhortativ/Kohortativ (ermahnend) und der Permissiv

Während sich die Imperativformen im Singhalesischen nur auf die 2. Person beschränken, gibt es für die 1. und 3. Person weitere Verbalformen, die sich indirekt auf eine Aufforderung beziehen.

Die flektierte Form des Plurals der 1. Person auf *-mu* wird in der Schriftsprache und in der Umgangssprache zur Ermahnung/Ermunterung verwendet, z.B. *balamu* 'wollen wir/laßt uns schauen'. Gelegentlich wird diese Form auf *-mu* als eine höfliche, an die 2. Person gerichtete Imperativform gebraucht, z.B. *ehenam mehāṭa emu.* 'Würden Sie/würdest du dann bitte hierher kommen?'

Der Permissiv richtet sich an die 3. Person (sg u. pl) und drückt aus, daß es erlaubt wird/werden sollte, etwas zu tun, z.B.

baladden, balăpuden, bäluvaden, bälūden 'mag er/sie schauen', 'laß(t) ihn/sie schauen', 'mögen sie/laß(t) sie schauen'; 'gestatte(t), daß er/sie schaut/daß sie schauen'.

bäluvāvē, balăpuvāvē 'mag er/sie schauen', 'laß(t) ihn/sie schauen', 'mögen sie/laß(t) sie schauen'; 'gestatte(t), daß er/sie schaut/daß sie schauen'.

baladdellā, balapudellā 'mögen/laß(t) sie schauen'; 'gestatte(t), daß sie schauen'

Bei dem Element *-den* handelt es sich um eine alte Imperativform des Verbums *de-* 'geben'. Das Element *vē* ist die flektierte kontrahierte Form der 3. Person Singular des Präsens zu *ve-* 'sein', 'werden'. Diese treten an den entsprechenden Verbalstamm, an das Partizip der Vergangenheit oder an das substantivierte Partizip der Vergangenheit (s.u. § 32). Bei dieser Verschmelzung verdoppelt sich das *d* in *-den* hinter dem Verbalstamm, während das auslautende *a* des substantivierten Partizips vor dem Element *-vē* gelängt wird. Die Form auf *-dellā* < **den-lā* wird seltener für den Plural verwendet.

d) **Der Optativ** (Wunschform)

Der Optativ der Gegenwartssprache wird durch die Anfügung von *-vā* an die flektierten Präsensformen gebildet. Dabei erfahren die Personalendungen der 1. und 3. Person bestimmte lautliche Veränderungen: *-mi* > *-m*, *-mu* > *-mō*; *-ayi/iyi/eyi* > *-ā/ī/ē*; *-ti* > *-t*, z.B.

sg	pl
1. *dakimvā!* 'ich möge sehen'	*dakimōvā!* 'wir mögen sehen'
2. *dakihivā!* 'du mögest sehen'	*dakihuvā!* 'ihr möget sehen'
3. *dakīvā!* 'er/sie möge sehen'	*dakitvā!* 'sie mögen sehen'

Häufig werden in Verbindung mit der Verbalform *vēvā* 'er/sie/es möge sein' Optativformen gebildet, z.B. *śubha rātriyak vēvā!* '(Eine) gute Nacht (möge sein)!' In der allgemeinen Grußformel *āyubōvan!* 'Möge langes Leben sein!' und in dem Ausdruck *vāsanāvan!* 'Möge Glück sein!' lebt eine alte Imperativform des Verbums 'sein' (*-van*) weiter.

e) **Der Potentialis** (Möglichkeitsform)

Es gibt im Singhalesischen eine Verbalform auf *-vi*, die zur Bezeichnung einer zukunftsbezogenen, von dem Sprecher als Möglichkeit gedachten Aussage dient. Das Element *-vi* tritt an die ältere (kontrahierte) flektierte Form der 3. Person Singular des Präsens, z.B.

balā-vi > *balāvi* '... wird wohl schauen'
vahī-vi > *vahīvi* 'es wird wohl regnen'

väṭē-vi > *väṭēvi* '... wird wohl fallen' — Aber
**bō-vi*, stattdessen *boyi* '... wird wohl trinken'

Diese Form, die überwiegend umgangssprachlich verwendet wird, erscheint auch im Plural unverändert.

§ 27 **Das Kausativum** (Verbum des Veranlassens)

Das Kausativum wird durch zwischen den Verbalstamm und die Personalendung infigiertes *v(a)* gebildet, z.B. *bala-va-mi* > *balavami* 'ich veranlasse zu schauen'. Die in der Umgangssprache verwendete Grundform des Kausativums ist *balavanavā*. Bisweilen assimiliert sich das Element *-v-* dem vorausgehenden Konsonanten unter Wegfall des stammauslautenden Vokals; dies erfolgt seltener bei den Stämmen der 1. Konjugationsklasse, z.B. *kapa-va-* > *kappa-* 'schneiden lassen', und häufiger in den Stämmen der 2. Klasse, z.B. *madi-va-* > *madda-* 'glätten lassen'. Es gibt viele Kausative dieser Klasse, die neben der assimilierten Form auch die nicht-assimilierte Form (mit *-a-* für das stammauslautende *-i-*) haben, z.B. *paddanavā* und *padavanavā* zu *padi-* 'radeln', 'rudern'. Bei den Stämmen mit einem *-k-* in der stammauslautenden Silbe, z.B. *dakinavā* 'sehen', fällt das *-i-* auch bei der nicht-assimilierten Form ohne Ersatz aus: *dakvanavā* 'sehen lassen' = 'zeigen' neben *dakkanavā* 'führen (Vieh)'. Aus der Verbindung "Halbnasal" + *v* entsteht Nasal + Verschlußlaut: *andanavā* neben *aňdavanavā* zu *aňdi-* 'malen'; 'sich anziehen'.

Es gibt mehrere Verben der 3. Klasse, die nicht von Verben der 1. oder 2. Klasse abgeleitet sind (s.a. § 22), z.B. *väṭenavā* 'fallen', *penenavā* 'sehen', 'sichtbar sein'. Die Kausativbildungen vieler dieser Verben unterliegen der Assimilation: *vaṭṭanavā* neben *vaṭavanavā*, *pennanavā* neben *penvanavā*.

Nachdem durch die Assimilation das Kausativelement unkenntlich geworden war, wurde in einigen Fällen erneut ein *-va-* hinzugefügt, z.B. *kappavanavā, maddavanavā, paddavanavā, andavanavā* und *vaṭṭavanavā*.

Es folgen einige Beispiele zur Anwendung des Kausativums.

Schriftsprache: *mama ḷamayā lavā akuru liyavami.* 'Ich veranlasse den Jungen, Buchstaben zu schreiben.' (Das Subjekt, d.h. die Person, die die Handlung veranlaßt, steht im Nominativ. Das Substantiv, das die Person bezeichnet, die die Handlung ausführt, nimmt den obliquen Kasus mit einer nachgestellten Postposition *lavā* 'durch', 'vermittels' an.)

Umgangssprache: *ē minihā gäṇu(n) lavā/lavva väḍa karavanavā.* 'Jener Mann läßt die Frauen arbeiten/veranlaßt die Frauen zu arbeiten.'; *Nimal tāttaṭa kiyalā liyumak liyevvā.* 'Nimal ließ (seinen) Vater einen Brief schreiben.' (*tāttaṭa kiyalā* wtl. 'dem Vater gesagt habend')

Vom Kausativstamm entstehen weitere Verbalformen und -kategorien mit den Personalendungen des Indikativs (s. § 22–24) und der anderen Modi, z.B.

balavayi 'er/sie läßt schauen'
balavannēya/balavannīya 'er/sie läßt schauen/wird schauen lassen'

bälavī(ya) ‘er/sie ließ schauen’
bälevvēya/bälevvāya ‘er/sie ließ schauen’
bälaveyi/balavanu läbē ‘wird veranlaßt zu schauen’
balavanu läbīya/balavana ladī ‘wurde veranlaßt zu schauen’
balavanna ‘veranlasse bitte zu schauen’
balavadden/bälevvāvē ‘mag er/sie veranlassen zu schauen’
balavāvā! ‘möge er/sie veranlassen zu schauen’
balavāvi ‘wird wohl veranlassen zu schauen’

§ 28 Zu unregelmäßigen Verben

Die Präteritalformen der meistgebrauchten Verben wie *yanavā* ‘gehen’, *enavā* ‘kommen’, *denavā* ‘geben’, *gannavā* ‘nehmen’, *kanavā* ‘essen’, *bonavā* ‘trinken’, *dannavā* ‘wissen’, *karanavā* ‘tun’, ‘machen’, *venavā* ‘sein’, ‘werden’ und *innavā* ‘(da)sein’, ‘existieren’ sind aus den entsprechenden Formen des Alt- und Mittelindischen lautgesetzlich entwickelt. Da diese nicht im Formenbildungsschema der drei obengenannten Konjugationsklassen behandelt werden können, bezeichnet man sie als unregelmäßige Verben. Auch die wenigen Verben mit einsilbigen Stämmen, z.B. *lanavā* ‘legen’, *nānavā* ‘baden’, *sānavā* ‘pflügen’, gehören zu dieser Gruppe. Die beiden Verben *gēnavā* < *genenevā* < *gena enavā* ‘herbringen’ und *geniyanavā* < *gena yanavā* ‘wegtragen’ müssen ebenfalls hier genannt werden (s.u. § 29 d). Die Präteritalformen dieser unregelmäßigen Verben werden im Wörterverzeichnis jeweils unter dem Stichwort angegeben.

§ 29 Besondere Verbalformen und ihre Anwendung

a) Verba substantiva

Im Singhalesischen wird das Belebte und das Unbelebte durch das Verbum substantivum *‘sein’* genau unterschieden. Für das Belebte gibt es zwei Verba substantiva: *innavā* und *siṭinavā/hiṭinavā*, und für das Unbelebte *tiyenavā* und *äti/äta*, z.B. *ḷamayā gedara innavā.* ‘Der Junge ist zu Hause.’ gegenüber *pota gedara tiyenavā.* ‘Das Buch ist im Haus.’ Die negierten Formen *näti/näta/nähä* werden für Belebtes wie Unbelebtes verwendet, z.B. (umg) *Sītā kāmarē nähä.* ‘Sītā ist nicht im Zimmer.’, *pattaraya kāmarē nähä.* ‘Die Zeitung ist nicht im Zimmer.’; (schr) *Sunil mehi näta.* ‘Sunil ist nicht hier.’, *äňduma mehi näta.* ‘Das Kleid ist nicht hier.’

Die Verba substantiva werden auch als Ersatz für das Verbum *haben* verwendet, wobei das Lebewesen, das etwas hat, in den Dativ tritt und das Unbelebte, das etwas hat, in den Lokativ bzw. in den Dativ tritt: z.B. *minihāṭa putek innavā.* wtl. ‘Dem Mann ist ein Sohn.’ = ‘Der Mann hat einen Sohn.’, *ḷamayāṭa potak tiyenavā.* wtl. ‘Dem Jungen ist ein Buch.’ = ‘Der Junge hat ein Buch.’; *potē piṭu sīyak tiyenavā.* wtl. ‘Im Buch sind 100 Seiten’ = ‘Das Buch hat 100 Seiten.’, *mēseṭa kakul hatarak tiyenavā.* wtl. ‘Dem Tisch sind vier Beine.’ = ‘Der Tisch hat vier Beine.’

b) Modalverben und Ersatzformen

Den Modalverben des Deutschen entsprechen im Singhalesischen z.T. indeklinable Wörter, z.T. flektierte Verbalformen, die teils mit dem Nominativ, teils mit dem Dativ konstruiert werden:

häki- 'können', 'möglich/fähig sein': *maṭa giya häkiya* (schr), *maṭa giyä̈ki* (umg), *mama yannaṭa häkkemi* (schr obs) 'mir ist möglich zu gehen', 'ich kann gehen' (*giya*: part pt v. *yanavā* 'gehen', *yannaṭa*: Infinitiv von *yanavā*) — neg: *maṭa giya nohäkiya* (schr), *maṭa yanna bähä* (umg), *mama yannaṭa nohäkkemi* (schr obs)

ähäk(i) (südliche Lokalvariante): *maṭa yanna ähäki* 'ich kann gehen' (*yanna*: Infinitiv von *yanavā*) — neg: *maṭa yanna bähä*

puḷuvan/piḷivan- 'können', 'möglich/fähig sein': *maṭa yannaṭa puḷuvana* (schr), *maṭa yanna puḷuvan(i)* (umg) 'mir ist möglich zu gehen', 'ich kann gehen' — neg: *maṭa yannaṭa nupuḷuvana* (schr), *maṭa yanna bähä* (umg)

kämati- 'mögen': *mama yāmaṭa kämättemi* (schr), *mama yanna kämatiyi* (umg) 'ich möchte gehen' (*yāmaṭa*: Dativ des Verbalsubstantivs auf *-īma*) — neg: *mama yāmaṭa nokämättemi* (schr), *mama yanna akamätiyi* (umg)

ōnä̈ 'wollen', 'mögen': *maṭa yanna ōnä̈* (umg) 'ich möchte gehen' — neg: *maṭa yanna ōnä̈ nä̈*

ōnä̈ 'müssen': *mama yanna ōnä̈* (umg) 'ich muß gehen' — neg: *mama yanna ōnä̈ ṅä̈*

yutu- 'sollen': *mama yā yuttemi* (schr) 'ich soll gehen' (*yā*: arch kond) — neg: *mama noyā yuttemi*

Häufig begegnen Verbalkonstruktionen, in denen *häki* und *yutu* in Verbindung mit einem Partizip der Vergangenheit (s.u. § 32) oder mit einem sog. Partizipium Necessitatis auf *-(i)ya* oder einem arch. Konditional auf *-ta* entweder die Möglichkeit oder die Notwendigkeit einer Handlung ausdrücken, z.B. *kaḷa häki väḍa* 'Arbeiten, die man tun kann' (*kaḷa*: part pt v. *karanavā* 'tun', 'machen'), *ivasiya nohäki dē* 'Dinge, die man nicht ertragen kann' (*ivasanavā* 'gedulden', 'ertragen'), *milaṭa gata häki pot* 'Bücher, die man kaufen kann' (*milaṭa gannavā* 'kaufen') und *liviya yutu liyuma* 'der Brief, den man schreiben soll' (*liyanavā* 'schreiben').

(Ausführlicher zu Modalverben und Ersatzformen siehe Einführung, S. 20–22, 45, 144–146, 179–185.)

c) Dativkonstruktionen

Wie oben (§ 29 a) angeführt, wird das Verbum *sein* in der Bedeutung *haben* mit dem Subjekt im Dativ konstruiert. Auch die Entsprechungen der deutschen Modalverben *können* und *wollen* (§ 29 b) werden teilweise ähnlich verwendet. Ihre negierten Formen haben ebenfalls das Subjekt im Dativ, z.B. *maṭa ... nähä* 'ich habe kein ...', *maṭa nohäkiyi/maṭa bähä* 'ich kann nicht', *maṭa ōnä̈ nähä/maṭa epā* 'ich möchte/will (es) nicht'. Es gibt noch weitere Verben im Singhalesischen, die mit dem Subjekt im Dativ konstruiert werden. Die "involitiven" Varianten etlicher Verben der 1. und 2. Konjugationsklasse (s.o. § 22), insbesondere die Verben der Sinneswahrnehmung, gehören zu dieser Gruppe, z.B. schriftsprachlich

maṭa äseyi 'mit ist hörbar' = 'ich höre', aber *mama asami* 'ich höre zu/hin'

maṭa tēreyi 'mir ist begreiflich' = 'ich verstehe', aber *mama tōrami* 'ich lege dar'; 'ich wähle aus'

maṭa däneyi 'mir ist fühlbar' = 'ich fühle', 'ich verstehe', aber *mama danimi* 'ich weiß'

maṭa siteyi 'mir/mich dünkt/deucht', aber *mama sitami* 'ich denke'

maṭa häṅgeyi 'mir ist fühlbar' = 'ich fühle', 'ich verstehe', 'ich vermute', aber *mama haṅgimi* 'ich denke', 'ich vermute'

Auch einige Verben der 3. Konjugationsklasse, die keine Entsprechungen in der 1. und 2. Konjugationsklasse haben, werden auf ähnliche Weise konstruiert, z.B.

maṭa peneyi 'mir ist sichtbar' = 'ich sehe'

maṭa rideyi 'mir tut weh' = 'ich empfinde Schmerzen'

maṭa väṭaheyi 'mir ist begreiflich' = 'ich begreife' (*vaṭahánavā* ist obsolet.)

Etliche verbale Zusammensetzungen mit *venavā* werden ebenfalls mit dem Subjekt im Dativ konstruiert, z.B. *matak venavā* 'sich erinnern', *äti venavā* '(von etw.) genug haben', Infinitiv auf *-nna(ṭa)+ venavā* 'müssen':

...maṭa matak uṇā. umg/... *maṭa matak viya.* schr 'Ich erinnerte mich ...'

eyāṭa hon̆daṭama äti velā. umg 'Er hat genug davon./Er ist völlig erschöpft.'

maṭa yanna uṇā. umg/*maṭa yannaṭa (sidu) viya.* schr 'Ich mußte gehen.'

eyāṭa gedara navatinna uṇā. umg/*ohuṭa gedara navatinnaṭa (sidu) viya.* schr 'Er mußte zu Hause bleiben.'

d) Verbale Zusammensetzungen

Nominale Verbkomposita: Die häufigste Gruppe der verbalen Zusammensetzungen bilden die nominalen Verbkomposita mit den Verben *karanavā* 'tun', 'machen' und *venavā* 'sein', 'werden', z.B.

prēma/pem karanavā 'lieben', *äti venavā* 'entstehen'; 'genug haben'.

Verbkomposita: Die Zusammensetzung des Absolutivums II (s. § 34) eines Verbums mit *gannavā* 'nehmen', z.B. *kara gannavā* '(für sich selbst) tun', bezeichnet die Reflexivität der Handlung, d.h. daß die Handlung auf den Handelnden bezogen wird (gegenüber einerseits *karanavā* 'tun', 'machen' und andererseits *kara denavā* wtl. 'getan habend geben' = 'für einen anderen tun'). Das Verbum *sōdanavā* heißt 'waschen', die Zusammensetzung *sōdā gannavā* dagegen 'sich waschen'.

Eine weitere wichtige Bildung dieser Art ist die Zusammensetzung des Absolutivums II eines Verbums mit dem Verbum *sein*, um einen eingetretenen Zustand oder eine abgeschlossene Handlung, also das Perfekt, auszudrücken, z.B.

gasa väṭī äta. schr/*gahá väṭilā tiyenavā.* umg 'Der Baum ist gefallen (und liegt noch da).'

ḷamayā ävit siṭī. schr/*ḷamayā ävit innavā.* umg 'Der Junge ist gekommen (und ist noch da).'

liyuma liyā tibē. schr/*liyuma liyalā tiyenavā.* umg 'Der Brief ist geschrieben worden.' = 'Man hat den Brief geschrieben.'

Zwei wichtige Verben des heutigen Singhalesischen sind als Ergebnis der Verbkomposita entstanden: *gēnavā* < *genenavā* < *gena enavā* 'genommen habend kommen' = '(her)bringen', *geniyanavā* < *gena yanavā* 'genommen habend gehen' = 'wegtragen', 'fortbringen'.

§ 30 Infinite Verbalformen

a) Der Konditional (Bedingungsform)

Der Konditional des Singhalesischen ist eine infinite Verbalform und kongruiert nicht mit dem Subjekt in Numerus und Person. Daher gibt es für alle Personen und beide Numeri eine gemeinsame Form auf *-tot* (aus älterem *-ta hot*) und seltener die Form auf *-tŏtin.* Es gibt auch einen Konditional des Präteritums auf *-ot*, z.B. *bäluvot* aus älterem *bäluva hot*, und seltener eine Form auf *-ŏtin.* Die Form auf *-ot* kommt häufiger vor als die Form auf *-tot.* Da der Konditional keine finite Verbalform ist, tritt in der auf der traditionellen Grammatik basierenden Schriftsprache das Subjekt in den Akkusativ, während es in der Umgangssprache im Nominativ erscheint:

Schriftsprache

sg	pl
1. *mā balatot/bäluvot* 'falls ich schaue'	*apa balatot/bäluvot* 'falls wir schauen'
2. *oba balatot/bäluvot* 'falls Sie schauen'	*oba balatot/bäluvot* 'falls Sie schauen'
3. *ohu balatot/bäluvot* 'falls er schaut'	*ovun balatot/bäluvot* 'falls sie schauen'
ǟ balatot/bäluvot 'falls sie schaut'	

Umgangssprache

sg	pl
1. *mama balatot/bäluvot* 'falls ich schaue'	*api balatot/bäluvot* 'falls wir schauen'
2. *oyā balatot/bäluvot* 'falls du schaust'	*oyālā balatot/bäluvot* 'falls ihr schaut'
3. *eyā balatot/bäluvot* 'falls er/sie schaut'	*eyālā balatot/bäluvot* 'falls sie schauen'

Der Konditional des Präteritums dient in der Regel dem Ausdruck einer als eingetreten gedachten Bedingung, z.B.

eyā kalin giyot, maṭa kiyanna. 'Wenn er frühzeitig geht (gegangen ist), sagen Sie es mir bitte!' gegenüber:

oyā kalin yatot, maṭa kiyanna. 'Wenn du frühzeitig gehst, sag es mir bitte (bevor du gehst)!'

Häufig werden jedoch diese beiden Formen ohne Bedeutungsunterschied verwendet.

Irrealis der Vergangenheit: Die Präteritalform auf *-ā* + *nam* (Konjunktion des Konditionals § 38 f) dient zur Bezeichnung des Irrealis der Vergangenheit, z.B.

Nimal āvā nam, apaṭa yanna tibuṇā. 'Wenn Nimal gekommen wäre, hätten wir gehen können.'

(Ausführlicher zum Konditional s. Einführung S. 103–105.)

b) Der Konzessiv (zur Bezeichnung der Einräumung)

Für den Konzessiv gibt es ebenfalls zwei infinite Verbalformen: auf *-tat*, z.B. *balatat* 'auch wenn man schaut' < *balata+t*, und auf *-at*, z.B *bäluvat* 'auch wenn man geschaut hat' < *bäluva+t*. Da der Konzessiv ähnlich wie der Konditional keine finite Verbalform ist, tritt das Subjekt in der Schriftsprache in den Akkusativ und in der Umgangssprache in den Nominativ, z.B.

mā balatat/bäluvat 'auch wenn ich schaue' (schr)

mama balatat/bäluvat 'auch wenn ich schaue' (umg)

Meistens werden die beiden Formen (Konzessiv des Präsens und des Präteritums) ohne Bedeutungsunterschied gebraucht. Bemerkenswert ist, daß die Form auf *-at* (Konzessiv des Präteritums) weit häufiger vorkommt – besonders in der Umgangssprache – als die Form auf *-tat*.

(Weiteres zum Konzessiv siehe Einführung S. 117–119.)

c) Die Verbalform auf *-nnē/-ē* (die sog. emphatische Form)

Die infinite Verbalform auf *-nnē* im Präsens ist ursprünglich ein flektierter Infinitiv, z.B. *balannē* (< **balanu-y-ē*) 'ein Schauender' (zum Infinitiv auf *-nu* siehe unten). Die Form auf *-ē* im Präteritum ist ursprünglich ein flektiertes Part Prät, z.B. *bäluvē* (< **bälū-v-ē*) 'einer, der geschaut hat'. Diese Formen werden in der Umgangssprache (seltener auch in der Schriftsprache) verwendet,

1. um negiertes Präsens oder Präteritum auszudrücken, z.B.

Lāl ennē nähä umg/*näta.* schr 'Lal kommt nicht.' (schr häufiger: *Lāl noeyi.*)

Sītā gedara giyē nähä umg/*näta.* schr 'Sītā ist nicht nach Hause gegangen.' (schr häufiger: *Sītā gedara nogiyāya.*)

2. bei einer Informationsfrage, die ein Interrogativpronomen enthält, z.B.

oyā yannē/giyē kohēda? 'Wohin gehst du/bist du gegangen?' (schr *oba kohi yannehida/giyehida?*)

3. bei einer Frage, wenn ein Begriff hervorgehoben wird, z.B.

Nimal väḍaṭa yannē adada? umg/schr 'Geht Nimal (erst) heute zur Arbeit?'

īye āvē Lālda? umg/schr 'War es Lal, der gestern kam?'

4. bei einer Aussage, wenn ein Begriff betont wird, z.B.

maṭa tiyennē/tibuṇē pot sīyayi. umg/*maṭa ättē/tibuṇē pot sīyayi.* schr 'Ich habe/hatte (nur) 100 Bücher.'

gegenüber

maṭa pot sīyak tiyenavā/tibuṇā. umg/*maṭa pot sīyak äta/tibuṇi.* schr 'Ich habe/hatte 100 Bücher.'

d) Der Infinitiv

Abgesehen von dem altertümlichen Infinitiv auf *-nu*, z.B. *naṭanu* '(zu) tanzen', der immer seltener gebraucht wird, wird die Funktion des verbalen Infinitivs durch die Form auf *-nna* erfüllt. Diese begegnet vornehmlich in der Umgangssprache und weist drei Nebenformen auf (*-nnaṭa, -nṭa, -nḍa*). Einige Beispiele zum Gebrauch des Infinitivs:

1. mit den Ersatzformen der Modalverben: *mama väḍa karanna ōnä.* 'Ich muß arbeiten.'

2. final: *Sītā pot ganna nagarayaṭa giyā.* 'Sītā ging in dic Stadt, um Bücher zu kaufen.'

In der Schriftsprache erscheint in dieser Funktion im allgemeinen der Dativ des Verbalsubstantivs auf *-īma*, z.B. *Sītā pot gänīmaṭa nagarayaṭa giyāya.*

3. mit der Fragepartikel *-da?* (s.u. § 39 a), wenn durch die Frage um Erlaubnis gebeten wird, etwas zu tun, z.B. *mama gedara navatinnada?* 'Darf ich zu Hause bleiben?'

Anm.: Mit der Fragepartikel *-da?* wird die Form auf *-nnaṭa* nie verwendet.

(Zu weiteren Beispielen zum Gebrauch des Infinitivs siehe Wörterverzeichnis.)

1.2.6 Die Partizipien

§ **31 Das Partizip der Gegenwart** des Singhalesischen wird mit dem direkt an den Verbalstamm tretenden Suffix *-na* gebildet, z.B. *bala-* '(an-)schauen' + *na: balana, daki-* 'erblicken', 'sehen' + *na: dakina, pene-* 'sichtbar werden', 'sehen' + *na: penena.* Seltener begegnet in der Schriftsprache und in der Umgangssprache eine ältere Form auf *-nā*, vorwiegend bei den Verbalstämmen der 2. Klasse und bei den einsilbigen Stämmen geschlossener Silbe, z.B. *dak(i)nā* zu *daki-* 'erblicken', 'sehen', *rak(i)nā* zu *raki-* 'beschützen', *innā* zu *iňdi-* 'sein', 'da sein', *gannā* zu *gan-* 'nehmen', *dannā* zu *dan-* 'wissen'.

Da im gegenwärtigen Singhalesischen nur selten Relativsätze gebildet werden, wird diese Funktionslücke durch die Partizipialkonstruktionen ausgefüllt, z.B. *pārē yana minisā andhayeki.* wtl. '(der) auf der Straße gehende(r) Mann (ist) ein Blinder' = 'der Mann, der auf der Straße geht, ist ein Blinder.' Bei transitiven Verben kann das Partizip je nach dem Kontext aktivische oder passivische Bedeutung haben, z.B. *pota liyana minisā* 'der Mann, der das Buch schreibt' gegenüber *minisā liyana pota* 'das Buch, das der Mann schreibt' (richtiger: *minisā visin liyanu labana pota* 'das Buch, das von dem Mann geschrieben wird).

Das substantivierte Partizip der Gegenwart:

	Schriftsprache		Umgangssprache
m	*liyannā*, pl *liyannō*	'der Schreibende/Schreiber'	*liyannā*, pl *liyannō*
f	*liyannī*, pl *liyanniyō*	'die Schreibende/Schreiberin'	*liyannī*, pl *liyanniyō*
n	*liyanna*	'das Schreiben'	*liyana eka*

Der Dativ des substantivierten Partizips des Neutrums auf *-nna(ṭa)/-nṭa/-nḍa* wird in der Umgangssprache (gelegentlich auch in der Schriftsprache) in der Funktion des verbalen Infinitivs des Deutschen gebraucht, z.B. *maṭa huňgak dē karanna tiyenavā.* 'Ich habe viel zu tun', wtl. 'mir viele Sachen zu tun sind' (s.a. § 30 d).

§ **32 Das Partizip der Vergangenheit**

Im Gegensatz zum Partizip der Gegenwart ist die Bildung des Partizips der Vergangenheit je nach der Konjugationsklasse unterschiedlich. Außerdem gibt es verschiedene Formen für die Schriftsprache und für die Umgangssprache. Die Partizipien des Präteritums der meist gebrauchten Verben sind unregelmäßig gebildet, d.h. sie sind aus den alt- und mittelindischen Partizipien lautgesetzlich entwickelt. Die unregelmäßigen Partizipien werden jeweils im Wörterverzeichnis angegeben.

	1. Klasse	2. Klasse	3. Klasse
Schriftsprache	*bälū* 'geschaut'	*ädi* 'gezogen'	*väṭuṇu* 'gefallen'
Umgangssprache	*bäluva*	*ädda* < **ädiya*	*väṭuṇa*/*väṭuṇu*

In der Umgangssprache wird bei den Verben der 1. und 2. Klasse auch eine periphrastische Form häufig verwendet, die aus dem Absolutivum II (s. unten) + *pu* < *piyū* (Partizip des Präteritums zu *piya-* 'schließen') besteht. In den Absolutiven der 1. Klasse wird dabei das auslautende *ā* gekürzt, aber die Form mit *ā* existiert außerdem als lokale Abweichung, z.B. *balăpu* 'geschaut'. In der 2. Klasse tritt das *pu* direkt an das Absolutivum II (s. unten), z.B. *ädapu* 'gezogen'.

Von den Verben der 3. Klasse wird in der Umgangssprache ein weiteres Partizip der Vergangenheit auf *-icca* verwendet, z.B. *väṭicca* 'gefallen', *pipicca* 'geblüht'.

Die wenigen Formen anderer Klassen wie *diracca* 'abgenützt', 'verfallen' zu *dira-* und *genicca* 'weggebracht' zu *geniya-* < *gena ya-* sind sprachgeschichtlich zu erklären.

Außer dem attributiven Gebrauch, z.B. *bima väṭuṇu pota* 'das auf den Boden gefallene Buch/das Buch, das auf den Boden fiel', und der oben (§ 29 b) erwähnten Verwendung des Partizips der Vergangenheit, gibt es eine Vielfalt von Gebrauchsmöglichkeiten dieses Partizips, auf die im Wörterverzeichnis hingewiesen wird.

Der Instrumental des flektierten Partizips der Vergangenheit wird in der Schriftsprache verwendet, um eine Begründung auszudrücken, z.B. *giyen* 'da man ging' zu *giya* 'gegangen', *ladin* 'da man erhalten hat' zu *lada* 'erhalten', 'bekommen' (part pt zu *labanavā*).

In der Umgangssprache wird in dieser Funktion der Instrumental des substantiverten Partizips (s.u.) gebraucht, z.B. *giyāyin* 'da man ging', *läbuṇāyin* 'da man erhalten hat'.

Das substantivierte Partizip der Vergangenheit:

	Schriftsprache		Umgangssprache
m	*bäluvē*	'einer, der geschaut hat'	*bäluvā*
f	*bäluvā*	'eine, die geschaut hat'	*bäluvā*
n	*bäluvu*	'das Schauen' < 'das Geschaut-Haben'	*bäluva eka*

1.2.7 Die Absolutiva

§ **33 Das Absolutivum I** (zur Bezeichnung einer gleichzeitigen Nebenhandlung)

Das Absolutivum der Gegenwart (Absolutivum I) wird mit dem direkt an den Verbalstamm tretenden Suffix *-min* gebildet, z.B. *bala+min* : *balamin* 'schauend', 'während man schaut'. In der Umgangssprache wird diese Form auf *-min* nur selten gebraucht (*emin* 'kommend', *yamin* 'gehend', *bäṇa ganimin* 'einander beschimpfend'). Dafür tritt das reduplizierte Absolutivum II auf, bei dem der auslautende Vokal des ersten Glieds gekürzt wird, wie folgende Beispiele zeigen.

bala balā = *balamin* 'schauend' (zum Absolutivum II s. unten), aber
däka däka = *dakimin* 'erblickend' und
peni penī = *penemin* 'sehend', 'sichtbar werdend'

Das Absolutivum I bezeichnet eine Nebenhandlung, die sich mit der Haupthandlung, welche durch das finite Verb ausgedrückt wird, gleichzeitig vollzieht, z.B. *Nimal naṭamin gī gayayi.* schr/*Nimal naṭa naṭā gī gayanavā.* umg 'Nimal singt Lieder tanzend/während er tanzt.'

Außerdem drückt das Absolutivum I in Verbindung mit dem Verbum *sein* den DURATIVEN Aspekt eines Verbums aus, z.B. *Sunil pota liyamin siṭiyēya.* schr/*Sunil pota liya liyā hiṭiyā.* umg 'Sunil war beim Schreiben des Buches./Sunil war das Buch schreibend.', *gē diramin tibuṇi.* schr/*gē diramin tibuṇā.* umg 'Das Haus war am Verfallen./Das Haus verfiel allmählich.'

§ **34 Das Absolutivum II** (zur Bezeichnung einer vorzeitigen Nebenhandlung)

Das Absolutivum der Vergangenheit (Absolutivum II) unterscheidet sich – anders als das der Gegenwart – je nach der Konjugationsklasse. Es gibt auch verschiedene Formen für die Schriftsprache und für die Umgangssprache. Die Absolutiva der meistgebrauchten Verben sind unregelmäßig gebildet, d.h. sie sind lautgesetzlich entwickelte Abkömmlinge der alt- und mittelindischen Absolutiva. Die unregelmäßigen Absolutiva werden jeweils im Wörterverzeichnis angegeben.

	1. Klasse	2. Klasse	3. Klasse
Schriftsprache	*balā* 'geschaut habend'	*äda* 'gezogen habend'	*väṭī* 'gefallen seiend'
Umgangssprache	*balalā*	*ädalā*	*väṭilā*

Das Absolutivum II bezeichnet eine Nebenhandlung, die der durch das finite Verb ausgedrückten Haupthandlung zeitlich vorangeht, z.B. *Nimal liyuma liyā gedara giyēya.* schr/*Nimal liyuma liyalā gedara giyā.* umg 'Den Brief geschrieben habend ging Nimal nach Hause.' = 'Nimal schrieb den Brief und ging nach Hause.'

Für weitere Verwendungen des Absolutivums II s. oben § 29 d).

1.2.8 Die Adverbien

Außer den Adverbien, die ursprünglich solche sind, wie z.B. *nitara* 'sehr oft', 'häufig', *tava* 'noch', die jeweils im Wörterverzeichnis angegeben werden, gibt es Pronominaladverbien (§ 35) und Adverbien, die denominale Ableitungen sind (§ 36).

§ **35 Die Pronominaladverbien**

Von den Pronominalstämmen *ē-*, *mē-*, *ō-*, *ara-* und von dem Interrogativpronominalstamm *ko-/ki-* (seltener auch vom Stamm *mo-/mona-*) werden Adverbien unterschiedlicher Funktionen gebildet:

a) Lokal

ehē/ehi 'dort'; 'dorthin', *eheṭa* 'dorthin', *ehen* 'von dort'; 'dorthin', *ehāyin* 'dorthin (auf die andere Seite v. etw.)'

mehē/mehi 'hier'; 'hierher', *meheṭa/mehāṭa* 'hierher', *mehen* 'von hier'; 'hierhin', *mehāyin* 'hierhin (auf diese Seite v. etw.)'

ohē/ohi 'dort (bei dir)', *ohĕṭa/ohāṭa* 'dorthin (zu dir)', *ohen* 'von dort'; 'dorthin'

arahe/arehe 'dort'; 'dorthin', *araheṭa/areheṭa* 'dorthin', *arahen/arehen* 'von dort'; 'dorthin'

kohē(da)?/kohi(da)?/koyi(da)? 'wo?', *kohĕṭa(da)?/kohāṭa(da)?* 'wohin?', *kohen(da)?* 'woher?', 'von wo?'; 'wohin?', *koyinda?* 'woher?'

etäna/etana 'dort', 'an jener Stelle', *etänaṭa/etanaṭa*, *etänin/etanin*

metäna/metana 'hier', 'an dieser Stelle (bei mir)', *metänaṭa/metanaṭa*, *metänin/metanin*

otana 'dort', 'an dieser Stelle (bei dir)', *otanaṭa*, *otanin*

atana 'dort (entfernt, aber sichtbar)', *atanaṭa*, *atanin*

kotäna(da)?/kotana(da)? 'wo', 'an welcher Stelle?', *kotänaṭa(da)?/kotan(a)ṭa(da)?*, *kotänin(da)?/kotanin(da)?*

Die Formen auf *-hi* werden nur selten und die auf *-tän-* kaum in der Umgangssprache verwendet.

b) Temporal

ekala 'dann', 'in jener Zeit', *edā* 'an jenem Tag', 'damals', *evara* 'dann', 'darauf', *eviṭa* 'dann', 'darauf'

mekala 'in der jetzigen Zeit', *medā* 'an diesem Tag', 'jetzt', *mevara* 'diesmal', *meviṭa* 'diesmal'

kikala(da)? 'wann?', 'zu welcher Zeit?' (poet für *koyi kālē(da)?*), *kavadā(da)?* > *kavadda?* 'an welchem Tag?', 'wann?'

Die Formen auf *-kala*, *-vara* und auf *-viṭa* werden ausschließlich in der Schriftsprache gebraucht.

c) Modal

elesa, esē, ehema 'so', 'auf diese Weise'

melesa, mesē, mehema 'so', 'folgendermaßen (wie ich sage)'

ohoma 'so', 'auf diese Weise (wie du sagst)'

arehema 'so', 'auf jene Weise'

kelesa(da)?, kesē(da)?, kohoma(da)? 'wie?', 'auf welche Weise?'

Die Formen auf *-ma* werden vornehmlich in der Umgangssprache und der Rest ausschließlich in der Schriftsprache verwendet.

d) Kausal

enisā, ebävin, eheyin ‘aus diesem Grunde’
(ku)mak nisā(da)?, manda?, moka(da)? (neben *äyi?*) ‘aus welchem Grund?’, ‘warum?’

enisā, ebävin und *eheyin* sind schriftsprachliche Formen. In der Umgangssprache werden dafür *ē nisā(ven), ē hindā/handā* gebraucht. *(ku)mak nisā(da)?* und *manda?* sind ausschließlich schriftsprachlich.

e) Adverbien der Menge

eccara, etaram, epamaṇa ‘so viel’, ‘so sehr’
meccara, metaram, mepamaṇa ‘so viel’, ‘so sehr’
occara, otaram, opamaṇa ‘so viel’, ‘so sehr’
accara ‘so viel’, ‘so sehr’
koccara(da)?, kotaram(da)?, kopamaṇa(da)? ‘wieviel?’, ‘wie sehr?’

Die Formen auf *-cara* sind überwiegend umgangssprachlich, die auf *-pamaṇa* werden dagegen nur selten in der Umgangssprache verwendet.

f) Indefinitadverbien

Aus den Lokal-, Temporal- und Modaladverbien, die von den Interrogativstämmen *ko-/mo(na)-* gebildet sind, können mit dem suffigierten Element *-vat/hari* (*hari* nur in der Umgangssprache) Indefinitadverbien entstehen, z.B.

kohēvat/kohē hari ‘irgendwo’; ‘irgendwohin’ und *kohēvat nä* ‘nirgends’; ‘nirgendwohin’
kavadāvat/kavadā hari ‘irgendwann’ und *kavadāvat nä* ‘nie’, ‘niemals’
kesēvat/kohoma hari ‘irgendwie’ und *kesēvat nohäkī.* schr/*kohomavat bähä.* umg ‘Auf keine Weise ist es möglich.’

g) Adverbien zur Bezeichnung der Beschränkung

Mit dem suffigierten Element *-vat* werden Adverbien zur Bezeichnung der Beschränkung gebildet, z.B.

ehēvat ‘wenigstens dort’
edāvat ‘wenigstens an diesem Tag’
esēvat ‘wenigstens auf diese Weise’
enisāvat ‘wenigstens deshalb’
eccaravat ‘wenigstens soviel’

§ 36 Adverbien nominaler Herkunft

Es gibt auch Modaladverbien nominaler Herkunft, die mit dem Dativ und/oder Instrumental und bisweilen auch mit dem Lokativ von Substantiven abstrakter Bedeutung und seltener von Adjektiven gebildet werden. Es folgen einige Beispiele.

ikmanaṭa/ikmanin schr/umg 'schnell' zu *ikmana* 'Schnelligkeit'
tadaṭa/tadin 'hart', 'fest', 'eng' zu *tada* schr/umg 'hart', 'fest', 'eng'
lassaṇaṭa 'schön' zu *lassaṇa* schr/umg 'Schönheit'
nidahasē schr/umg 'frei', 'ungehindert' zu *nidahasa* 'Freiheit'

Mit dem suffigierten bzw. nachgestellen Element *-sē/lesa* 'wie', 'ähnlich' und *-va* 'seiend' werden sowohl von Substantiven wie auch von Adjektiven nominale Modaladverbien gebildet, die schriftsprachlich gebraucht werden, z.B.

dukasē 'unglücklich', 'unbequem', 'schwer' zu *duka* 'Leid', 'Unglück'
nivāradi lesa 'fehlerfrei' zu *nivāradi* 'fehlerfrei'
viruddhava 'gegnerisch/feindselig seiend' zu *viruddha* 'gegnerisch/feindselig'

In der Umgangssprache werden solche Adverbien mit *velā* 'seiend' und *karalā* 'gemacht habend' gebildet, z.B.

unandu velā 'fleißig'
ikman karalā 'schnell'

1.2.9 Die Postpositionen

§ **37** Die Postpositionen in der Funktion der Präpositionen des Deutschen werden in den meisten Fällen der obliquen Form des Bezugswortes nachgestellt, z.B.

best	unbest	pl
puṭuva uḍa 'auf dem Stuhl'	*puṭuvak uḍa*	*puṭu uḍa*
kāmarē mäda 'inmitten d. Zimmers'	*kāmarayak mäda*	*kāmara mäda*
pota ätuḷē 'in dem Buch'	*potak ätuḷē*	*pot ätuḷē*

In einigen Fällen werden sie dem Dativ bzw. dem Ablativ des Bezugswortes nachgestellt, z.B. *satiyakaṭa pera* 'vor einer Woche' (s.u.).

Nach ihren Funktionen können die Postpositionen in mehrere Gruppen eingeteilt werden:

a) Lokal

uḍa 'auf', *mäda* 'inmitten', *ätuḷē* 'in' usw. schr/umg (für den Gebrauch s.o.). Wenn aber in Bezug auf die Lokalität eine Richtung ausgedrückt wird, erscheinen diese Postpositionen im Dativ oder im Instrumental bzw. Ablativ, z.B.

puṭuva uḍaṭa 'auf den Stuhl', *puṭuva uḍin* 'auf den Stuhl'; 'von dem Stuhl'
pota ätuḷaṭa 'in das Buch', *pota ätuḷen/ätuḷin* 'in das Buch'; 'aus dem Buch'
kāmarē mädaṭa 'in die Mitte des Zimmers', *kāmarē mädin* 'in die Mitte des Zimmers'; 'aus der Mitte des Zimmers'

Diese Gruppe der Postpositionen kann auch substantivisch gebraucht werden, z.B. *puṭuvē uḍa* 'die Oberfläche des Stuhls', *lāccuvē ätuḷa* 'das Innere der Schublade', *kāmarē/kāmarayē mäda* 'die Mitte des Zimmers'.

iňdalā umg: *metana iňdalā* 'von hier aus'
dakvā schr: *nagara sīmāva dakvā* 'bis zur Stadtgrenze'
siṭa schr: *nagarayē siṭa* 'von der Stadt (aus)'

b) Temporal

kalin umg: *avuruddakaṭa kalin* 'vor einem Jahr'
pera schr: *demásakaṭa/māsa dekakaṭa pera* 'vor 2 Monaten'
pasu schr: *viṇāḍi pahakaṭa pasu* 'nach 5 Minuten'
passē umg: *päya tunakaṭa passē* 'nach 3 Stunden'

Aber

ohugen pasu schr/*eyāgen passē* umg 'nach ihm (nach seinem Tod)'
väḍa kaḷa pasu schr/*väḍa kaḷāṭa/kaḷāyin passē* umg 'nach getaner Arbeit'

und

ätuḷata schr/umg: *siya vasak ätuḷata* 'innerhalb eines Jahrhunderts'
dakvā schr/umg: *saňdudā dakvā* 'bis zum Montag'
siṭa schr: *pasvenidā siṭa* 'seit dem 5.'
hiṭa(lā)/hiṭan/iňdalā umg: *īyē hiṭa(lā)/hiṭan/iňdalā* 'seit gestern'

Weitere Beispiele (auch für die folgenden Gruppen) finden sich im Wörterverzeichnis.

c) Modal

ekka umg: *minissu/minissun ekka* 'zusammen mit den Männern'
venuvaṭa schr/umg: *Nimal venuvaṭa* 'statt Nimal', 'anstelle von Nimal'
venuven schr/umg: *Nimal venuven* 'für (zugunsten von) Nimal'
samaga schr: *minisun samaga* 'zusammen mit den Männern'
hā schr: *ohu hā mituruva* 'mit ihm befreundet'

d) Kausal

nisā schr/umg: *mudal nisā* 'wegen des Geldes'
hindā/handā umg: *ḷamayi/ḷamayin hindā/handā* 'wegen der Kinder'

e) Final

udesā schr: *raṭa udesā* 'für das Land', 'um des Landes willen'
piṇisa schr: *tägi dīma piṇisa* 'zum Zwecke des Schenkens'
saňdahā schr: *igenīma saňdahā* 'zum Zwecke des Lernens/Studiums'

f) Zur Bezeichnung der Beschränkung

ära umg: *Nimal ära* 'außer Nimal'
misa schr: *kāntāvan misa* 'außer den Damen'
misak(vā) umg: *gāṇu(n) misak(vā)* 'außer den Frauen'
vinā schr: *gurungen vinā* 'außer von den Lehrern', *ohu vinā* 'ohne ihn'
hära schr: *ḷamayāṭa hära* 'außer zu dem Kind'

g) Zur Bezeichnung der Ähnlichkeit

men schr: *sataku men* 'wie ein Tier'
vā̆gē̆ schr/umg: *soreku vāgē* schr/*horek vagē* umg 'wie/ähnlich wie ein Dieb'
väni schr: *apa väni aya* 'Leute wie wir'
sē schr: *ratran sē dilisena siyalla* 'alles, was wie Gold glänzt'

1.2.10 Die Konjunktionen und die suffigierten Partikeln

Die Konjunktionen und die suffigierten Partikeln können nach ihren syntaktischen Funktionen in verschiedene Gruppen eingeteilt werden.

§ 38 Die Konjunktionen

a) Kopulativ

saha schr: *minissu saha gāhāṇu* 'Männer und Frauen'
hā schr: *pot hā pänsal* 'Bücher und Bleistifte'

Anm.: Obwohl *saha* und *hā* oft als kopulative Konjunktionen verwendet werden, sind sie eigtl. modale Postpositionen (s.o. § 37 c). Zu funktionalen Entsprechungen der kopulativen Konjunktionen in der Umgangssprache s.u. § 39 i).

b) Disjunktiv

hō schr: *ada hō heṭa (hō)* '(entweder) heute oder morgen'
hari umg: *ammā hari tāttā hari* 'entweder Mutter oder Vater'
nät(i)nam schr: *ḷamayi nät(i)nam minissu* 'Kinder oder Männer'
ekkō ... nättaṃ (< nätnam) umg: *ekkō eyālā nättaṃ api* 'entweder sie oder wir'
da ... da umg: *minihekda gāṇiyekda kiyanna dannē nä.* 'Ob es ein Mann oder eine Frau ist, weiß ich nicht zu sagen.'

c) Adversativ

ehet schr, Satzbeginn: *Lāl Nimalṭa kathā kaḷēya. ehet Nimal ivata bälīya.* 'Lāl sprach Nimal an, jedoch Nimal schaute weg.'
ēt umg, Satzbeginn: *Lālanīt āvā. ēt Sītā āvē nähä.* 'Auch Lālanī kam, aber Sītā kam nicht.'
namut schr: *Nimal dakṣa namut kaḍisara näta.* 'Nimal ist klug, aber nicht fleißig.'

namut/numut umg: *Sunil pohosat, namut/numut hari mōḍayi.* 'Sunil ist reich, aber sehr dumm.'

d) Temporal

koṭa umg: *yana koṭa* 'während man geht'
tek schr/umg: *Sunil ena tek* '(solange) bis Sunil kommt'
-t ekkama umg: *ammā giyat ekkama* 'sobald die Mutter gegangen war'
-t samagama schr: *mava giyāt samagama* 'sobald die Mutter gegangen war'
vahāma schr/umg: *liyuma läbuṇu vahāma* 'sobald man den Brief erhalten hat'
pasu schr: *ohu giya pasu* 'nachdem/wenn er gegangen ist'
viṭa schr: *gedara yana viṭa* 'während man nach Hause geht'; *pāsälaṭa giya viṭa* 'als man in die Schule gegangen war'/'wenn man in die Schule gegangen ist'

e) Kausal

nisā schr/umg: *Sītā yana/giya nisā* 'weil Sītā (fort) geht/gegangen ist'
bävin schr: *ḷamayin nidana bävin* 'weil die Kinder (gerade) schlafen'
handā/hindā umg: *ammā kiyana handā/hindā* 'da die Mutter sagt'
heyin schr: *hon̆din naṭana/näṭū heyin* 'weil man gut tanzt/getanzt hat'

f) Konditional

(idin) ... nam schr: *(idin) ohu kämati nam* 'wenn er willens ist'
(itin) ... nam umg: *(itin) Lāl enavā nam* 'wenn Lāl kommt'

g) Modal

paridi schr: *oba dannā paridi* 'wie Sie wissen'
lesa schr: *ohu kivū lesa* 'wie er gesagt hat'

§ 39 Die suffigierten Partikeln

a) Interrogativpartikeln

-da? schr/umg: *Sarat väḍa karannēda/karanavā̆da?* 'Arbeitet Sarat?'
-da? schr/umg: *ḷamayā pota kiyavayida/kiyavāvida?* 'Wird der Junge wohl das Buch lesen?'
-da? schr/umg: *Nimal ennē kavadāda/kavadda?* 'Wann kommt Nimal?'
-da? schr/umg: *Lāl yannē nädda? (< nätida?)* 'Geht Lāl nicht (fort)?'
-da? schr/umg: *väḍa karannē Sunilda?* 'Ist es Sunil, der arbeitet?'
-da? umg: *mama gedara yannada?* 'Soll/Darf ich nach Hause gehen?'
-da? umg: *oyā mē gedara yannada?* 'Bist du im Begriff, nach Hause zu gehen?'

b) Begriffsverstärkende Partikeln

-ma schr/umg: *mē potama* (s) 'eben dieses Buch'
-ma schr/umg: *hon̆dama ḷamayā* (adj) 'der beste Junge'

-ma schr/umg: *apima* (pron) 'wir selbst'
-ma schr/umg: *gas tunama* (Zahlwort) 'alle drei Bäume'
-ma schr/umg: *ikmaninma* (adv) 'recht schnell'
-ma schr/umg: *satiyaka siṭama/hiṭanma* (post) 'schon seit einer Woche'
-ma schr/umg: *väḍa nokarama* (infinites Verb) 'gar nicht gearbeitet habend'
-maya schr: *minisā ē gäna nosituvēmaya.* (finites Verb) 'Der Mann dachte gar nicht daran.'
-mayi umg: *Sunil ada gedara enavāmayi.* (finites Verb) 'Sunil kommt garantiert heute nach Hause.'/ 'Sunil kommt heute zum ersten Mal nach Hause.'

c) Begriffsbetonende Partikel (mit der Verbalform auf *-nnē/-ē*)

-yi umg: *pot tunayi tiyennē.* 'Es gibt nur 3 Bücher.'
-yi umg: *ḷamayayi äňḍuvē.* 'Es war der Junge, der weinte.'

d) Affirmativpartikel

-nē umg: *ammat yanavānē.* 'Auch die Mutter geht (mit), nicht wahr?'
-nē umg: *Saratnē salli dennē.* 'Es ist ja Sarat, der Geld gibt.'

e) Partikel zum Ausdruck der Ungewißheit

-dō schr: *Nimal "yamdō noyamdō" yi kalpanā kaḷēya.* 'Nimal überlegte sich, ob er gehen oder nicht gehen sollte.'
-dō umg: *mē pota kāgēdō?* 'Wessen Buch könnte dies wohl sein?'
-dō umg: *kavudō mē pota genāvā.* 'Irgend jemand (ein Unbekannter) hat dieses Buch mitgebracht.'

f) Partikeln zur Wiedergabe vom Hörensagen

-la schr: *ohu vibhāgaya samatvīla.* 'Er soll die Prüfung bestanden haben.'
-lu umg: *Lāl piṭaraṭa giyālu.* 'Lāl soll ins Ausland gegangen sein.'
-lu umg: *Sītālu ada väḍa karannē.* 'Es soll Sītā sein, die heute arbeitet.'

Wenn kein finites Verb explizit vorhanden ist, wird *-lu* an den inhaltlich am stärksten betonten Begriff angehängt, hinter dem die Kopula geschwunden ist, z.B. *Sītāyi ada väḍa karannē.* 'Es ist Sītā, die heute arbeitet.' Die Partikel *-la* (schr arch) tritt in der Regel in Verbindung mit dem finiten Verb auf.

g) Partikel zur Markierung des Satzendes (Kopula)

-ya/-(y)i schr: *Nimal pohosatya/pohosateki.* 'Nimal ist reich/ein Reicher.'

In der Umgangssprache wird bei folgenden Fällen die Kopula nicht verwendet:

1. Wenn das Prädikativum ein Substantiv ist, d.h. wenn die Kopula das Subjekt mit einem Substantiv verbindet, z.B.

Sunil guruvarayek. 'Sunil ist (ein) Lehrer.'

apē pāṭa nila. 'Unsere Farbe ist Blau.'
ada badādā. 'Heute ist Mittwoch.'
mē raṭē huṅgak minissu goviyō̆. 'Viele Leute in diesem Lande sind Bauern.'
Sītăge upan gama Gālla. 'Sītās Geburtsort ist Gālla.'

2. Wenn das Prädikativum ein Adjektiv ist, das mit einem Konsonanten endet:

Sarat pohosat. 'Sarat ist reich.' gegenüber *Lāl dakṣayi.* 'Lāl ist klug.'

h) Partikel zur Markierung des Gedanken- bzw. Redeabschlusses

-(ya)yi/-yäyi schr: *"mama dän gedara yanna ōnǟ" yi Lāl sitīya.* '"Ich muß jetzt nach Hause gehen", dachte Lāl.'
-(ya)yi/-yäyi schr: *"oyā kavadāda āvē?" yäyi Sunil äsīya.* '"Wann bist du gekommen?", fragte Sunil.'

In der Populärliteratur fehlt bisweilen diese Partikel zur Markierung des Gedanken- bzw. Redeabschlusses. In der Umgangssprache wird sie durch das Element *kiyalā* (wtl. 'gesagt habend') ersetzt, z.B. *"mē väḍē adama karanna ōnǟ" kiyalā Nimal hituvā.* '"Ich muß diese Arbeit heute noch machen", dachte Nimal.'

i) Partikeln der Verbindung und der Einräumung

-da schr: *mavada piyāda* 'sowohl Mutter als auch Vater'
-t schr/umg: *mēsat puṭut* 'sowohl Tische als auch Stühle'
-yi umg: *näyoyi yāḷuvoyi* 'Verwandte und Freunde'

-da schr: *ohu hoṅdin väḍa kaḷada* 'wenn er auch gut gearbeitet hat'
-t umg: *gedara nävatuṇat* 'obwohl man zu Hause geblieben ist'

1.2.11 Die Negation

§ 40 Die Negation beim Verbum

a) Negationspräfix: *no-*

finites Verb schr: *ḷamayā gedara noyayi.* 'Der Junge geht nicht nach Hause'.
zsgv schr: *mama pota gena nogiyemi.* 'Ich nahm das Buch nicht mit.' (zsgv: *gena yanavā* 'mitnehmen')
infinites Verb schr: *liyuma noliyā* 'ohne den Brief zu schreiben', wtl. 'den Brief nicht geschrieben habend'
infinites Verb umg: *väḍa nokara* 'ohne zu arbeiten', wtl. 'nicht gearbeitet habend'

b) Negiertes Verbum substantivum: *näta/nähä/nǟ*

schr: *Lāl gedara näta.* 'Lāl ist nicht zu Hause.', flektiert:... *nättēya.*
umg: *Sītā kāmarē nähä/nǟ.* 'Sītā ist nicht im Zimmer.'

c) **Negationspartikeln/Satzwörter**: *näta/nähä/nä̆; bähä/bä̆*

schr: *Sarat väḍa karannē näta.* 'Sarat arbeitet nicht.'
schr: *Sunil ada väḍa kaḷa yutuda? – näta.* 'Muß Sunil heute arbeiten? – Nein.'
umg: *Prasanna gedara yannē nähä/nä̆.* 'Prasanna geht nicht nach Hause.'
umg: *mama pota kiyevvē nähä/nä̆.* 'Ich habe das Buch nicht gelesen.'
umg: *oyā räsvīmaṭa yanavāda? – nähä.* 'Gehst du zur Versammlung? – Nein.'
umg: *Lālṭa väḍa karanna bähä/bä̆.* 'Lāl kann nicht arbeiten.'
umg: *Sītāṭa naṭanna puḷuvanda? – bähä/bä̆.* 'Kann Sītā tanzen? – Nein.'

d) **Prädikativer Gebrauch**: *noveyi/novē/neveyi/nemeyi/nemē*

schr: *ē ohugē pota noveyi/novē, ...* 'Das ist nicht sein Buch, (sondern) ...'
umg: *Sītā guruvariyak neveyi/nemeyi/nemē, ...* 'Sītā ist keine Lehrerin, (sondern) ...'

e) **Negiertes Fragewort**: *nädda?* < *nätida?*

überwiegend umg: *oyā naṭannē nädda?* 'Tanzt du nicht?'

f) **Negation beim Imperativ/Prohibitivverbersatz**: *epā!*

mit dem Infinitiv: *dora vahanna epā!* 'Schließen Sie/schließ bitte die Tür nicht!'
als Satzwort: *mama mehē navatinnada? – epā!* 'Darf ich hier bleiben? – Nein!'
im verneinten Wunschsatz: *maṭa salli epā!* 'Ich will kein Geld!'

§ 41 Die Negation beim Nomen (Adjektiv und Substantiv)

a) **Negationspräfix** *a-* vor Konsonant

apirisidu 'unsauber'; *avidyāva* 'Unwissenheit'

b) **Negationspräfix** *an-* vor Vokal

anavaśya 'unnötig'; *anācāraya* 'Sittenlosigkeit', 'schlechtes Betragen'

c) **Negationspräfix** *ni-* vor Konsonant

nisaru 'unfruchtbar'; *nivärädda* 'Schuldlosigkeit', 'fehlerfreier Zustand'

d) **Negationspräfix** *nir-* vor Vokal

nirávul 'unverwirrt', 'klar'; *nirāśāva* 'Unlust', 'Lustlosigkeit'

e) **Negationspräfix** *no-* vor Partizip

noyana 'nicht-gehende(-r, -s)'; *nokivū* 'nicht-gesagte(-r, -s)'

f) **Negationspräfix** *no-* vor Verbalsubstantiv

nolivīma 'das Nicht-Schreiben'; *no'ivasilla* 'Ungeduld'

g) Negationspräfix *no-* vor Adjektiv/Substantiv (selten)

nobō < *no*+*bohō* 'nicht viele', 'wenige' (nur in *nobō kalakin* 'nach kurzer Zeit', *nobō dinakin* 'in wenigen Tagen' und in *nobōdā* 'vor wenigen Tagen'); *nuduru* < *no*+*duru* 'nicht weit'; *nodaruvā* 'kleines, unschuldiges Kind'; *nomilē*/*nomilayē* 'kostenlos', 'ohne Bezahlung'

1.2.12 Die Verbalsubstantiva

§ **42 Allgemeines**: Durch Anfügung der Suffixe *-īma, -uma* und *-illa* können von den Verbalstämmen Verbalnomina gebildet werden. Diese Suffigierung, die unter Wegfall des stammauslautenden Vokals erfolgt, bewirkt in der Regel eine umlautartige Veränderung des Verbalstamms von *a* > *ä*, *ā* > *ǟ*, *u* > *i*, *ū* > *ī*, *o* > *e* und *ō* > *ē*. Obwohl dieses Thema nicht zur Grammatik, sondern zur Wortbildung gehört, seien aufgrund der Zweckmäßigkeit die häufigeren Formen hier kurz behandelt, denn ein Überblick über ihre Bildeweise und Funktion dient in hohem Maße der Wortschatzerweiterung.

a) Das Verbalsubstantiv auf *-īma*: Von nahezu jedem Verbalstamm des Singhalesischen kann ein Verbalsubstantiv auf *-īma* gebildet werden, z.B.:

naṭa +*īma* > *näṭīma* 'das Tanzen' zu *naṭanavā* 'tanzen',

duva +*īma* > *divīma* 'das Laufen', 'das Rennen' zu *duvanavā* 'laufen', 'rennen'.

In ihrer Funktion entspricht die Bildung auf *-īma* dem substantivierten Infinitiv des Deutschen, z.B. 'das Tanzen', 'das Singen'. Da der Dativ der Ableitung auf *-īma*, z.B. *näṭīmaṭa* 'zum Tanzen', '(um) zu tanzen', sehr häufig in finaler Funktion verwendet wird, ist dieses Verbalnomen das häufigst Gebrauchte in der Schriftsprache des Singhalesischen.

b) Das Verbalsubstantiv auf *-uma*: Funktional entspricht diese Form größtenteils der Bildung auf *-ung* und der impliziten Ableitung des Deutschen, z.B.:

naṭa +*uma* > *näṭuma* 'der Tanz' zu *naṭanavā*,

vaňdi +*uma* > *väňduma* 'die Verehrung' zu *vaňdinavā* 'verehren'.

c) Das Verbalsubstantiv auf *-illa*: Diese Bildung, die häufig ein zusätzliches semantisches Merkmal PEJORATIV aufweist, kann in vielen Fällen mit einer Ableitung auf *-erei*/*elei*, in einigen Fällen mit einem *Ge*-Abstraktum, im Deutschen wiedergegeben werden, z.B.

naṭa +*illa* > *näṭilla* 'die Tanzerei' zu *naṭanavā*,

doḍava +*illa* > *deḍavilla* 'das Geschwätz', 'das Gequassel' zu *doḍavanavā* 'schwatzen', 'quasseln'.

2 Grundwortschatz

අ *a*

අ-	*a-* neg präf vor kons	un-, -los, ohne
	akamätten	ohne Freude, ungerne
	avidyāva	Unwissenheit
	asaraṇa	hilflos, schutzlos
අංකය	*aṃkaya*, *aṃka-*; *aṅkaya*	Nummer, Digit; Zeichen; Schoß
අංගය	*aṃgaya*, *aṃga-*; *aṅgaya*	Körperteil, Körper, Teil, Glied
අංශකය	*aṃśakaya*, *aṃśaka-*	Grad
අංශය	*aṃśaya*, *aṃśa-*	Teil, Anteil, Abteilung, Seite
අකුණ	*akuṇa*, *akuṇu-*	Blitz, Blitzschlag
	akuṇu gahanavā. umg	Der Blitz schlägt ein.
අකුර	*akura*, *akuru-*	Buchstabe; *pl* Schrift
අකුළනවා	*akuḷanavā*, *hakuḷanavā*	zusammenrollen, -falten
අක්කරය	*akkaraya*, *akkara-*	*Flächenmaß v. 4046,8* m^2, *engl.* acre
අක්කා	*akkā*, *akkā-* **para 10**	ältere Schwester
අක්මාව	*akmāva*, *akmā-*	Leber
අග	*aga*, *aga-/ak-* s, adj	Ende, Spitze; spitzen-, höchst
	agak mulak näti	ohne Anfang und Ende
	agatän	Spitzenposition
අගය	*agaya*, *agaya-* unz; umg a. *agē*	Wert
	agaya karanavā	hochschätzen
	agayanavā schr	hochschätzen, schätzen
	agaya/agē vaḍanavā	überbewerten
අගිනවා	*aginavā* nur 3. sg gebr	wert sein
	pota bohoma agıyı/ageyı.	Das Buch ist viel wert.
අගෝස්තුව	*agōstuva*, *agōstu-*	August
	agōstuvala, *agōstuvē*	im August
අග්‍ර	*agra* adj	höchst, erst-, vorzüglichst
	agra viniścayakārayā **para 5**	höchster Richter
අඟ	*aňga*, *aṃ-*	Horn
අඟල	*aňgala*, *aňgal-*	Zoll (Längenmaß v. 2,54 cm)
අඟවනවා	*aňgavanavā*	*s.u. haňgavanavā*
අඟහරුවාදා	*aňgahāruvādā*, *aňgahāruvādā-*, pl *-val*	Dienstag, am Dienstag
අච්චුව	*accuva*, *accu-*	Mulde; Strafe
	yamakuṭa accu karanavā	jmdn. bestrafen
	potak accu gasanavā	ein Buch drucken

අට	*aṭa* , *aṭa-* zw	acht
අට ගන්නවා	*aṭa gannavā*	*s.u. haṭa gannavā*
අඩ	*aḍa*, *aḍa-* s, adj	Hälfte; halb
	aḍak	eine Hälfte
	aḍa päyak	eine halbe Stunde
අඩිය[1]	*aḍiya*[1], *aḍi-*	Fuß; Schritt; Fußsohle
	aḍiya tiyanavā umg	betreten
අඩිය[2]	*aḍiya*[2], *aḍi-*	Boden (einer Flasche usw.)
	bōtalē aḍiya	Boden der Flasche
අඩිය[3]	*aḍiya*[3], *aḍi-*	Fuß (Längenmaß v. 0,3048 m)
	aḍi tunak digaṭa	3 Fuß lang
අඩු	*aḍu* adj	(zu) niedrig, (zu) wenig, minus
	aḍu(ma) gaṇanē/gānē	mindestens
	aḍu gaṇanaṭa/gānaṭa	zu niedrigem Preis
	aḍu karanavā	herabsetzen, vermindern, abziehen, subtrahieren
	aḍu kirīmē lakuṇa	Minuszeichen
	aḍu venavā	weniger werden
අඩු පාඩුව	*aḍu pāḍuva*, *aḍu pāḍu-* umg	Mangel
අඬ	*an̆ḍa*, *han̆ḍa*, *(h)an̆ḍa-*, pl *-val*	Stimme, Laut, Geräusch
	an̆ḍa gahanavā	(aus-)rufen
	an̆ḍa damanavā	ein Geräusch machen
	an̆ḍa naganavā	die Stimme erheben
අඬනවා	*an̆ḍanavā*, *han̆ḍanavā*	weinen
අඬලනවා	*an̆ḍalanavā*, *han̆ḍalanavā*	krähen, schreien
අණ	*aṇa*, *aṇa-*	Befehl
	aṇa karanavā	befehlen
	aṇa denavā	Befehle erteilen
	aṇa piḷipadinavā	einem Befehl gehorchen
අත[1]	*ata*[1], *at-*	Hand
	ata/atē	bei, zur Hand
	ata miṭa	Vermögen, Geld; *wtl.* Hand und Faust
	atin post instr agentis umg	durch (die Hand), von
	at(a) (h)arinavā	aufgeben, verlassen
	räkiyāva at(a) (h)arinavā	den Beruf aufgeben
	mituran at(a) (h)arinavā	Freunde verlassen
	at dakinavā	erfahren
	at däkīma	Erfahrung
අත[2]	*ata*[2], *at-*	Richtung; Seite
	ataṭa	zu ... hin, in Richtung ...
	ē mē ata(ṭa) yanavā	in diese und jene Richtung gehen, hin und her gehen
අතන	*atana* pron adv	da, dort; *s.a.* § 35 a)

අතර ^{1}	*atara*^{1} post m. obl schr; *atarē* umg	zwischen, unter
	demāpiyan atara	zwischen beiden Eltern
	ḷamayin atara	unter den Kindern
	atarin patara	hier u. da, zwischendurch
අතර ^{2}	*atara*^{2} konj m. part ps/pt schr	während, als
	atarē, ataredi umg	
	giya atara	als man gegangen war,
	yana atara	während man geht,
	väḍa karana atarē	während man arbeitet,
අතර මඟ	*atara maga* adv; *atara mam̆ga*	unterwegs
අති/අත්‍ය-	*ati/atya-* präf vor kons/vok, adv	sehr, überaus
	ati viśāla	sehr groß
	atyăvaśya < *atya+avaśya*	sehr/dringend notwendig
අතීතය	*atītaya, atīta-* unz	Vergangenheit
අතුරනවා	*aturanavā*	ausbreiten, bestreuen
	ätirilla, pl *ätirili*	Laken
අතුරුද(හ)න්	*aturudá(há)n* adj form v. obs s,	unsichtbar geworden, ver-
	nur in zsgv gebr	schwunden
	aturudá(há)n venavā	verschwinden
අතුල	*atula, atla* schr, *alla, atul-, alu-*	Handfläche
	atullanavā	reiben
අත්කම	*atkáma, atkam-; attama*	Handwerk
අත්ත	*atta, atu-*	Zweig, Ast
	atu gānavā umg	fegen, kehren
අත්ල	*atla*	*s.o. atula*
අත්සන	*atsana, atsan-*; umg a. *assana*	Unterschrift
	atsan karanavā	unterschreiben
	atsan gahanavā umg	unterschreiben
	atsan tabanavā geh	die Unterschrift setzen
	atsana yodanavā geh	unterzeichnen
අද	*ada* adv	heute
අදහනවා	*adahánavā*	(an etw./jmdn.) glauben; (etw.) glauben
	deviyan adahánavā	an Götter glauben
	maṭa ē kathāva adahanna bähä.	Ich kann die Geschichte nicht glauben.
අදහස	*adahása, adahas-*	Absicht, Motiv, Meinung
	adahas karanavā	beabsichtigen, meinen
අදාළ	*adāḷa* adj	relevant, wichtig
අදිනවා	*adinavā*	ziehen
	karattaya adinavā	den Karren ziehen
	tiraya adinavā	den Vorhang ziehen
	dinum adinavā	Gewinn(los) ziehen
අධික	*adhika* adj	überschüssig
	adhika avurudda	Schaltjahr

අධිකරණය	*adhikaraṇaya*, *adhikaraṇa-*	Gericht
අධ්‍යාපනය	*adhyāpanaya*, *adhyāpana-*	(Aus-)Bildung, Erziehung
අඳිනවා [1]	*aňdinavā*[1] pt schr *ändēya*, umg *ändā*	sich anziehen, sich kleiden
	hoňdaṭa aňdinavā	sich gut kleiden
	äňda gannavā	sich Kleidung anlegen
	sāriyak äňda gannavā	sich einen Sārī anziehen
අඳිනවා [2]	*aňdinavā*[2] pt wie *aňdinavā*[1]	malen, zeichnen
	citrayak aňdinavā	ein Bild malen
අඳුනනවා	*aňdunanavā*, *haňdunanavā*; *aňdu-ranavā* umg; in d. 2./3. Bed. selten	kennen, (wieder-)erkennen
	yamaku/yamak (h)aňdunā gannavā	jmdn./etw. kennenlernen/ (wieder-)erkennen
	äňdunum kama, umg a. *äňdurum kama*	Bekanntschaft
අඳුර	*aňdura*, *aňduru-* unz; *äňdiriya*	Dunkelheit
	aňdurē	im Dunkeln
	aňduru väṭeddī	bei einbrechender Dunkelheit
	aňduru venavā	dunkel werden
අන් [1]	*an*[1], *anya* pron adj	andere(-r, -s); *s.a.* § 16
	anyonya	gegenseitig, einander
අන්- [2]	*an-*[2] neg präf vor vok	un-, -los, nicht, ohne
	anagi, anargha, anarghya	unschätzbar, kostbar
	ananta	endlos, ohne Ende
	anavaśya	unnötig, nicht nötig
	anūna	ohne Mangel, voll (von)
අනතුර	*anatura*, *anaturu-*	Gefahr, Unglück; *s.a. antarāva*
	anaturu dāyaka	gefährlich
අනතුරුව	*anaturuva* adv	unmittelbar danach
අනනවා	*ananavā*	mischen
අනාගතය	*anāgataya*, *anāgata-* unz	Zukunft
අනික්, අනිත්	*anik*, *anit*, *anek* pron adj	andere(-r, -s); *s.a.* § 16
අනිද්ද	*aniddā* < *anit+dā* adv	übermorgen
අනිනවා	*aninavā*	stechen, stoßen, kneifen
	yamakuṭa/yamakaṭa aninavā	jmdn./etw. stechen
අනුකම්පාව	*anukampāva*, *anukampā-* unz	Mitleid, Mitgefühl
	yamakuṭa anukampā karanavā	m. jmdm. Mitleid haben
අනුකරණය	*anukáraṇaya*, *anukáraṇa-*	Nachahmung
අනුකූල	*anukūla* adj, oft 2. Glied in komp	geeignet, entsprechend
අනුගමනය	*anugámanaya*, *anugámana-* unz	Nachfolgen, Befolgung
අනුගාමියා	*anugāmiyā*, *anugāmī-* **para 3**	Anhänger
අනුබලය	*anubálaya*, *anubála-*	Unterstützung, Hilfe
	yamakuṭa anubála denavā	jmdn. unterstützen

අනුමතය, අනුමතිය	*anumataya, anumatiya, anumata-, anumatiya-* unz	Zustimmung, Erlaubnis
	anumata karanavā	zustimmen, erlauben
	anumatiya denavā	Zustimmung geben
අනුව	*anuva* post m. dat	entsprechend, gemäß
	nītiyaṭa anuva	dem Gesetz entsprechend
අනූව	*anūva, anū-* zw	neunzig
අනෙක්	*anek*	*s.o. anik, anit*
අනේ! [1]	*anē!*[1] int	o weh!
අනේ [2]	*anē*[2] abpart m. ipt	... doch
	yanna anē.	geh doch (bitte)!
අනේ [3]	*anē*[3] abpart m. Frage	... denn
	yanavāda anē?	gehst du denn?
අනේක	*anēka* adj	viel, verschieden
අන්තය	*antaya, anta-*	Ende, Schluß
අන්තවාදියා	*antavādiyā, antavādī-* **para 3**	Extremist
අන්තරාව	*antarāva, antarā-; antarāya*	Gefahr, Unglück; *s.a. anatura*
	antarā venavā umg	umkommen, sterben
අන්තර්ගත	*antargáta* adj	im Inneren befindlich
	potē ... antargátáyi.	Das Buch enthält ...
අන්තර් ජාලය	*antar jālaya, antar jāla-* unz	Internet *comp*
අන්තිම	*antima, antima-* unz	Ende, Schluß
	antimaṭa adv	zum Schluß
	antimēdī adv	schließlich, am Ende
අන්දම	*andama, andam-* unz	Art und Weise
	mē andamin adv	auf diese Weise
අන්ධ	*andha* adj	blind
	andhakāraya	Dunkelheit, Finsternis
අන්න	*anna, āṃ* dempart umg	dort, sieh da
අන්‍ය	*anya*	*s.o. an*
අපනයනය	*apanayanaya, apanayana-*	Ausfuhr
අපරාධය	*aparādhaya, aparādha-*	Verbrechen
	aparādha karanavā	Verbrechen begehen
	aparādha kārayā **para 5**	Verbrecher
	aparādē! umg	sehr schade!, sinnlos!
අපි	*api, apa-* pers pron 1. pl **para 12**	wir; *s.a.* § 9
අපොයි!	*apoyi!* int	ach!, o weh!
අපේක්ෂාව	*apēkṣāva, apēkṣā-*	Erwartung, Hoffnung
අප්‍රියෙල්	*apriyel, apriyel-; aprēl*	April
	apriyelvala	im April
අභිනව	*abhinava* adj schr	ganz neu, brandneu
අභියෝගය	*abhiyōgaya, abhiyōga-*	Herausforderung
අභ්‍යන්තරය	*abhyantaraya, abhyantara-* unz	das Innere
	abhyantara vaśayen adv	innerlich

අභ්‍යාසය	*abhyāsaya*, *abhyāsa-*	Übung, Praxis
	abhyāsa karanavā	üben, Übungen machen
අඹරනවා	*aṁbaranavā*	mahlen, zerreiben
අඹුව	*aṁbuva*, *aṁbu-* **para 7** obs	Ehefrau, Weib
	aber: *aṁbu daruvō*	Weib und Kinder
	aṁbu sämi dedena schr	Ehepaar, Eheleute
අමතක	*amataka* adj gebr begrenzt	vergessen
	amataka karanavā	vergessen (absichtlich)
	amataka venavā	vergessen
අමතනවා	*amatanavā* schr	anreden
අමතර	*amatara* adj	zusätzlich
අමදිනවා	*amadinavā*, *hamadinavā* schr	fegen, kehren
අමාත්‍යයා	*amātyayā*, *amātya-* **para 5**	Minister; *s. a. ämati*
	amātyāṃśaya	Ministerium
අමාරුව	*amāruva*, *amāru-*	Schwierigkeit, Not, Krankheit, Verstimmung, Unwohlsein
	amāru leḍak	eine schwere Krankheit
	baḍē amāruva	Magenverstimmung
	amāruvē väṭenavā umg	in Schwierigkeiten geraten
අමු	*amu* adj	roh, nicht gar
	amu dravyaya	Rohstoff
අමුතු	*amutu* adj	unbekannt, fremd, neu
	amuttā **para 5**	Ankömmling, Fremder, Gast
අම්මා	*ammā*, *ammā-* **para 10**	Mutter
අය 1	*aya*1, *aya-* sg u. pl, nur mit einem Attributivum gebr	Person(en), Leute, -volk
	dakṣama aya	die klügste(n) Person(en)
	duppat aya	arme Leute
අය 2	*aya*2, *aya-* unz	Einkommen
	aya badda	Einkommensteuer
	aya väya	Etat
	aya karanavā	einnehmen, kassieren
අයිතිය	*ayitiya*, *ayiti-* unz	Eigentum(-srecht), Recht, Besitz
	ayiti kārayā, - *kāriya* **para 5, 6**	Eigentümer, Eigentümerin
	ayitivāsikam	Rechte
අයුර	*ayura*, *ayuru-* unz schr	Art und Weise
	mē ayurin	auf diese Weise
	kiyū ayuru	auf die gesagte Weise
අය්යා	*ayyā*, *ayyā-* **para 10**	älterer Bruder
අය්යෝ!	*ayyō!* int, Ersatz zum Hilferuf	o weh!, Hilfe!
අර-	*ara-* dem pron	diese(-r, -s), jene(-r, -s); *s. a.* § 12 a)
අරඹනවා	*araṁbanavā*	beginnen, anfangen

අරමුණ	*aramuṇa*, *aramuṇu-*	Sinnesobjekt; Idee, Absicht
අරිනවා [1]	*arinavā*[1] , *harinavā* zu obs	senden, wegschicken (*vom*
	hara- 'nehmen', 'mitnehmen'	*Absender aus gesehen*)
	(h)ära/ara gannavā	(für sich) nehmen
	(h)ära/ara gena yanavā	mitnehmen
	araṃ yanavā umg	mitnehmen
	änna yanavā regional umg	mitnehmen
අරිනවා [2]	*arinavā*[2], *harinavā*	öffnen; *s.a. diga (h)arinavā*
		unter diga
	dora arinavā	die Tür öffnen
අර්ථය (අර්ථය)	*arthaya*, *artha-*	Bedeutung, Sinn, Zweck,
		Nutzen
	artha kathāva	Kommentar
අලංකාර	*alaṃkāra* adj	schön, hübsch, elegant
අලය	*alaya*, *ala-*	Wurzelknolle, Kartoffel
අලවනවා	*alavanavā* kaus v. *älenavā*	kleben, ankleben
අලස	*alasa* adj	faul, träge
අලියා	*aliyā*, *ali-*, pl *ali*	Elefant; *auch adj* groß
	ali dena, pl *ali dennu*	Elefantenkuh
	ali mōḍakama umg	große Dummheit
අලුත්	*alut* adj	neu, frisch
	aluta, alutin adv	neulich, vor kurzem
	alut karanavā	erneuern
	alutväḍiyā karanavā	reparieren, renovieren
අල්මාරිය	*almāriya*, *almāri-*	Schrank
අල්ල	*alla*	*s.o. atula*
අල්ලනවා	*allanavā* < *at+lanavā*	berühren, (er-)greifen, fangen
	allā gannavā	in der Hand halten, (für sich) greifen/fangen, ergreifen
	allapu gedara umg	Nachbarhaus
අවංක, අවඞ්ක	*avaṃka*, *avaṅka* adj	ehrlich, aufrichtig
අවකාශය	*avakāśaya*, *avakāśa-* unz	Raum, Gelegenheit
	avakāśa läbenavā	Gelegenheit bekommen
අවඥාව	*avajñāva*, *avajñā-*	Verachtung, Mißachtung
අවට	*avaṭa*, *avaṭa-* unz	Umgebung
අවදිය	*avadiya*, *avadi-* obs, in zsgv gebr	Wachsein, Bewußtsein
	avadi karanavā	aufwecken
	avadiyen innavā	wach bleiben
	avadi venavā	aufwachen, erwachen
අවදානම	*avadānama*, *avadānam-*	Risiko
අවධානය	*avadhānaya*, *avadhāna(ya)-* unz	Aufmerksamkeit
	yamak/yamaku kerehi avadhānaya yomu karanavā	die Aufmerksamkeit auf etw./jmdn. richten

අවබෝධය	*avabōdhaya*, *avabōdha(ya)-* unz	Begreifen, Erkennen, Verstehen
	avabōdha(ya) karanavā	begreifen, erfassen
	avabōdha(ya) venavā	erkennen, verstehen
අවවාදය	*avavādaya*, *avavāda-*	Belehrung; Ratschlag
	yamakuṭa avavāda karanavā	jmdn. belehren
	yamakuṭa avavāda denavā	jmdm. Ratschläge erteilen
අවශේෂය	*avaśēṣaya*, *avaśēṣa-* unz	Rest
අවශ්‍ය	*avaśya* adj	notwendig
	avaśyatāva(ya)	Notwendigkeit, Bedarf
අවසන	*avasana*, *avasan-* unz schr	Ende, Schluß; *s. a. avasānaya*
	avasan karanavā	beenden
	avasan venavā	enden
අවසරය	*avasaraya*, *avasara-* unz	Erlaubnis; freie Zeit, Gelegenheit
	yamakugen avasara illanavā	jmdn. um Erlaubnis bitten
	yamakuṭa avasara denavā	jmdm. die Erlaubnis geben
	avasara pata/patraya	Erlaubnisschein
අවසානය	*avasānaya*, *avasāna-* unz	Schluß, Ende
	avasāna karanavā	beenden
	avasāna venavā	enden
අවස්ථාව	*avasthāva*, *avasthā-*	Gelegenheit, Situation, Lage
	avasthāvē häṭiyaṭa	gemäß der Situation
	avasthāva läbenavā	Gelegenheit bekommen
අවළංගු	*avaḷaṃgu* adj	ungültig
	avaḷaṃgu karanavā	für ungültig erklären
	avaḷaṃgu venavā	ungültig werden
අවුරුද්ද	*avurudda*, *hav(u)rudda*, *avurudu-*, *hav(u)rudu-*	Jahr
	avurudu patā	jährlich
අවුල	*avula*, *avul-*	Verwirrung, Durcheinander
	avul karanavā	durcheinanderbringen
	avul venava	durcheinander geraten
අවුලනවා	*avulanavā*	*s. u. ahulanavā*
අවුළනවා	*avuḷanavā*, kaus *avuḷuvanavā* u. *avullanavā* umg auch als Nichtkausativ gebr; *avulanavā*	anzünden, anfachen
	gini avuḷanavā	Feuer anzünden
අශ්වයා	*aśvayā*, *aśva-* **para 5**; *aspayā* umg	Pferd
අසනවා	*asanavā*, *ahánavā*	(hin-)hören; fragen
	kathāva asanavā/ahánavā	die Rede hören
	yamakugen asanavā/ahánavā	jmdn. fragen
අසල	*asala*, *asal-*; *ahála* umg	Nähe, Nachbarschaft
	asal väsiyā	Nachbar
	ahála pahá|a/pahála umg	(in der) Nachbarschaft

අසීරු	*asīru* adj	schwierig
අසු කරනවා	*asu karanavā*, *hasu karanavā* zsgv: obs *hasu* 'gebunden', 'gefangen'+*karanavā*; *ahu karanavā* umg	fangen, ergreifen; überfahren; jmdm. etw. zur Last legen
	dälaṭa asu karanavā	mit dem Netz fangen
	kār ekaṭa ahu karanavā umg	mit dem Auto überfahren
අසුන[1]	*asuna*[1], *asun-*	Sitzplatz; *s. a. āsanaya*
	asun gannavā	Platz nehmen
අසුන[2]	*asuna*[2], *hasuna*, *(h)asna*, *(h)asun-* schr	Nachricht, Brief
අසු වෙනවා	*asu venavā*, *hasu venavā*, umg *ahu venavā* zsgv	gefangen/überfahren werden; jmdm. wird etw. zur Last gelegt
	dälaṭa asu venavā	ins Netz gehen
	eyā hora kamakaṭa ahu uṇā. umg	Ihm wurde ein Diebstahl zur Last gelegt.
අසූව	*asūva*, *asū-* zw	achtzig
අස් කරනවා	*as karanavā* zsgv: *as(a)* 'Seite' +*karanavā*	entlassen, beseitigen, aufräumen, ordnen
	sēvayen as karanavā	aus dem Dienst entlassen
	kāmarē as karanavā	das Zimmer aufräumen
	mēsē as(pas) karanavā umg	den Tisch aufräumen
අස්වසනවා	*asvásanavā* prät schr *asväsīya*, *asväsuvēya*; umg *asväsuvā*	trösten, beruhigen
	asväsilla vn	Trost, Beruhigung
අස්වැන්න	*asvänna*, *asvanu-*; *assänna* umg	Ernte
අහක්, අහක	*ahak*, *aháka* adv umg	beiseite, weg
	aháka damanavā/dānavā	wegwerfen
	ahak karanavā	entfernen, beseitigen
අහනවා	*ahánavā*	*s. o. asanavā*
අහම්බෙන්	*ahamben* adv; *ahambayen*	zufällig
අහර	*ahára*	*s. u. āhāraya*
අහල	*ahála*	*s. o. asala*
අහස	*ahása*, *ahas-* unz	Luftraum, Himmel; *s. a. ākāśaya*
	ahas yātrāva umg	Flugzeug
අහු කරනවා	*ahu karanavā*	*s. o. asu karanavā*
අහුලනවා	*ahulanavā*; *ahuḷanavā*, *avulanavā*	(vom Boden) aufheben, auflesen
අහු වෙනවා	*ahu venavā*	*s. o. asu venavā*
අහෝ!	*ahō!* int schr	o weh!
අළු	*aḷu*, *aḷu-* Stoffbez pl Flexion	Asche
	aḷu pāṭa	grau, Farbe der Asche

ආ ā

ආ!	*ā!* int	ah!; aha!; hier (nimm)!
ආං	*āṃ*	*s. anna*
ආඃ!	*āḥ!* int	ach!
ආකල්පය	*ākalpaya*, *ākalpa-*	Haltung, Einstellung, Denkart
ආකාරය	*ākāraya*, *ākāra-*	Art und Weise
	kiyū ākārayaṭa/ākārayen	auf die gesagte Weise
ආකාශය	*ākāśaya*, *ākāśa-* unz; *ākāsĕ* umg	Luftraum, Himmel
ආකෘතිය	*ākṛtiya*, *ākṛti-*	Form, Gestalt, Modell
	ākṛti gata kirīma	Formatieren *comp*
ආගන්තුකයා	*āgantukayā*, *āgantuka-* **para 5**	Ankömmling, Fremder, Gast
ආගම	*āgama*, *āgam-*	Religion
	āgamika	religiös, einer Religion angehörend
ආචාරය	*ācāraya*, *ācāra-*	Begrüßung; gutes Benehmen
	yamakuṭa ācāra karanavā	jmdn. begrüßen
	ācāraśīlī	höflich
ආචාර්ය (ආචායශී, ආචායී)	*ācārya* adj, Titel; gewöhnlich mit nachgestelltem *varayā* gebr	dem Lehrer gehörig, *Titel für Promovierte*
	ācāryavarayā, pl *-varayō*, *-varu*	Herr Lehrer
	ācāryavariya, pl *-variyō*	Frau Lehrerin
	ācārya ...	Herr Dr. ...
	ācārinī ...	Frau Dr. ...
ආච්චි	*āccī*, *āccĭ-* **para 10**	Großmutter
ආඥාව	*ājñāva*, *ājñā-*	Befehl, Anordnung
	ājñā karanavā	befehlen, anordnen
ආණ්ඩුව	*āṇḍuva*, *āṇḍu-*	Regierung, Verwaltung
	āṇḍu krama vyavasthāva	Verfassung, Grundgesetz
	āṇḍu karanavā	regieren, verwalten
ආතා	*ātā*, *ātā-* **para 10**	Großvater
ආත්මය	*ātmaya*, *ātma-*	Selbst, Existenz; Ātman
	mē ātmaya/ātmabhāvaya	diese Existenz
	ātma gauravaya	Selbstachtung
	ātma viśvāsaya	Selbstvertrauen
ආදරය	*ādaraya*, *ādara(ya)-* unz; *ādarē*	Liebe, starke Zuneigung
	yamakuṭa ādaraya karanavā	jmdn. lieben
	ādaraṇīya	liebe(-r, -s)
ආදර්ශය (ආදශීය)	*ādarśaya*, *ādarśa-*	Vorbild, Beispiel, Modell
ආදායම	*ādāyama*, *ādāyam-*	Einkommen
	ādāyam badda	Einkommensteuer
ආදිය	*ādiya*, *ādi-*, *ādī-*	Anfang; usw.

	mēsa puṭu ādiya	Tische, Stühle usw.
	ādi kālaya	Urzeit
	ādī vaśayen	usw.
ආධාරය	*ādhāraya*, *ādhāra-; ādāraya*	Stütze, Hilfe
	yamakuṭa ādhāra karanavā	jmdm. helfen
ආනයනය	*ānayanaya*, *ānayana-*	Einfuhr
ආපදාව	*āpadāva*, *āpadā-*	Unglück, Unheil, Gefahr
ආපසු, ආපහු	*āpasu* schr, *āpahu* umg adv	zurück
ආබරණය	*ābaraṇaya*	*s.u. ābharaṇaya*
ආබාධය	*ābādhaya*, *ābādha-; ābādaya*	Krankheit, Leiden; Störung
ආභරණය	*ābharaṇaya*, *ābaraṇaya*, *ābharaṇa-*, *ābaraṇa-*	Schmuck(-stück)
	āb(h)araṇa palan̆dinavā	Schmuck anlegen
ආභාසය	*ābhāsaya*, *ābhāsa-* schr; unkorrekt oft *ābhāṣaya*	Einfluß
	yamakugē/yamaka ābhāsaya labanavā	von jmdm./etw. beeinflußt werden
ආමාශය	*āmāśaya*, *āmāśa-*	Magen
ආයතනය	*āyatanaya*, *āyatana-*	Institut, Stätte
ආයාසය	*āyāsaya*, *āyāsa-*	Mühe, Anstrengung
	āyāsa gannavā	sich bemühen
ආයි(ත්)	*āyi(t)*, *āye(t)* adv umg	wieder
ආයුධය	*āyudhaya*, *āvud(h)aya*, *āyudha-*, *āvud(h)a-*; *āyudaya*, *āyudē* umg	Waffe; Schneidewerkzeug
ආයු(ෂ), ආයුසය	*āyu(ṣa)*, *āyusaya*, *āyu-*, *āyuṣ-*, *āyus-*; umg auch *āvisa*	Lebensdauer
	āyubōvan, *āyibovaṃ*, *āyibōṃ*	guten Tag!; *wtl.* langes Leben!
ආයෙ(ත්)	*āye(t)*	*s.o. āyi(t)*
ආරංචිය	*āraṃciya*, *āraṃci-*	Neuigkeit, Nachricht
ආරක්ෂාව	*ārakṣāva*, *ārakṣā-*; *ārassāva* umg	Schutz, Zuflucht, Sicherheit
	ārakṣā karanavā	beschützen
ආරම්භය	*ārambhaya*, *ārambha-* unz	Anfang, Beginn
	ārambha karanavā	anfangen, beginnen
ආරාදනාව	*ārādanāva* umg	*s.u. ārādhanāva*
ආරාධනාව	*ārādhanāva*, *ārādanāva*, *ārād(h)anā-*; *ārād(h)anaya*	Einladung
	yamakuṭa ārād(h)anā karanavā	jmdn. einladen
ආරෝග්‍ය ශාලාව	*ārōgya śālāva*, *ārōgya śālā-*	Krankenhaus
ආර්ථික	*ārthika* adj	Wirtschafts-
	ārthikaya	Wirtschaft, Wirtschaftslage
	ārthika vidyāva	Wirtschaftswissenschaft
ආලය	*ālaya*, *āla-*, *ālaya-* 3. Bedeut. unz	Wohnung, Stätte; Zuneigung
ආලෝකය	*ālōkaya*, *ālōka-* pl nicht gebr	Licht, Lichtschein

ආවරණය	*āvaraṇaya, āvaraṇa-*	Bedecken, Bedeckung
ආවුදය, ආවුධය	*āvudaya, āvudhaya*	*s. āyudhaya*
ආශාව	*āśāva, āsāva, āśā-, āsā-*	Lust, Wunsch, Verlangen
ආශ්‍රය	*āśraya, āśraya-* unz	Basis; Umgang
	yamaku āśraya karanavā	mit jmdm. Umgang haben
ආසනය	*āsanaya, āsana-*	Sitzplatz; *s.a. asuna*
ආසන්න	*āsanna* adj	nah
ආසාදනය	*āsādanaya, āsādana-*	Ansteckung, Infektion
ආසාව	*āsāva*	*s.o. āśāva*
ආස්වාද(න)ය	*āsvāda(na)ya, āsvāda(naya)-*	Genießen, Genuß
	āsvāda/āsvādanaya karanavā	genießen
ආහාරය	*āhāraya, ahara, āhāra-, ahara-*	Nahrung, Essen, Speise
	āhāra gannavā	Nahrung zu sich nehmen

ඇ *ä*

ඇකය	*äkaya, äka-* schr	Schoß; Hüfte; Seite
ඇඟ	*äṅga, äṅga-,* pl *-val*	Körper
ඇඟිල්ල	*äṅgilla, äṅgili-*	Finger; Zeh(e)
ඇඟෙනවා	*äṅgenavā*	*s.u. häṅgenavā*
ඇටය	*äṭaya, äṭa-*	Knochen, Kern (e. Frucht)
ඇඩ්‍රස් එක	*äḍras eka, äḍrasaya, äḍras-*	Adresse, Anschrift, *engl.*
	sprich *äḍrəs*	address
ඇණය	*äṇaya, äṇa-*	Nagel (aus Metall usw.)
ඇත	*äta, äti* vs mit unbel schr,	(es) ist da (vorhanden)
	Flexion: *ättēya* usw.	
	ehi pot äta/ättēya.	Dort gibt es Bücher.
ඇතා	*ätā, ät-* **para 1**	Elefant mit Stoßzähnen
	atınna, atınni **para 6**	Elefantenkuh
ඇතැම්	*ätäm* pron adj schr	manch, einig...; *s.a.* § 16
	ätäm aya/kenek	manche/einige Leute
	ätäm viṭa	manchmal; vielleicht
ඇති 1	*äti*[1] adj	seiend, besitzend, habend
	rasa äti kǟma	schmackhaftes Essen
	satun äti karanavā	Tiere aufziehen, züchten
	äti venavā	entstehen
	...häṅgīma äti vuṇā. umg	es entstand der Eindruck ...
ඇති 2	*äti*[2] Potential umg	...wird wohl (da) sein
	dän pahaṭa äti.	Jetzt wird es wohl 5 Uhr sein.
	Lāl ehe äti.	Lāl wird wohl dort sein.

ඇති [3]	*äti*[3] adj, adv	genügend; genug
	äti pamaṇa	in genügendem Maße
	dän äti. umg	Jetzt (ist es) genug.
ඇති [4]	*äti*[4]	*s. o. äta*
ඇතුළ	*ätuḷa*, *ätuḷu-*, *ätul-* unz; *ätula*	das Innere
	ätuḷa piṭa	Innen- und Außenseite
	ätuḷu/ätul/ätuḷat karanavā	(etw.) hineinlegen; (jmds.) Aufnahme veranlassen; (etw. in etw.) eintragen
	yamakaṭa ätul venavā	in etw. hineingehen, eintreten
	ätul vīma	Eintritt, Zutritt
	ätuḷata	innerhalb
	ätuḷuva schr	einschließlich
ඇත්ත	*ätta*, *ätta-* unz	Wahrheit, Wirklichkeit
	ätta vaśayenma adv	wahrlich, wirklich
	ättenma/ättaṭama adv umg	wahrlich, wirklich
ඇද	*äda* adj	schräg, ungerade
ඇඳ	*äňda*, *äňda-*, pl *äňdaṃ*, selten *-val*, obl Kasus pl: *äňdaṃvalaṭa* usw.	Bett
	äňdaṃ redi	Bettwäsche
	äňdaṭa yanavā	zu Bett gehen
ඇඳුම	*äňduma*, *äňdum-*	Kleidungsstück, Kleid, Gewand
	äňdum	Kleidung
	äňdum rākkaya	Kleidergestell
ඇඹුල්	*äm̆bul* adj	sauer
	eyāgē mūṇa äm̆bul uṇā. umg	Er machte ein saures Gesicht.
ඇමති	*ämati*, *ämati-* **para 3**, oft m. hon	Minister; *s. a. amātyayā*
	ämati maṇḍalaya	Ministerrat, Kabinett
	ämativarayā, pl *-varayō*, *-varu*	Herr Minister
	ämativariya **para 6**	Frau Ministerin
ඇය	*äya*, *ǟ*, *äya-*, *ǟ-* pers pron 3. sg f	sie (*bei Menschen*); *s. a.* § 11
ඇයි	*äyi* int adv, int	warum, wieso; ja
	äyi oyā yannē?	Warum gehst du?
	äyi nättē?	warum nicht?, doch
	äyi! Meldung nach Aufruf	ja!
ඇලය	*älaya*, *äla-*	(Körper-)Seite; Schrägheit
	äla karanavā	schräg machen, schütten
	äla venavā	sich (an etw.) lehnen
	yamak äla venavā	etw. droht umzustürzen
ඇලෙනවා	*älenavā* intr zu kaus *alavanavā*	anhaften, kleben
	muddaraya hoňdin äleyi. schr	Die Briefmarke klebt gut.
ඇවෑම	*ävǟma*, *ävǟma-* schr unz	Hinscheiden, Ablauf

	ohugē ävämen	nach seinem Hinscheiden
	kālayāgē ävämen	nach abgelaufener Zeit
ඇවිදිනවා	*ävidinavā*	spazieren, wandern
	ävidinna yanavā umg	spazierengehen
ඇවිල්ලා	*ävillā* post umg	nämlich, was … betrifft
	Ranjan ävillā hoňda mihihek.	Was Ranjan betrifft, so ist er ein guter Mensch.
ඇස	*äsa*, *ähä*, *äs-*	Auge
	äs kaṇṇāḍiya	Brille
	äs penīma	Sehvermögen
ඇසුර	*äsura*, *äsuru-* unz	Umgang; Basis; *s. a. āśraya*
	yamakụ äsuru karanavā	m. jmdm. Umgang haben
ඇහැ	*ähä*	*s. o. äsa*

ඈ ǟ

ඈ	*ǟ*, *ǟ-*	*s. o. äya*
ඈත	*ǟta* < *ē+ata*, *ǟt(a)-* s, adj	Ferne, jene Richtung; fern
	ǟta mǟta	diese und jene Richtung
	ǟta raṭaval	ferne Länder
	ǟt/ǟtaṭa karanavā	entfernen
	ǟta/ǟtin siṭa balanavā	aus der Ferne betrachten
ඈනුම	*ǟnuma*, *ǟnum-*	Gähnen
	ǟnum arinavā	gähnen

ඉ i

ඉංග්‍රීසි	*iṃgrīsi* adj	englisch
	iṃgrīsi kāntāva **para 7**	Engländerin
	iṃgrīsi kārayā **para 5**	Engländer
	iṃgrīsi bhāṣāva	englische Sprache
ඉක්බිති	*ikbiti* adv schr; *ikbitten*	danach
ඉක්මන	*ikmana*, *ikman-* unz	Schnelligkeit, Eile
	ikmanaṭa/ikmanin adv	schnell, bald
	ikman karanavā	sich beeilen
	ikman(kāra) kama	Voreiligkeit
	ikman venevā	voreilig sein
	ikman koṭayi. Sprichwort	Eile mit Weile; *wtl.* Eile ist kurz.
ඉක්මෙනවා	*ikmenavā* schr	vergehen (Zeit)

ඉගි(ල්)ලෙනවා	*igi(l)lenavā*	fliegen (Vogel)
ඉගෙන ගන්නවා	*igena gannavā* zsgv: abs II v. *ugannavā+gannavā*	lernen, studieren; *s.a.* *ugannavā*
ඉටු	*iṭu* adj	erwünscht, angenehm; *s.a. iṣṭa*
	illīmak iṭu karanavā	eine Bitte erfüllen
	pätuma iṭu veyi schr/ *venavā.* umg	Der Wunsch geht in Erfüllung.
ඉඩ	*iḍa, iḍa-* unz	Platz, Raum, Gelegenheit
	iḍa kaḍa	Platz, Raum; Freizeit; *wtl.* Platz-Teil
	iḍa denavā	Platz/Gelegenheit geben
	eyāṭa enna Nimal iḍa dennē/ tiyannē nä̆. umg	Nimal gibt ihm keine Gelegenheit zu kommen.
	iḍa tiyenavā umg	es ist möglich; es gibt Platz
ඉඩම	*iḍama, iḍam-*	Grundstück
	iḍa(m) kaḍam	Grundstücke, -besitz
ඉතා, ඉතාම(ත්)	*itā, itāma(t)* Elativ schr	sehr, außerordentlich
	itā hoňda potak	ein sehr gutes Buch
ඉතාම, ඉතාමත්(ම)	*itāma, itāmat(ma)* sup schr	höchst, größt, best *usw.*
	itāma dakṣa śiṣyayā	der klügste Student
ඉතිං, ඉතින්	*itiṃ, itin* adv umg	dann, darauf, also
	itin eyā gedara giyā.	Dann ging er nach Hause.
	Nimal itin yanna giyā.	Nimal ging also fort.
	itin! (itin!) Ausdruck d. Aufmerksamkeit beim Zuhören	(und) dann?
ඉතිරිය [1]	*itiriya*[1], *itiri-* **para 6** poet	Frau, Weib; *s.a. strī*
ඉතිරිය [2]	*itiriya*[2], *ituruva, itiri-, ituru-*	Rest, Überbleibsel
	itiri/ituru karanavā	sparen, übrig lassen
	itiri/ituru venavā	übrig bleiben
ඉතිහාසය	*itihāsaya, itihāsa-*	Geschichte
	itihāsajñayā < *itihāsa+jña(yā)*	der Historiker
ඉතුරුව	*ituruva*	*s.o. itiriya*[2]
ඉදි කරනවා	*idi karanavā* zsgv: obs *idi* 'aufrecht'+*karanavā*	errichten, bauen
ඉදින්	*idin* konj schr, in Verbindung m. *nam* gebr; *iňdin*	wenn, für den Fall, daß ...; *s.a.* § 38 f)
	idin ohu eyi nam ...	Wenn er kommt, ...
ඉදිමෙනවා	*idimenavā*	(an-)schwellen
ඉදිරිය	*idiriya, idiri-* s unz	vorn(e); Zukunft
	idiriyaṭa yanavā	nach vorn(e) gehen
	yamaku idiriyē penī siṭinavā	vor jmdm. erscheinen
	idiripat karanavā	vorlegen, präsentieren
ඉදෙනවා	*idenavā*	reif werden, gar werden

	iduṇu paḷaturu	reife Früchte
	bat idena tek	bis der Reis gar wird
ඉඳ ගන්නවා	*in̆da gannavā* umg, *hin̆da gannavā* schr, zsgv: abs II v. *(h)in̆dinavā+gannavā*	sich setzen, Platz nehmen; *s. a in̆dinavā* u. *innavā*
ඉඳිනවා	*in̆dinavā, hin̆dinavā*	*s. u. innavā*
ඉන්	*in* < *eyin* adv	davon, daraus, aus diesem
	in pasu	danach
ඉන් අනිද්දා	*in aniddā* adv	überübermorgen
ඉන්දියාව	*indiyāva, indiyā-, indīya-, indiyānu-, indiyan-* sprich *indiyən*	Indien
ඉන්නවා	*innavā, (h)in̆dinavā* vs m. bel schr ps *(h)in̆diyi, (h)in̆dī,* abs *(h)in̆da,* part pt *hun,* pt *(h)uni, (h)unnēya*; umg abs *in̆dalā,* part pt *un(na),* pt *unnā*	sein, da sein, existieren, bleiben, haben; *urs* sitzen
	Nimal gedara innavā. umg	Nimal ist zuhause.
	Lālṭa putek innavā. umg	Lāl hat einen Sohn.
	mama gedara inna ōnǟ. umg	Ich muß zu Hause bleiben.
	in̆da(lā) hiṭa(lā) umg	ab und zu
	unnā u. *unnē* emph pt umg	...dachte, daß ...
	mama unnā vahinavā kiyalā.	Ich dachte, daß es regnet.
ඉපදෙනවා	*ipadenavā*	*s. u. upadinavā*
ඉබේට(ම), ඉබේ(ම)	*ibēṭa(ma), ibē(ma)* adv	von selbst, unabsichtlich
	väḍē ibēṭa kerennē nǟ. umg	Die Arbeit wird nicht von selbst getan.
ඉඹිනවා	*im̆binavā* umg, *sim̆binavā* schr	küssen
ඉම	*ima, hima, im-, him-*	Grenze
	imak koṇak näti	grenzenlos
ඉර[1]	*ira*[1], *hira, (h)ira-, (h)iri-, (h)iru-,* pl *(h)ıraval,* arch *hıru*	Sonne
	ira muduna	Mittag
	iridā, irudina	Sonntag
	(h)ira naginavā/nägenavā	Die Sonne geht auf.
	(h)ira pāyanavā	Die Sonne scheint.
	(h)ira basinavā/ira bahinavā	Die Sonne geht unter.
ඉර[2]	*ira*[2], *iri-*	Linie; Strich
ඉරණම	*iraṇama, iraṇam-*	Schicksal, Vorbestimmumg
ඉරනවා	*iranavā*	reißen; sägen
	kǟli valaṭa iranavā	in Stücke reißen
	lī iranavā	Holz sägen
ඉරිදා	*iridā, iridā-,* pl *-val*	Sonntag, am Sonntag
ඉරියවුව, ඉරියව්ව	*iriyavuva, iriyavva, iriyavu-*	Körperhaltung
ඉල්ලනවා	*illanavā*	bitten (um)

	yamakugen yamak illanavā	jmdn. um etwas bitten
	illā gannavā	sich borgen
	illā siṭinavā schr	ersuchen (um), erbitten
	illīma vn	Bitte, Gesuch, Forderung
	illuma (vn) *saha säpayuma*	Angebot und Nachfrage
ඉව	*iva*, *iva-* unz	Instinkt
ඉවත්, ඉවත	*ivat, ivata* Stammform u. lok v. **ivata* 'Ferne', adv	beiseite, weg, fort
	ivat karanavā	entfernen, wegräumen
	ivata(ṭa) damanavā/dānavā	wegwerfen
ඉවර(ය)	*ivara(ya)*, *ivara-* unz umg	Schluß; Freizeit
	väḍē ivara karanavā	die Arbeit beenden
	salli ivara venavā	Das Geld wird alle.
	kisi ivarayak nä.	Es gibt keine Freizeit.
ඉවසනවා	*ivasanavā*	Geduld haben, ertragen
	ivasīma, *ivasilla* vn	Geduld
	no'ivasilla	Ungeduld
ඉෂ්ට	*iṣṭa* adj	erwünscht, angenehm; *s.a. iṭu*
	illīmak iṣṭa karanavā	eine Bitte erfüllen
	kämätta iṣṭa venavā	Der Wunsch geht in Erfüllung.
ඉස	*isa*	*s.u. hisa; s.a. urahisa*
ඉසිනවා	*isinavā*, umg *ihinavā*	besprengen, streuen, spritzen
	mal isinavā	Blumen streuen
	vatura isinavā	mit Wasser besprengen
	isma vn	Saft, Flüsssigkeit
ඉස්කෝලය	*iskōlaya*, *iskōla-*; *iskōlĕ* umg	Schule
ඉස්තුතිය	*istutiya*, *istuti-*	*s.u. stutiya*
ඉස්ම	*isma*	*s.o. isinavā*
ඉස්සර	*issara* adj, adv, konj	früher, einst; ehe, bevor
	issara minissu	Menschen von früher
	issara sädū geval	früher gebaute Häuser
	Nimal enna issara,	bevor Nimal kommt,
	issara velā/issellā umg	voraus, bevor
	Nimal issellā yanavā.	Nimal geht voraus.
	Sunil yanna issellā,	bevor Sunil geht,
	issellāma adv umg	zuerst
ඉස්සරහ	*issaráhá*, *issaráhá-* s, adv unz	vordere Seite, vorn; Zukunft
	geyi/gē issaráhá	die vordere Seite des Hauses; vor dem Haus
	issaráháṭa adv	nach vorn(e); in Zukunft
ඉහ	*iha*	*s.u. hisa*
ඉහත	*ihata* adj, adv	früher; oben
	ihata ātmaya	frühere Existenz

	ihata sandahan paridi	wie oben erwähnt
ඉහළ	*ihaḷa* adj, adv, s	obere(-r, -s); oben; Höhe
	ihaḷa pantiya	die obere Klasse
	ihaḷa naginavā	in die Höhe steigen
	ihaḷaṭa	aufwärts
	ihaḷa(ṭa) yanavā	hinaufsteigen, aufsteigen
ඉහිනවා	*ihinavā*	*s. o. isinavā*

ඊ ī

ඊට	*īṭa* < *eyaṭa* dem pron	(zu) diesem, dazu
ඊනියා	*īniyā* adj; *iniyā* umg	derartig, sogenannt, angeblich
	īniyā vädagat minissu	sog. vornehme Leute
ඊම	*īma*, *īm-*	*s. u. enavā*
ඊයේ	*īyē* adv	gestern
ඊර්ෂ්‍යාව (ඊෂීාව)	*īrṣyāva*, *īrṣyā-* unz; *īrisiyāva* umg	Neid, Eifersucht
	īrṣyā kārayā **para 5**	Neider
	īrṣyā kāriya **para 6**	neidische Frau
ඊළඟ	*īlaňga* adj; *īḷaňga*	nächst
ඊළඟට	*īlaňgaṭa* adv; *īḷaňgaṭa*	dann, darauf
ඊශාන දිග	*īśāna diga*, *īśāna diga-* unz	Nordosten

උ u

උකුල	*ukula*, *ukul-*; *ukuḷa*	Schoß; Hüfte
උගන්නවා	*ugannavā* vgf obs, schr ps *uganiyi*, *uganī*, abs *ugena*, part pt *ugat*, pt *ugati*, *ugattēya*; umg abs *igena gena*, part pt *igena gat(ta)*, pt *igena gattā*	lernen, studieren
	ugatā **para 1**	Gebildeter, Gelehrter
	ugatī **para 6**	Gebildete, Gelehrte
	igenīma, *igenuma* vn	Lernen, Bildung, Studium
උගුර	*ugura*, *uguru-*	Kehle, Gurgel, Hals, Schlund; Schluck
	tē ugurak bonavā	einen Schluck Tee trinken
උග්‍ර	*ugra* adj	scharf, streng, extrem
	tattvaya ugra viya. schr	Die Lage verschärfte sich.
උචිත	*ucita* adj	angemessen
උච්චාරණය	*uccāraṇaya*, *uccāraṇa(ya)-* unz	Aussprache, Aussprechen
	uccāraṇaya karanavā	aussprechen (Laute)

උඩ	*uḍa*, *uḍa-* s, post, adj, *uḍu* adj	auf, oben, aufgrund, über; (das Oben); hoch, oben befindlich, obere(-r, -s)
	uḍa yaṭa	oben und unten
	mēsē uḍa	auf dem Tisch
	mē cōdanāva uḍa	aufgrund dieser Anklage
	mē mātṛkāva uḍa	über dieses Thema
	uḍa raṭa	Hochland
	uḍu mahala, *uḍu māla*	oberes Stockwerk
	uḍu rävula	Oberlippenbart
	uḍaṭa yanavā	nach oben gehen
	uḍa paninavā	hochspringen
උඩත් පිරිසෙයින්	*uḍat piriseyin* adv	höchstens
උණ	*uṇa*, *uṇa-* unz	Fieber
	uṇa gannavā umg	Fieber bekommen
	Nimalṭa uṇa tiyenavā. umg	Nimal hat Fieber.
උණත්	*uṇat*	*s.u. unat*
උණු	*uṇu* adj	warm; *meteorologisch s. uṣṇaya*
	uṇu vatura	warmes Wasser
	uṇusuma	Wärme
	uṇu vena sitak äti	ein weiches Herz habend
උතුම්	*utum* adj	vorzüglich, edel
උතුර	*utura*, *uturu-*	Norden
	uturu palāta/paḷāta	Nordprovinz
උතුරනවා	*uturanavā*	überfließen, -laufen, -strömen
	gaňga uturayi. schr	Der Fluß tritt über d. Ufer.
	vatura uturanavā	Das Wasser kocht; *wtl.* fließt/läuft über.
උත්තම	*uttama* adj	vorzüglich, edel, erste(-r, -s)
	uttama puruṣa gramm	1. Person
උත්තරය	*uttaraya*, *uttara-*	Antwort
	uttara denavā	Antwort geben
උත්පත්තිය	*utpattiya*, *utpatti-*	Geburt, Entstehung; *s.a. upata*
උත්සවය	*utsavaya*, *utsava-*	Fest, Feier, Zeremonie
උත්සාහය	*utsāhaya*, *utsāha-*	Bemühung, Bestreben, Versuchen, Anstrengung
	utsāha karanavā	sich bemühen, versuchen
උදක්	*udak* adj, adv schr	rein, pur; alleinig; eindringlich
උදය	*udaya*, *udē*, *udaya-*, *udē-*	Aufgang, Morgen
	udaya/udē varuva	Vormittag; *s.a. varuva*
උදරය	*udaraya*, *udara-* schr	Bauch
උදවුව, උදව්ව	*udavuva*, *udavva*, *udavu-*	Hilfe, Gefallen
	yamakuṭa udavu karanavā	jmdm. helfen
	yamakuṭa udavu venavā	jmdm. behilflich sein

	yamakuṭa udavvak karanavā	jmdm. einen Gefallen tun
උදා වෙනවා	*udā venavā*	aufgehen, anbrechen (Ära)
	hira udā venavā	Die Sonne geht auf.
	nava yugayak udā venavā	Eine neue Ära bricht an.
උදාහරණය	*udāháraṇaya*, *udāháraṇa-*	Beispiel
	udāháraṇa vaśayen schr	zum Beispiel
	udāháraṇayak häṭiyaṭa	als ein Beispiel
උන්[1]	*un*[1]	*s.u. ū*
උන්[2]	*un*[2] < *hun*	*s.o. innavā*
උනත්	*unat*, *uṇat* < *vuṇat* konz v. *venavā* u. adv	obwohl, wenn auch; sogar; *s.a. ē unat u. vuṇat*
උනන්දුව	*unanduva*, *unandu-* unz	Interesse, Fleiß, Eifer
	väḍē gäna unanduvak dakvanavā	Interesse für die Arbeit zeigen
	unanduven väḍa karanavā	fleißig arbeiten
උප	*upa* präf	stellvertretend, vize-
	upasábhāpati	Vizepräsident
උපකරණය	*upakáraṇaya*, *upakáraṇa-*	Instrument, Gerät
උපකාරය	*upakāraya*, *upakāra-*	Hilfe, Unterstützung
	yamakuṭa upakāra karanavā	jmdm. Hilfe leisten
	upakārī	hilfsbereit
	yamakuṭa upakārī venavā schr	jmdm. eine Hilfe sein
උපත	*upata*, *upat-*	Geburt, Entstehung
උපදිනවා	*upadinavā*, *ipadenavā* schr ps *upadiyi*, *upadī*, *ipadeyi*, abs *ipida*, *ipada*, part pt *upan*, *ipaduṇu*, pt *upannēya*, *ipaduṇēya*, *ipaduṇi*; umg abs *ipadilā*, part pt *upan*, *ipaduṇu*, pt *upannā*, *ipadunā*	geboren werden
උපදෙස, උපදේශය	*upadesa*, *upadēśaya*, *upades-*, *upadēśa-*	Anweisung, Anleitung, Belehrung
උපන් ගම	*upan gama*, *upan gam-*	Geburtsort; *wtl.* Geburtsdorf
උපන් දිනය	*upan dinaya*, *upan dina-*	Geburtstag
	upan dina utsavaya	Geburtstagsfeier
උපයනවා	*upayanavā*	verdienen, erwerben
	mudal upayanavā	Geld verdienen
උපාය	*upāya*, *upāya-*, pl a. *-val* selten	Mittel, Trick, List
	upāyak yodanavā	einen Trick anwenden
උප්පැන්නය	*uppännaya*, *uppänna-*	Geburt, Geburtsurkunde
	uppänna sahatikaya	Geburtsurkunde
උඹ	*um̆ba* pers pron 2. sg; pl *-lā*	du (*gilt eher als unhöflich*)
උයනවා	*uyanavā* pt schr *ivvēya*, umg *ivvā*	kochen
උරනවා	*uranavā*	saugen; rauchen; *s.a. duma*

උරහිස	*urahisa*, *urahis-*; umg *ura'isa*, *ura'iha*, *urissa*, *uressa*	Schulter; *s. a. hisa*
උවමනාව	*uvamanāva*, *vuvamanāva*, *(v)uvamanā-*, pl a. *-val*	Notwendigkeit
	yamak uvamanā karanavā	etw. nötig haben
	yamak uvamanā venavā	etw. notwendig brauchen
උෂ්ණය	*uṣṇaya*, *usnaya*, *uṣṇa-*, *usna-* unz; *usnē* umg	Hitze
	uṣṇatvaya	Temperatur
	uṣṇa dēśaguṇaya	heißes Klima
උස	*usa*, *us(a)-* s, adj	Körpergröße, Höhe; hoch
	Nimalgē usa	Nimals Körpergröße
	dorē usa	die Höhe der Tür
	usa gahak	ein hoher Baum
උසස්	*usas* adj	hochgestellt, -rangig, vornehm
	usas ruciya/rucikatvaya	guter Geschmack
උසුලනවා	*usulanavā*, in der 2. Bedeutung umg *uhulanavā*	tragen; ertragen
	vagakīma usulanavā	Verantwortung tragen
	vēdanāva usulanavā schr/ *uhulanavā* umg	Schmerz ertragen
උස්නය	*usnaya*	*s. o. uṣṇaya*
උස්සනවා	*ussanavā* < *osavanavā* schr	(hoch-)heben; entwenden *umg*
	ata ussanavā/osavanavā	die Hand heben
	horu baḍu ussanavā. umg	Diebe entwenden die Waren.
උහුලනවා	*uhulanavā*	*s. o. usulanavā*

ඌ *ū*

ඌ	*ū*, *ū-* pers pron 3. sg m, pl *un*, *evun*, *ūlā*	jener (*in sehr unhöflicher Rede u. für Tiere*)
ඌයි!	*ūyi!* int	au! (*Ausruf des Schmerzes*)
ඌන	*ūna* adj schr	unzureichend, ermangelnd
	ūnatāva, *ūnatvaya*	Mangel
ඌරා	*ūrā*, *ūru-*, pl *ūrō*	Schwein; *adj a.* groß, heftig
	ūru mas	Schweinefleisch

ඍ *ṛ*

ඍජු	*ṛju* adj schr	gerade; ehrlich, redlich
ඍතුව	*ṛtuva*, *ṛtu-*	Jahreszeit, Zeitabschnitt

එ e

එ-	*e-* gekürzte Form v. dem pron *ē-*	*s.u. ē- und* § 35 a) – e)
එක [1]	*eka*[1], *ek-*, *eka-* zw	Eins
	ek(a) varak	einmal
	ek(a) varama	auf einmal, plötzlich
	ekaṭa	zusammen
	ekama varak	ein einziges Mal
	ekamat eka raṭaka	in einem gewissen Land
	ekavăgĕ	gleich, gleichartig
	eka viṭama	gleichzeitig
	ek(a)sat	vereinigt; *wtl.* (unter) einem Schirm
	eksat jātīngē saṃvidhānaya	UNO
	eka samāna	gleich, gleichartig
	ekineka < *ekin eka*	eins nach dem anderen; einander
එක [2]	*eka*[2] subst elem umg	*bei Fremdwörtern u. part*
	kār eka	das Auto
	naṭana eka	das Tanzen
එකඟ වෙනවා	*ekaňga venavā* zsgv: *ēkaňga* 'einig'+*venavā*	zustimmen, einverstanden sein mit
	yōjanāvaṭa ekaňga venavā	dem Vorschlag zustimmen
එකතු	*ekatu* adj	verbunden, zusammenseiend
	ekatu karanavā	vereinigen; sammeln; addieren
	ekatu venavā	sich vereinigen; sich anhäufen
	ekatuva adv, s	zusammen; Summe
එකල	*ekála* adv schr; *ekalhi*	in dieser Zeit, dann, damals
එකලාව	*ekalāva* adv poet	allein
එකෙණෙහිම	*ekeṇehima* adv schr	im selben Augenblick
එකොළහ	*ekoḷáhá*, *ekoḷos-* zw	elf
එක්ක(ලා), එක්කං	*ekka(lā)*, *ekkaṃ* adv, post umg	mit, zusammen mit
	Nimal ḷamayava gedara ekka/ ekkaṃ/ekkalā yanavā.	Nimal nimmt den Jungen mit nach Hause.
	Lāl ḷamayā ekka/ekkalā gedara yanavā.	Lāl geht zusammen mit dem Jungen nach Hause.
එක්කොම	*ekkoma*	*s.u. okkoma*
එක්කෝ	*ekkō* Korrelat zu *nättaṃ* umg	entweder . . . ; *s.a.* § 38 b)
	ekkō Lāl nättaṃ Sunil	entweder Lāl oder Sunil
එක්තරා	*ektárā* pron adj	ein gewisse(-r, -s); *s.a.* § 16
එක්ව	*ekva* adv schr	gemeinsam, zusammen

	ḷamayi ekva uganiti.	Kinder lernen zusammen.
එක්ස් කිරණ	*eks kiraṇa, eks kiraṇa-; eksrē* umg	Röntgenstrahlen
එච්චර	*eccara* pron adv umg	so viel, so sehr; *s.a.* § 35 e)
	eccara gaṇan nä.	So teuer ist es nicht.
එඩි(ය)	*eḍi(ya), eḍi-* unz	Mut, Stolz
	eḍitara minisā	mutiger Mensch
එතකොට	*etakoṭa* adv umg	dann, darauf, zu der Zeit
	etakoṭa mokada vennē?	Was geschieht dann?
එතන	*etana*	*s.u. etän, etäna*
එතරම්	*etaram* pron adv	so viel, so sehr; *s.a.* § 35 e)
එතැන්, එතැන	*etän, etäna, etana* pron adv	da, dort; *s.a.* § 35 a)
	etana iňdalā umg	von dort aus
	etäna siṭa schr	von dort aus
	etän paṭan, etän siṭa schr	von da an (*temporal*)
එතෙක්	*etek*	*s.u. tek*
එදා	*edā, edā-* s, pron adv	jener Tag; an jenem Tag, damals; *s.a.* § 35 b)
එදිරිය	*ediriya, ediri-* unz	Feindseligkeit
	ediri kārayā **para 5**	Feind, Widersacher
	ediri kāriya **para 6**	Feindin
එනම්	*enam* < dem pron *e+nam*, adj, konj	mit dem Namen versehen; nämlich (genauer gesagt)
එනවා	*enavā* schr ps *eyi*, abs *avut*, part pt *ā*, pt *āvēya, āya*; umg abs *ävit, ävillā*, part pt *ā(va)*, pt *āvā*	kommen
	ena avurudda umg	das kommende Jahr
	ēma, īma vn	das Kommen
එනිසා	*enisā* pron adv schr	aus diesem Grund, deshalb
එපා!	*epā!* proh verb ers, Satzwort	nicht, kein; nein; *s.a.* § 40 f)
	gedara yanna epā!	Geh nicht nach Hause!
	oyāṭa salli ōnäda? – epā!	Willst du Geld? – Nein!
එබඳු	*ebaňdu* adj schr	derartig, solch
	ebaňdu kenek	eine derartige Person
එබැවින්	*ebävin* pron adv schr	deshalb; *s.a.* § 35 d)
එම	*ema* pron	der-, die-, dasselbe
	ema pota	dasselbe Buch
එය	*eya* pers pron 3. sg n **para 16**	es, jenes; *s.a.* § 11
	eyin	*s. in*
එයා	*eyā* pers pron 3. sg m u. f umg **para 15**	er, sie (*bei Menschen*); jene Person; *s.a.* § 11
එලිය	*eliya*	*s.u. eḷiya*
එලෙස, එලෙසින්	*elesa, elesin* adv schr	so, auf diese Weise
එල්ලනවා	*ellanavā*	aufhängen
	pintūrayak ellanavā	ein Bild aufhängen

එවනවා	*evanavā* kaus v. *enavā*	(her-)schicken, senden (*vom Empfänger aus gesehen*)
එවර	*evara* pron adv schr	dann, darauf; *s.a.* § 35 b)
එවැනි	*eväni*, *evan* adj schr	derartig
	eväni kriyāvak	eine derartige Tat
එවිට	*eviṭa* pron adv schr	dann, darauf; *s.a.* § 35 b)
එසේ	*esē* pron adv schr; *ehema* umg	so, auf diese Weise; *s.a.* § 35 c)
	esē nam, umg *ehe(ma) nam*	wenn das so ist, dann
	esē näti nam, *ehema nätnam*	andernfalls
	esē vuvat, umg *ehema/ē uṇat*	trotzdem, dennoch
	esē heyin, *eheyin*	deshalb, aus dem Grunde
එසේම	*esēma* Korrelat zu *yam sē* schr	ebenso
එහා	*ehā* pron adv, adj	etwas (von hier) entfernt
	ehāṭa venna!	Geh mal beiseite!
එහි	*ehi* pron adv	dort, da; *s.a.* § 35 a)
එහෙත්	*ehet* konj schr	aber, jedoch; *s.a.* § 38 c)
එහෙන්	*ehen* pron adv	von dort; dorthin
එහෙනම්	*ehenam*	*s.o. esē*
එහෙම [1]	*ehema*[1]	*s.o. esē*
එහෙම [2]	*ehema*[2]	*s.u. hema*
එහෙම නම්	*ehema nam*	*s.o. esē*
එහේ	*ehē* pron adv umg	dort, da; dorthin
	ehē mehē/ehā mehā yanavā	hin und her gehen
එළදෙන	*eḷadena*, *eḷaden-* **para 9**	Kuh (*das Muttertier v. Rind*)
එළනවා	*eḷanavā*, *heḷanavā*	ausbreiten, (zu-)werfen
	reddak eḷanavā	ein Tuch ausbreiten
	bälmak heḷanavā	einen Blick zuwerfen
	yamaku/yamak bima heḷanavā	jmdn./etw. zu Boden werfen
	yamak heḷā dakinavā	etw. verwerfen
	yamaku heḷā dakinavā	jmdn. verächtlich machen
එළඹෙනවා	*eḷam̆benavā* schr	sich nähern
	raju veta eḷam̆benavā	sich dem König nähern
එළවනවා	*eḷavanavā* kaus v. *eḷanavā*	(ver-)jagen; fahren
	val satun eḷavanavā	wilde Tiere verjagen
	loriyak eḷavanavā	einen Lastwagen fahren
එළවලුව	*eḷavaluva*, *eḷavalu-*; *eḷavuluva*	Gemüse, Gemüsegericht
එළිය	*eḷiya*, *eliya*, *eḷi-*, *eli-*	Licht; draußen
	yamak eḷi karanavā	etw. ans Licht bringen
	eḷi venavā	dämmern (Morgen)
	eḷiyaṭa yanavā	hinausgehen
	rahasa eḷi uṇā. umg	Das Geheimnis ist bekannt geworden.
එළුවා	*eḷuvā*, *eḷu-* **para 5**	Ziegenbock
	eḷu dena **para 9**	Ziege

ඒ *ē*

ඒ-	*ē-* dem pron adj Form, in Univerbierungen *e-*, s. *ē nisā* u. *enisā*	jene(-r, -s); *s.a* § 12 a)
ඒ උනත්, ඒ උනාට	*ē unat, ē unāṭa* konz umg	trotzdem, dennoch, aber
ඒක	*ēka* pron 3. sg n umg **para 16**	es, jenes, das; *s.a.* § 11
ඒකාන්තයෙන්(ම)	*ēkāntayen(ma)* adv	gewiß, mit Sicherheit
ඒකාබද්ධ	*ēkābaddha* adj	vereinigt, verbunden
ඒක්ෂණයෙහි	*ēkṣaṇayehi* adv schr	in dem Augenblick
ඒ තාක්	*ē tāk* Korrelat zu *yam tāk* schr	solange, soweit
	yam tāk kal Nimal uganīda, ē tāk kal ohugē piyā ohuṭa viyadam karayi.	Solange Nimal in der Ausbildung ist, trägt sein Vater die Kosten für ihn.
ඒත්තු	*ēttu* adj begrenzt gebr	akzeptabel, begreiflich
	... bava ēttu gannavā	akzeptieren, daß ...
	yamakuṭa ēttu yanavā	man begreift/versteht
ඒ නිසා	*ē nisā* konj	aus diesem Grund, deshalb
ඒම	*ēma*	*s.o. enavā*
ඒයි!	*ēyi!* int	he! (*vertraulich/unhöfl.*)
ඒ වගේ, ඒ වාගේ	*ē vagē, ē vāgē* adj	derartig
	ē vägĕ väḍak	eine derartige Arbeit
ඒසා	*ēsā* adv schr	so, in solchem Maß
	ēsā viśāla geyak	ein so großes Haus

ඓ *ai*

ඓතිහාසික	*aitihāsika* adj	historisch, geschichtlich
ඓශ්වර්යය (ඓශ්වර්‍ය්‍යය, ඓශ්වර්‍යය)	*aiśvaryaya, aiśvarya-* schr	Reichtum, Macht, Würde; übernatürliche Kraft

ඔ *o*

ඔක්කොම	*okkoma, ekkoma* pron umg	alle(-s)
	gäṇu okkoma, okkoma gäṇu	alle Frauen
	goviyŏ okkoma, okkoma goviyŏ	alle Bauern
	pot okkoma, okkoma pot	alle Bücher
	gäṇu okkogema	aller Frauen
	pot okkoṭama	für alle Bücher
ඔක්තෝබරය	*oktōbaraya, oktōbar(a)-; oktōmbar(a), oktōmbra*	Oktober

	oktō(m)barayē, oktō(m)barvala	im Oktober
ඔච්චර	*occara* adv umg	so viel, so sehr; *s.a.* § 35 e)
	oyāṭa occarada ōnā?	Willst du nur so viel?
ඔතන	*otana* pron adv	dort (*bei dir*); *s.a.* § 35 a)
ඔතනවා	*otanavā*	einwickeln, einpacken
	yamak kaḍadāsiyaka/kaḍadāsivalin otanavā	etw. in Papier einwickeln
ඔන්න	*oṅna, ōṃ* dempart umg	sieh da (*bei dir*)
ඔප්පුව	*oppuva, oppu-*	(Übertragungs-)Urkunde
	yamak oppu karanavā	etw. beweisen
ඔබ	*oba* pers pron 2. sg u. pl schr	Sie; *wtl.* dort
	oba vahansē	Ehrwürdiger (*Anrede für buddhistische Mönche*)
ඔබනවා	*obanavā*	drücken, (hinein) pressen
ඔබමොබ	*obamoba* adv schr; *obinoba*	hin und her
ඔය-^{1}	*oya-*^{1} dem pron adj Form	diese(-r, -s); *s.a. ō-*^{2}, § 12 a)
ඔය ^{2}	*oya*^{2}, *hoya, ō-*, pl *(h)oyaval*	Bach
ඔයා	*oyā* pers pron 2. sg umg **para 13**	du; *s.a.* § 10
ඔර්ලෝසුව	*orlōsuva, orlōsu-*	Uhr
	orlōsu kaṇuva	Turmuhr; *wtl.* Uhrturm
ඔලුව	*oluva*	*s.u. oḷuva*
ඔව්, ඔවු	*ov, ovu* Satzwort	ja
ඔවුන්	*ovun* pers pron 3. akk pl schr	sie (*bei Menschen*); *s.u. ohu*
	ovunovun	sie ... gegenseitig
ඔවුහු	*ovuhu* pers pron 3. nom pl schr	sie (*bei Menschen*); *s.u. ohu*
ඔසවනවා	*osavanavā*	*s.o. ussanavā*
ඔහු	*ohu* pers pron 3. nom u. akk sg m schr **para 14**	er (*bei Menschen*); *s.a.* § 11
ඔහේ	*ohē* pers pron 2. sg umg, pl *-lā*	*Anrede unter Gleichgestellten (besonders auf dem Land)*
ඔහොම	*ohoma* adv umg	so, auf diese Weise
	ohoma inna!	warte mal (bleib da/so)!
ඔළුව	*oḷuva, oluva, oḷu-, olu-* umg	Kopf

ඕ ō

ඕ ^{1}	*ō*^{1}, *ō tomō* pers pron 3. sg f obs	sie; *s.a.* § 11
ඕ-^{2}	*ō-*^{2} dem pron Sandhiform v. *oya*^{1}	dies- (*bei dir befindlich*)
	ōka < oya+eka	dieses (*bei dir*)
	ōvā < oya+ēvā	diese (Dinge) (*bei dir*)
ඕ-^{3}	*ō-*^{3}	*s.o. oya*^{2}
ඕං	*ōṃ*	*s.o. onna*

ඕඩරය	*ōḍaraya*, *ōḍar-* sprich *ōḍər*	Bestellung, Auftrag, Befehl
ඕ තොමෝ	*ō tomō*	*s.o.* *ō*[1]
ඕනෑ	*ōnǟ* mod verb ers, Subjekt im nom u. dat	notwendig (sein), müssen; erwünscht (sein), wollen; brauchen
	mama yanna ōnǟ. umg	Ich muß gehen.
	maṭa yanna ōnǟ. umg	Ich möchte/will gehen.
	maṭa salli ōnǟ. umg	Ich brauche Geld.
	ōnǟkama	Notwendigkeit, Bedürfnis; Aufmerksamkeit
	ōnǟma	jede(-r, -s) beliebige
ඕයි!	*ōyi!* int	he!; Mensch! (*nicht höflich*)

ඖ *au*

ඖෂධය	*auṣadhaya*, *auṣadha-*	Arznei, Medikament

ක *ka*

ක	*ka*, *ka-* int pron poet	wer; *s. u. kav(u)da*
කං	*kaṃ*, *kam*, *kan* < *kal* konj m. part ps	(solange) bis
	putā ena kaṃ/kan/kam/kal	bis der Sohn kommt
කකියනවා	*kakiyanavā* nur 3. sg gebr, pt schr *kakiyevī*, umg *kakiyevvā*	schmerzen *intr*; kochen, sieden *obs*
	hisa kakiyanavā. umg	Der Kopf schmerzt.
	käkkuma vn	Schmerz
කකුල	*kakula*, *kakul-*	Bein, Fuß, Keule
කක්කුස්සිය	*kakkussiya*, *kakkussi-* umg	Toilette
කට	*kaṭa*, *kaṭa-*, pl *-val*	Mund, Maul, Öffnung
	kaṭa (h)aňḍa	Stimme
කටයුත්ත	*kaṭayutta*, *kaṭayutu-*	das, was zu tun ist, Aufgabe; Heirat *umg*
කටුව	*kaṭuva*, *kaṭu-*	Gräte, Knochen, Dorn, Nadel
කඩදාසිය	*kaḍadāsiya*, *kar(a)dāsiya*, *kaḍadāsi-*, *kar(a)dāsi-*; umg a. *kaḍadahiya*, *kar(a)dahiya*	Papier
	kaḍadāsi koḷayak	ein Blatt Papier
	liyana kaḍadāsiya	Schreibpapier
කඩනවා	*kaḍanavā*	(ab-, zer-)brechen, pflücken
	kaḍa	Bruchstück, Teil

	nīti kaḍa karanavā	Gesetze brechen
	ägē balāporottu kaḍa viya. schr	Ihre Hoffnungen wurden enttäuscht.
කඩය	*kaḍaya, kaḍa-; kaḍē*	kleiner Laden
කඩිසර	*kaḍisara* adj	aktiv, fleißig
කණ [1]	*kaṇa*[1] adj	blind
	kaṇā **para 1**	Blinder
කණ [2]	*kaṇa*[2]	*s.u. kana*
කණුව	*kaṇuva, kaṇu-*	Pfosten, Säule, Turm
කණ්ණාඩිය	*kaṇṇāḍiya, kaṇṇāḍi-*	Spiegel; Brille
කත	*kata, kat-* **para 9** schr	Dame; *s.a. kāntāva*
කතාව	*katāva*	*s.u. kathāva*
කතිරය	*katiraya, katira-; katirē*	X-Zeichen
	katira gahanavā	ankreuzen
කතුර	*katura, katuru-*	Schere
කථාව	*kathāva* , *katāva, kat(h)ā-*	Rede, Gespräch, Erzählung, Geschichte
	kathā vyavahāraya schr	gesprochene Sprache
	kat(h)ā karanavā	reden, sprechen
	kat(h)āvak kiyanavā	eine Geschichte erzählen
	kat(h)āvak pavatvanavā	eine Rede halten
කඳ	*kaňda, kaňda-,* pl *kaňdaṃ*	(Baum-)Stamm; Rumpf; Schulter *schr*; Menge *schr*
කඳුළ	*kaňduḷa, kaňduḷu-*	Träne
	kaňduḷu piri denet schr	Augen voller Tränen
	kaňduḷu vaguranavā	Tränen vergießen
කන්	*kan*	*s.o. kaṃ*
කන	*kana, kaṇa, kan-;* umg a. *kaṃ-*	Ohr
	kaṃ āhenavā umg	hören können
	kan denavā	Gehör schenken
කනගාටුව	*kanagāṭuva, kanagāṭu-* unz	Trauer, Leid, Bedauern, Betrübnis
	kanagāṭu venavā	traurig sein, bedauern
	maṭa ē gäna kanagāṭuyi.	Das tut mir leid.
කනවා	*kanavā* schr ps *kayi*, abs *kā*, part pt *kǟ*, pt *kǟya, kǟvēya*; umg abs *kālā*, part pt *kǟva*, *kāpu*, pt *kǟvā*	essen; fressen
	gähum/tälum/pahara kanavā	geschlagen werden; *wtl.* Schläge fressen
	märum kanavā	getötet werden; *wtl.* Tötung fressen
	kǟma vn	Essen, Mahlzeit
කනිනවා	*kaninavā; kaṇinavā*	graben, ausgraben

කන්තෝරුව	*kantōruva*, *kantōru-*	Büro
	kantōru kāmaraya	Arbeitszimmer
කන්ද	*kanda*, *kaňdu-*	Berg, Hügel
	kaňdu raṭa	Bergland, Hochland
කපනවා	*kapanavā*	schneiden
කපුටා	*kapuṭā*, *kapuṭu-* **para 4**	Krähe
කම්	*kam*	*s. o. kaṃ*
කම [1]	*kama*[1], *kam-* definit nur in komp	Werk, Tat, Angelegenheit
	kamkáruvā **para 5**	Arbeiter
	kamhála	Fabrik
	pinkáma	verdienstvolle Tat
	kamak nähä/nä̈. umg	Das macht nichts.
	ēka kamakaṭa nähä/nä̈. umg	Das taugt nichts.
කම [2]	*kama*[2] subst elem	-heit, -keit, -tum
	alasa kama	Trägheit, Faulheit
	pirisidu kama	Sauberkeit
	pohosat kama	Wohlhabenheit, Reichtum
කමනවා	*kamanavā* schr	verzeihen; *s. a. samāva*
කමිසය	*kamisaya*, *kamisa-*; *kamisē*	Hemd
කම්මැලි	*kammäli* adj	faul, träge
	kammäliyā **para 3**	fauler Mensch
කම්මුතු	*kammutu* adj umg	beendet, abgeschlossen
	kammutu karanavā	beenden; vernichten
	kammutu venavā	zu Ende gehen
කය	*kaya*, *kaya-* schr	Körper, Leib
කර [1]	*kara*[1], *kara-*	Hand, Arm; Hals, Nacken; Schulter
	kerē, *kerehi* < *karehi*	*s. u. kerehi*
කර [2]	*kara*[2], *kara-* poet	Lichtstrahl
කර [3]	*kara*[3], *kara-* s, adj	Salz; salzig
	kara diya	Salz-, Meerwasser
කරකවනවා	*karakávanavā* kaus v. *kärakenava*	drehen
කරදරය	*karadaraya*, *karadara-*	Belästigung, Sorge, Ärger
	karadara sahita	ärgerlich, leidig, lästig
	karadara karanavā	belästigen, stören
	karadara venavā	sich Sorgen machen
කරනවා	*karanavā* schr ps *karayi*, abs *koṭa*, *kara*, part pt *kaḷa*, *kerū*, pt *kaḷēya*, *kerī(ya)*; umg abs *karalā*, part pt *kaḷa*, *karapu*, *keruva*, pt *kaḷā*, *keruvā*	tun, machen
කරුණ	*karuṇa*, *karuṇu-*	Grund, Motiv, Tatsache
	karuṇu dakvanavā	begründen
කරුණාව	*karuṇāva*, *karuṇā-* unz	Freundlichkeit; Mitleid

	karuṇāvanta	freundlich; mitleidsvoll
	karuṇākara(lā) ...	bitte ...
	karuṇākara nägiṭinna.	Stehen Sie/steh bitte auf!
කරුවල	*karuvala*	*s.u. kaḷuvara*
කර්මය (කර්‍මය)	*karmaya, karma-; umg a. karumaya, karumĕ*	Tat *relig.*; direktes Objekt *gramm*
කර්මාන්තය (කර්‍මාන්තය)	*karmāntaya, karmānta-*	Industrie
	karmānta śālāva	Fabrik
කල්	*kal*	*s.o. kaṃ*
කල[1]	*kala*[1], *kal-* unz	Zeit, Periode; *s.a. kālaya*
	kalaṭa poet	zur richtigen Zeit
	kalaṭa vēlāvaṭa umg	rechtzeitig
	kalin adv, post	zeitig; vor; *s.a.* § 37 b)
	kalin kalaṭa	von Zeit zu Zeit
	kal gata karanavā	Zeit verbringen
	kal gata venavā. umg	Die Zeit vergeht.
	kal gevanavā	Zeit verbringen
	kal tabanavā schr	zeitlich verschieben
	kal damanavā/dānavā	zeitlich verschieben
කල[2]	*kala*[2] konj m. part ps/pt schr	während, wenn, als
	giya kala	als man gegangen war
	yana kala	während man geht
කලබලය	*kalabalaya, kalabala-*	Unruhe, Aufregung
	kalabala karanavā	Unruhe stiften
	kalabala venavā	in Aufregung geraten
කලහය	*kaláháya, kaláhá-*	Streit, Auseinandersetzung
	kaláhá karanavā	sich streiten
කලාව	*kalāva, kalā-*	Kunst
	kalā kārayā/śilpiyā **para 5, 3**	Künstler
	kalā kāriya/śilpiniya **para 6**	Künstlerin
කලාතුරකින්	*kalāturakin* adv	selten
කලිසම	*kalisama, kalisam-*	Hose
	kalisam aňdinavā	Hosen tragen
කල්පනාව	*kalpanāva, kalpanā-*	Nachdenken, Überlegung, Gedanke, Absicht
	yamak gäna kalpanā karanavā	über etw. nachdenken
	maṭa yamak kalpanā viya. schr	Mir fiel etwas ein.
කවදාද?, කවද්ද?	*kavadāda?, kavadda?* int adv	an welchem Tag?, wann?
කවර-	*kavara-* int pron schr	welche(-r, -s); *s.a.* § 13
කවරය	*kavaraya, kavara-*	Umschlag, Hülle, Bezug
කවළම්	*kavaḷam*	*s.u. kaḷavam*
කවිය	*kaviya, kavi-*	Gedicht, Dichtung
	kaviyā, kiviyā, pl *kavīhu, kivihu*	Dichter

	kivivariya **para 6**	Dichterin
කවුද?	*kavuda?*, *kavda?*, *kā-* int pron	wer?; *s.a.* § 13
	kā(va); kāṭa; kāgen; kāgē	wen; wem; von wem; wessen
කවුළුව	*kavuḷuva*, *kavuḷu-* schr	Fenster
කසනවා	*kasanavā*, *kahánavā* tr, intr	kratzen (e. Juckreiz stillen); jucken
කසිනවා	*kasinavā* schr	*s.u. kahinavā*
කසළ	*kasaḷa*, *kasaḷa-* Stoffbez; *kaháḷa*	Müll, Schmutz
කසාදය	*kasādaya*, *kasāda-*	Eheschließung
	kasāda bañdinavā	heiraten
කහ	*kaha*, *kaha-* farb adj, s	gelb; Gelbwurzel
	kaha pāṭa, pl *-val*	Gelb, die Farbe Gelb
කහනවා	*kahánavā*	*s.o. kasanavā*
කහිනවා	*kahinavā*, *kasinavā* pt schr	husten
	kässēya, umg *kässā*	
	kässa vn	Husten
කළ	*kaḷa* part pt v. *karanavā*	getan, gemacht, vollbracht
කළවම්	*kaḷavam*, *kavaḷam* adj	vermischt, Misch-
	kaḷavam karanavā	(ver-)mischen
	kaḷavam venavā	sich vermischen
කළු	*kaḷu* farb adj	schwarz
	kaḷu pāṭa, pl *-val*	die Farbe Schwarz
කළුවර	*kaḷuvara*, *karuvala* adj, s unz	dunkel; Dunkelheit
	kaḷuvara kāmaraya	Dunkelkammer
	kaḷuvara karanavā	verdunkeln
	kaḷuvara venavā	dunkeln, dunkel werden
කාණ්ඩය	*kāṇḍaya*, *kāṇḍa-*; *kāṇḍē* umg	Gruppe; Abschnitt, Teil, Band
කානුව	*kānuva*, *kānu-*	Abwassergraben, -rohr
කාන්තාව	*kāntāva*, *kāntā-* **para 7**	Dame, Frau; *s.a. kata*
කාමරය	*kāmaraya*, *kāmara-*; *kāmarē*	Zimmer
කාරණය	*kāraṇaya*, *karaṇava*, *kāraṇa-*, *kāraṇā-*; *kāraṇē*	Grund, Motiv, Tatsache, Angelegenheit
කාරය, කාර් එක	*kāraya*, *kār eka*, *kār-*	Auto, *engl.* car
කාර්මික	*kārmika* adj	Industrie-, industriell
	kārmika raṭaval	Industrieländer
	kārmika śilpiyā **para 3**	Techniker
කාර්යය (කාර්‍යය, කාය්‍යය)	*kāryaya*, *kārya-*; *kāriya* umg	Tätigkeit, Aufgabe
	kāryālaya < *kārya*+*ālaya*	Büro, Amt
කාල	*kāla*, *kāl-*	Viertel (*Zeit- und Maßangabe*)
කාලය	*kālaya*, *kāla-*; *kālē*	Zeit, Periode
	kālaguṇaya	Wetter

	kālaguṇa vārtāva	Wetterbericht
	kālōcita < *kāla+ucita*	zeitgemäß
	kāla kriyā karanavā	sterben
කාව්‍යය	*kāvyaya, kāvya-*	Dichtung
	gadya-/padya kāvyaya	Prosa-/Versdichtung
කාසිය	*kāsiya, kāsi-*	Geldstück, Münze
කැටපත	*käṭapata, käṭapat-; käḍapata*	Spiegel
කැටිව, කැටුව	*käṭiva* > *käṭuva* post m. obl schr	zusammen mit
කැත	*käta* adj	häßlich
කැඳවනවා	*kän̆davanavā* kaus v. obs *kän̆denavā* 'ansprechen'; *kändanavā*	herbeirufen, einladen
	yamaku kän̆davā gena yanavā	jmdn. mitnehmen/fortbringen/begleiten
	kändā gena enavā	heimholen (eine Braut)
	kän̆davīma vn	Einladung
කැබැල්ල	*käbälla, källa, käbäli-, käbali-, käli-; käbella*	Bruchstück, Scherbe
	käbäli/käbali/käli karanavā	in Stücke zerteilen
කැමති	*kämati, kämäti* adj, mod verb ers m. nom, Flexion: *kämättēya* usw.	wünschend, willens; *s. a.* § 29 b)
	(antima) kämati patraya	letzter Wille, Testament
	kämätta	Wunsch, Zustimmung, Wille; Zuneigung
	kämätten adv	gern(e), mit Freude, willig
	kämati venavā	wünschen, mögen, zustimmen, willens sein
කැමරාව	*kämarāva, kämarā-*	Fotoapparat, Kamera
කැමැති	*kämäti*	*s. o. kämati*
කැරකෙනවා	*kärakenavā*	sich drehen
කැලය, කැලෑව	*kälaya, kälǟva, käla-, kälǟ-; kälē*	Wald
කෑ ගසනවා	*kǟ gasanavā* zsgv: onom poet *kǟ +gasanavā; kǟ gahánavā* umg	schreien, laut reden
කෑම	*kǟma, kǟm(a)-* vn v. *kanavā*	Essen, Mahlzeit
	kǟma bīma	Essen und Trinken
	kǟm bīm	Essen und Getränke
කෑල්ල	*kǟlla*	*s. o. käbälla*
කිකිළිය, කිකිළී	*kikiḷiya, kikiḷī, kikiḷi-* para 6	Henne, Huhn
	kikiḷi biju/bittara	Hühnereier
කිට්ටුව	*kiṭṭuva, kiṭṭu-* unz	Nähe, nähere Umgebung
	puṭuva mēsayaṭa kiṭṭu karanavā	den Stuhl in die Nähe des Tisches bringen

	yamakaṭa kiṭṭu venavā	sich etw. nähern
කිපෙනවා	*kipenavā*	zornig/wütend werden
කිම්-	*kim-*	*s. u. kum-*
කියනවා	*kiyanavā* schr ps *kiyayi*, abs *kiyā*, part pt *kiyū, kivū, kī*, pt *kīya, kīvēya*; umg abs *kiyalā*, part pt *kivva, kīva, kiyapu*, pt *kivvā, kīvā*	sagen, erzählen, mitteilen, ankündigen
	kīma, kiyuma, kiyamana vn	(das) Sagen, Ausspruch, Sprichwort, Redensart
කියවනවා	*kiyavanavā* kaus v. *kiyanavā*	lesen, sagen lassen
කිරනවා	*kiranavā*	(etw.) wiegen
කිරි	*kiri, kiri-* Stoffbez	Milch
කිලිටි	*kiliṭi, kiluṭu* adj	schmutzig
	kiliṭi/kiluṭu karanavā	beschmutzen
	kiliṭi/kiluṭu venavā	schmutzig werden
කිලෝග්‍රෑමය	*kilōgrǟmaya, kilōgrǟm-*	Kilogramm
කිලෝමීටරය	*kilōmīṭaraya, kilōmīṭar-* sprich *mīṭər-*	Kilometer
කිසි	*kisi* indef pron	irgend; *s. a.* § 15
	kisi kenek, kisivek	irgend jemand
	kisi deyak, kisivak	irgend etwas
කිහිප	*kihipa* schr	*s. u. kīpa*
කී- [1]	*kī-*[1] Zahlfragewort adj Form	wieviel; *s. a. kīya und* § 21
	kīdenāda?, kīdenekda? bel	wieviele?
	ada kīdenāda ennē?, ada kīdenek enavāda?	Wieviele werden heute kommen?
	kīyada, kīyak ... da? unbel	wieviel kostet ...?; wieviele?
	pota kīyada?	Wieviel kostet das Buch?
	pot kīyada tiyennē?, pot kīyak tiyenavāda?	Wieviele Bücher gibt es?
	vēlāva kīyada?	Wieviel Uhr ist es?
	pot kīya bägin bedanavāda?	Wieviele Bücher verteilt man (pro Person)?
කී [2]	*kī*[2] part pt v. *kiyanavā*	gesagt, erzählt, mitgeteilt
කීකරු	*kīkaru* adj	gehorsam
	yamakuṭa kīkaru venavā	jmdm. gehorchen
කීප	*kīpa* < *kihipa* unbest pron	einige, mehrere
	minissu kīpa denek	einige Menschen
	pot kīpayak	einige Bücher
	kīpa varak(ma)	(schon) mehrere Male
කීම	*kīma, kīm-*	*s. o. kiyanavā*

කීය	*kīya* Zahlfragewort subst Form	*s. o. kī*
කුකුළා	*kukuḷā, kukul-, kukuḷu-* **para 1, 4**	Hahn
කුට්ටම	*kuṭṭama, kuṭṭam-* nur unbel	Paar
	sapattu kuṭṭamak	ein Paar Schuhe
කුඩ	*kuḍa, kuḍu-* Stoffbez	Pulver
	kuḍu karanavā	pulverisieren
	kuḍu venavā	zu Pulver werden
කුඩය	*kuḍaya, kuḍa-*	Schirm
කුඩා	*kuḍā* adj	klein
කුණ	*kuṇa, kuṇu-*	Kadaver, Leiche; Schmutzteilchen, Verfaultes
	kuṇu	Schmutz, Abfall
	kuṇu venavā	verfaulen
කුතුහලය, කුතූහලය	*kutuhalaya, kutūhalaya, kutŭhala(ya)-* unz	Neugier
කුඹුර	*kum̆bura, kum̆buru-*	Reisfeld
කුම්-	*kum-, kim-* int pron n schr	was?
	ē kumakda/kimekda?	Was ist das?
	kumak nisāda?, mak nisāda?	weshalb?, warum?
කුරුල්ලා	*kurullā, kurulu-* **para 5**	Vogel
	kirillī **para 6**	weiblicher Vogel
කුරුසය	*kurusaya, kurusa-*	Kreuz
කුලය	*kulaya, kula-*	Kaste, Familie, Geschlecht
	kula bhēdaya	Kastenunterschied
	kula hīna	aus niedrigem Geschlecht
	kulīna	aus edlem Geschlecht
කුලිය	*kuliya, kulī-*	Lohn; Miete
	kulī kārayā **para 5**	Lohnarbeiter
	kulī kāriya **para 6**	Lohnarbeiterin
	kuliyaṭa gannavā	mieten
	kuliyaṭa denavā	vermieten
කුස	*kusa, kus(a)-*	Bauch, Mutterleib
	kusaginna, kusagini	Hunger
කුස්සිය	*kussiya, kussi-*	Küche
කුහුඹුවා	*kuhum̆buvā, kūm̆biyā, kuhum̆bu-, kūm̆bi-,* pl *kuhum̆buvō, kūm̆bi*	Ameise
කූඩුව	*kūḍuva, kūḍu-*	Nest; Käfig
කූඹියා	*kūm̆biyā*	*s. o. kuhum̆buvā*
කෘතඥ	*kṛtajña* adj	dankbar
	kṛtajña venavā	dankbar sein
කෘතිය	*kṛtiya, kṛti-*	Werk, Schöpfung
කෘත්‍රිම	*kṛtrima* adj; unkorr. a. *kṛtīma*	künstlich, synthetisch

කෘෂි	*kṛṣi* adj	den Ackerbau betreffend
	kṛṣi karmaya/karmāntaya	Landwirtschaft
	kṛṣi kārmika	landwirtschaftlich
කෙටි	*keṭi*, *koṭa* adj	kurz
	keṭi kathāva	Kurzgeschichte
	koṭin kiyanavā nam umg	kurz und gut
කෙට්ටු	*keṭṭu* adj	mager (Person, Gesicht, Tier)
කෙතරම්	*ketaram*	*s. u. kotaram*
කෙනා	*kenā*, *kenā-*; unbest *kenek*: schr	Person; *s. a.* § 19
	auch als pl verwendet	*s. o. ätäm*
කෙමෙන් කෙමෙන්	*kemen kemen* adv	allmählich; *s. a. kramaya*
කෙරෙහි, කෙරේ	*kerehi, kerē* post Lokativ schr	bei, in, auf, zu, gegenüber
		wtl. in der Hand
කෙස	*kesa*, *kes-*	Haar
	kes gahak	ein Haar
	kes roda	Haarsträhne
කෙසෙල්	*kesel* adj; *kehel* umg	Bananen-
	kesel geḍiya	Banane
කෙසේ	*kesē* int pron adv schr	wie; *s. a.* § 35 c)
	kesē vuvat/vuvada/vetat	wie dem auch sei
කෙළ [1]	*keḷa*[1], *keḷa-* Stoffbez	Speichel
	keḷa gahánavā umg	spucken
කෙළ [2]	*keḷa*[2], *keḷa-*	Spitze, Perfektion; 10 Mill.
	citra śilpayehi keḷa pämiṇa schr	in der Malkunst zur Perfektion gelangt
	tis tun keḷak	330 Millionen
කෙළනවා	*keḷanavā* obs	*s. u. keḷinavā*
කෙළවර	*keḷavara*, *keḷavara-*; *keravala*	Ende
	keḷavara karanavā	zu Ende bringen
	keḷavara venavā	zu Ende gehen
කෙළින්	*keḷin* adj, adv	aufrecht; geradewegs, direkt
	keḷin minihā umg	aufrechter Mensch
	keḷin innavā	aufrecht stehen
	eyā keḷinma mehe āvā. umg	Er kam direkt hierher.
කෙළිනවා	*keḷinavā*, *keḷanavā* Verbalformen oft vulgär gebr	spielen; *s. u. krīḍā karanavā* *unter krīḍāva*
	keḷi baḍu	Spielzeug
	väli keḷiya	Sand(kasten)spiel
කේජු	*kēju*, *kēju-* Stoffbez pl Flexion	Käse
කොච්චර	*koccara* int pron adv umg	wieviel, wie; *s. a.* § 35 e)
කොට [1]	*koṭa*[1]	*s. o. keṭi*
කොට [2]	*koṭa*[2] konj m. part ps umg, abs II v. *karanavā*	während, als, (jedesmal) wenn; *s. a.* § 38 d)

	Nimal an̆ḍana koṭa Sunil hinā venavā.	Während/Wenn Nimal weint, lacht Sunil.
	Lāl gedara yana koṭa pot geniyanavā.	Jedesmal wenn Lāl nach Hause geht, nimmt er Bücher mit.
කොටනවා	*koṭanavā*	zerstampfen; stechen; ritzen
කොටස	*koṭasa, koṭas-*	Teil, Anteil; Aktie
	koṭas karu, pl *koṭas karuvō*	Aktionär
කොටියා	*koṭiyā, koṭi-,* pl *koṭi*	Tiger
කොඩිය	*koḍiya, koḍi-*	Fahne, Flagge
කොතන	*kotana, kotäna* int pron adv	an welcher Stelle; *s.a.* § 35 a)
කොතරම්	*kotaram, ketaram* int pron adv	wieviel, wie; *s.a.* § 35 e)
කොන	*kona, kon-; koṇa*	Ecke, Ende, Winkel; *s.a.* *kōṇaya*
	yamaku/yamak kon karanavā	jmdn./etw. absondern
	kon venavā	sich absondern
කොයි[1]	*koyi*[1] int pron adj Form	welche(-r, -s)?; *s.a.* § 13
	koyi gähäṇiyada?	welche Frau?
	koyi minissuda/potda?	welche Männer/Bücher?
කොයි[2]	*koyi*[2] < *kohi* int pron adv umg	wo?; wohin?; *s.a.* § 35 a)
	Nimal koyida?	Wo ist Nimal?
	Sunil koyi yanavāda mama dannē nä.	Ich weiß nicht, wohin Sunil geht.
කොහි, කොහේ	*kohi, kohē* int pron adv	wo?; wohin?; *s.a* § 35 a)
කොහොම	*kohoma* int pron adv umg	wie, auf welche Weise
	kohomada?	wie (denn)? Wie geht's?
	kohoma hari	irgendwie
කොළය	*koḷaya, koḷa-; koḷē*	Blatt
	koḷa pāṭa	grün; *wtl.* Blätterfarbe
	koḷē vahanavā umg	die Wahrheit vertuschen
කොළ පාට	*koḷa pāṭa*	*s.o. koḷaya*
කෝ?	*kō?* int adv umg	wo?
	kō oyāgē pota?	Wo ist dein Buch? (Laß es mich sehen!)
	pota hon̆dada? kō balanna!	Ist das Buch gut? Laß mich bitte sehen!
කෝච්චිය	*kōcciya, kōcci-*	Eisenbahn, Zug
කෝටිය	*kōṭiya, kōṭi-*	10 Millionen; *s.a. keḷa*[2]
කෝණය	*kōṇaya, kōṇa-*	Ecke, Winkel; *s.a. kona*
කෝපය	*kōpaya, kōpa-* unz	Zorn, Wut
කෝපි	*kōpi, kōpi-* Stoffbez pl Flexion	Kaffee
	kōpi kāle minissu umg	altmodische Menschen
කෝප්පය	*kōppaya, kōppa-*	Tasse

කෝලාහලය	*kōlāhalaya, kōlāhala-*	Streit, Tumult, Krawall
	kōlāhala karanavā	sich streiten, Krawall machen
කෞතුකාගාරය	*kautukāgāraya, kautukāgāra-*	Museum
ක්‍රමය	*kramaya, krama-* sprich *krəmə-*	Reihenfolge, System
	(krama) kramayen adv	allmählich
	kramānukūla < *krama+anukūla*	systematisch
ක්‍රියාව	*kriyāva, kriyā-*	Tat, Handlung; Verb
	kriyā karanavā	tätig sein, handeln
	yamak kriyā karavanavā	etw. betätigen
	yamak kriyātmaka karanavā	etw. in die Tat umsetzen, betätigen
ක්‍රිස්තියානි	*kristiyāni* adj	christlich
ක්‍රිස්තු වර්ෂය (ක්‍රිස්තු වර්‍ෂය)	*kristu varṣaya, kristu varṣa-*	Jahr nach christlicher Zeitrechnung
ක්‍රීඩාව	*krīḍāva, krīḍā-*	Spiel, Sport
	krīḍakayā; krīḍikāva **para 5; 7**	Sportler; Sportlerin
	krīḍā karanavā	spielen, Sport treiben
ක්ලමථය	*klamathaya, klamatha-* unz; *kilamathaya*	Stress, körperliche und/oder geistige Übermüdung
ක්ෂණය	*kṣaṇaya, kṣaṇa-* schr	Moment, Augenblick
	kṣaṇika	Augenblicks-, plötzlich

ඛ *kha*

ඛණ්ඩ(ක)ය	*khaṇḍa(ka)ya, khaṇḍa(ka)-*	Stück, Teil, Abschnitt
ඛනිජය	*khanijaya, khanija*	Mineral
	khanija tel	Mineralöl, Erdöl

ග *ga*

ගං	*gaṃ*	*s. u. gaṅga und gama*
ගංගාව	*gaṃgāva*	*s. u. gaṅgāva*
ගගනය	*gaganaya, gagana-,* pl nicht gebr	Luftraum, Himmel; *s. a. guvana*
	gagana gāmiyā, pl *-iyō, -īhu*	Astronaut, Pilot
	gagana yātrāva	Flugzeug
	gagana yātrāṃganaya	Flugplatz

ගඟ	*gaňga*, *gaṃ-*	Fluß; *s. a. gaṅgāva*
	gaṃ vatura	Flut, Hochwasser; *wtl.* Flußwasser
ගඞ්ගාව	*gaṅgāva*, *gaṃgāva*, *gaṅgā-*, *gaṃgā-*	Fluß; *Flußname*: *Gaṅgā* > *Gattungsname*
ගට්ටනය	*gaṭṭanaya*	*s. u. ghaṭṭanaya*
ගණන	*gaṇana*, *gaṇan-*	Zahl, Summe, Preis, Rechenaufgabe
	gaṇanē schr, *gānĕ* umg	in der Zahl > je..., (pro...)
	baḍu gaṇan! umg	Die Waren sind teuer!
	gaṇan karanavā	(auf-)zählen
	yamaku/yamak gaṇan gannavā/gaṇanakaṭa gannavā umg	jmdn./etw. ernst nehmen
	gaṇan balanavā	ausrechnen, errechnen
	gaṇan hadanavā	rechnen
ගණය	*gaṇaya*, *gaṇa-* schr	Schar, Gemeinde, Gruppe
	gaṇa pūraṇaya	Quorum
ගණිනවා	*gaṇinavā*	(auf-)zählen, ausrechnen
	gaṇitaya	Mathematik; Arithmetik, Rechnen
	giṇuma vn	Konto
ගත [1]	*gata*[1], *gat-* schr	Körper; *s. a. gātaya*
ගත [2]	*gata*[2], *gat-* schr	Buch, literarisches Werk; *s. a. granthaya*
	gat karuvā **para 5**	Schriftsteller
ගත [3]	*gata*[3] adj	vergangen, verbracht, erreicht, (an-)gelangt
	kal gata karanavā	Zeit verbringen
	kal gata venavā	Die Zeit vergeht.
	guvan gata	in den Luftraum gelangt
ගතිය	*gatiya*, *gati-*	Existenz; Weise, Wesensart
	gati guṇaya	Eigenschaft
	gati pävatuma	Verhaltensweise
ගඳ	*gaňda*, *gaňda-*, pl *-val*	(übler) Geruch
	dugaňda	übler Geruch
	suvaňda < *sugaňda*	angenehmer Geruch
	gaňda gahanavā	übel riechen
ගන	*gana*	*s. u. ghana*
ගනුදෙනුව	*ganudenuva*, *ganudenu-*	Nehmen und Geben, Kauf und Verkauf
	ganudenu kārayā/kāriya **para 5/6**	der Kunde/die Kundin
	yamaku samaga ganudenu karanavā	m. jmdm. geschäftlich zu tun haben
	api eyā ekka kisi ganudenuvak nä. umg	Wir haben mit ihm nichts zu tun.

ගන්නවා	*gannavā* schr ps *ganiyi, ganī,* abs *gena,* part pt *gat,* pt *gati, gattēya*; umg abs *gena, ara gena, araṃ,* part pt *gat, gatta,* pt *gattā*	nehmen; erwerben; ergreifen; *zu Verbalzusammensetzungen mit gannavā s.* § 29 d)
	gena enavā > *genenavā* > *gēnavā*	mitbringen
	gena yanavā > *geniyanavā*	mitnehmen
ගබඩාව	*gabaḍāva, gabaḍā-*	Lager, Depot, Magazin; Speicher *comp*
	gabaḍā kāmaraya	Lagerraum
ගම	*gama, gam-, gaṃ-*	Dorf
	gam väsiyā, gämiyā **para 3**	Dorfbewohner
ගමන	*gamana, gaman-*	Gang, Fahrt, Reise
	gaman bala patraya	Reisepaß
	gaman bägaya/malla	Reisetasche
	gamanāgamanaya	Verkehr
	gaman karanavā	gehen, fahren
	gamanak yanavā	eine Reise antreten
ගයනවා	*gayanavā*	singen; *s. a. gāyanāva*
ගරු	*garu* adj	würdig, Respekts-
	yamakuṭa garu karanavā	jmdn. respektieren
	yamakaṭa garu karanavā	etwas achten
ගල	*gala, gal-*	Stein, Fels
ගලනවා	*galanavā*	fließen, strömen
ගලවනවා	*galavanavā, gaḷavanavā,* kaus v. *galanavā*	lösen, entfernen, abziehen; retten; *urs* fließen lassen
ගවයා	*gavayā, gava-* **para 5**	Rind, Ochse
ගවුම	*gavuma, gavum-*	(Damen-)Kleid
ගස	*gasa,* umg *gahá, gas-*	Baum
ගසනවා	*gasanavā,* umg *gahánavā*	schlagen
	gäsma vn	Zittern, Schlag, Klopfen
	gähum, pl v. *gähuma* vn	Schläge; *s. a. kanavā*
ගහ	*gahá*	*s. o. gasa*
ගහනවා	*gahánavā*	*s. o. gasanavā*
ගළපනවා	*gaḷapanavā*	verbinden, zusammenfügen; passend/geeignet machen
ගළවනවා	*gaḷavanavā*	*s. o. galavanavā*
ගාතය	*gātaya, gāt-, gāta-*; *gātē*	Körper, Glied, Keule
	kukul gātaya	Hähnchenkeule
ගානවා	*gānavā* schr ps *gāyi,* abs *gā,* part pt *gǟ,* pt *gǟya, gǟvēya*; umg abs *gālā,* part pt *gǟva, gāpu,* pt *gǟvā*	einreiben, auftragen, streichen, (be-)schmieren
ගානෙ, ගානේ	*gāne, gānē* < *gaṇanē* post distrib.	*s. o. gaṇana*
ගායනාව	*gāyanāva, gāyanaya, gāyanā-, gāyana-*; umg a. *gāyanē*	Singen, Gesang

	gāyakayā; *gāyikāva* **para 5; 7**	Sänger; Sängerin
	gāyanā karanavā	singen
ගාව	*gāva* < *gāvā* (abs d. Kausativs v. *gānavā*) post umg	in der Nähe, nahe bei, bei; *wtl.* reibend gegen
ගාස්තුව	*gāstuva*, *gāstu-*	Gebühr; Gage
	gāstu gevanavā	Gebühren bezahlen
ගැටය	*gäṭaya*, *gäṭa-*	Knoten
	gäṭa kapannā **para 5**	Taschendieb; *wtl.* Knotenschneider
	gäṭa gasanavā	verknoten
ගැටලුව	*gäṭaluva*, *gäṭalu-*	Problem, Verwicklung
ගැටෙනවා	*gäṭenavā* itr zu seltenem *gaṭanavā*	zusammenstoßen
	gäṭuma vn	Zusammenstoß
ගැන	*gäna* post	über, in Bezug auf
	liyuma gäna	in Bezug auf den Brief
ගැඹුර	*gäm̆bura*, *gäm̆buru-* unz; *jam̆bura*	Tiefe
	gäm̆buru adahas	tiefe Gedanken
	mē oya gäm̆buruyi. schr	Dieser Bach ist tief.
ගැහැනි(ය), ගැහැනී	*gähäni(ya)*, *gähänī*, *gǟni(ya)*, *gǟnī*, *gähänu-*, *gǟnu-*, pl *gähänu*, *gǟnu*; *gähäṇiya*, *gähäṇī*	Frau, Weib
	gǟnu ḷamayā, pl *gǟnu ḷamayi*	Mädchen
	gǟnu satā, pl *gǟnu sattu*	weibliches Tier
ගෑනි(ය), ගෑනී	*gǟni(ya)*, *gǟnī* umg	*s. o. gähäni(ya), gähänī*
ගෑරුප්පුව	*gǟruppuva*, *gǟruppu-*	Gabel
ගෑස්	*gǟs*, *gǟs-* Stoffbez pl Flexion	Gas
ගිණුම	*giṇuma*, *giṇum-*	Konto; *s. a. gaṇinavā*
ගිනිකොන	*ginikona*, *ginikona-* unz	Südosten
ගින්න	*ginna*, *gini-*; *gindara*	Feuer, Brand
	gini kanda, pl *gini kan̆du*	Vulkan
	gini kūra, pl *gini kūru*	Streichholz
	gini avuḷanavā	Feuer anzünden
	gini äviḷenavā/gannavā	Feuer fangen
	gini tabanavā schr/*tiyanavā* umg	Feuer legen
	gini dalvanavā	Feuer anzünden
	gini nivanavā	Feuer löschen
	gini nivana hamudāva	Feuerwehr
ගිය	*giya* part pt v. *yanavā*	gegangen, vergangen
ගිලිනවා	*gilinavā*; *galinavā* vulg	schlucken, verschlingen
ගිලිහෙනවා	*gilihenavā*; *giliyenavā*	hinunterfallen
ගිලෙනවා [1]	*gilenavā*[1] pass u. inv v. *gilinavā*	geschluckt werden; schlucken (*unabsichtlich*)

ගිලෙනවා [2]	*gilenavā*[2]	(ver-)sinken
ගිවිසනවා	*givisanavā* schr, simplex selten gebr	versprechen; übereinkommen
	vivāha givisa gannavā	sich verloben
	givisuma vn	Vertrag, Abkommen
ගිහිං	*gihiṃ* abs II v. *yanavā* umg; *gohiṃ* < *gosin*, *gihillā*	gegangen seiend
	gihiṃ ennam. Abschiedsformel	Auf Wiedersehen! *wtl.* Gegangen seiend komme ich.
ගීතය	*gītaya*, *gīta-*	Lied, Gesang
ගීය	*gīya*, *gī-*	Lied, Gesang; Vers mit dem Metrum namens *Gī*
	gī kiyanavā/gayanavā	Lieder singen
ගුගුරනවා	*guguranavā*	donnern
	ahasa guguráyi schr/*guguranavā.* umg	es donnert; *wtl.* Der Himmel donnert.
ගුණය	*guṇaya*, *guṇa-*	Eigenschaft, Tugend; Qualität; gute Wirkung, Besserung
	behetvalin guṇayak penenna/pēnna nǟ. umg	Mit den Medikamenten ist keine Besserung zu sehen.
	guṇa karanavā	multiplizieren
ගුණවත්	*guṇavat* adj	tugendhaft
	guṇavatā **para 1**	tugendhafter Mann
	guṇavatī **para 6**	tugendhafte Frau
ගුරු	*guru* adj	schwer, würdig, Respekts-
	guru dina	Donnerstag
	guruvarayā, pl *-varu, -varayō*	Herr Lehrer
	guruvariya, pl *-variyō*	Frau Lehrerin
	gurutvaya	Schwere; prosod. Länge
ගුල	*gula*, *gul-*	(kleines) Loch
ගුවන	*guvana*, *guvan-*, pl nicht gebr	Luftraum, Himmel; *s.a.* *gaganaya*
	guvan täpäl	Luftpost
	guvan toṭupaḷa	Flughafen
	guvan yānaya	Flugzeug
	guvan viduliya	Radio, Rundfunk
ගුහාව	*guhāva*, *guhā-*	Höhle
ගූ	*gū*, *gū-* unz vulg	Kot, Exkrement(e)
ගූඪ	*gūḍha* adj	verborgen, geheimnisvoll
ගෘහය	*gṛhaya*, *gṛha-*	Haus
	gṛhapati, pl *-patiyō*, *-patīhu*	Hausherr
	gṛhapatiniya **para 6**	Hausherrin
	gṛha mūlikayā **para 5**	Hausherr

	gṛhasthaya	Haushalt
	gṛhiṇiya **para 6**	Hausherrin
ගෙඩිය	*geḍiya*, *geḍi-*	Frucht, Nuß; Eiterbeule
ගෙදර	*gedara* < *gedora* < *gē dora*,	Zuhause, Heim; *wtl.* Haus
	gedara-, pl begrenzt m. *-val*	und Tür
	gedara dora, gē dora	das ganze Haus mit Hof
	gedara väḍa	Hausarbeit, -aufgaben
ගෙනියනවා	*geniyanavā* < *gena yanavā*	mitnehmen; *s. a. gannavā*
ගෙනෙනවා	*genenavā* < *gena enavā*, *gēnavā*	mitbringen; *s. a. gannavā*
ගෙය	*geya*, *gē*, *ge-*, *gē-*, pl *geval*	Haus
	ge(yi)n geṭa	von Haus zu Haus
	gehimiyā **para 3**	Hausherr
	gē dora	*s. o. gedara*
ගෙල	*gela*, *gela-* schr; *gala*	Hals, Genick
ගෙවනවා	*gevanavā*	bezahlen; verbringen; zurücklegen (Entfernung)
	bila gevanavā	die Rechnung bezahlen
	kal gevanavā	Zeit verbringen
	sätapumak dura gevā	nach einer Meile
ගේ	*gē*	*s. o. geya*
ගේනවා	*gēnavā*	*s. o. genenavā*
ගොඩ	*goḍa*, *goḍa-*, pl *-val*	Haufen, Masse, Land
	egoḍa, megoḍa	jenes Ufer, dieses Ufer
	goḍa enavā	(vom Wasser) ans Ufer kommen; sich retten *fig*
	goḍa karanavā	anhäufen; retten
	goḍa naganavā	errichten, erbauen
	goḍa venavā	sich anhäufen; einsteigen, hineingehen *umg*
	goḍa nägilla vn, pl *goḍa nägili*	Gebäude
ගොතනවා	*gotanavā*	verknüpfen, stricken, flechten; verfassen
ගොනා	*gonā*, *gon-*, *goṃ-* **para 1**	Stier; Rindvieh *vulg*
ගොනුව, ගොන්න	*gonuva* > *gonna*, *gonu-* in der 3. u. 4. Bedeutung nur *gonuva*	Bündel, Stapel; Ordner; File *comp*
	gonu karanavā	bündeln, stapeln, ordnen
ගොරවනවා	*goravanavā*	donnern; schnarchen
ගොල්ල	*golla*, *golu-* umg auch als pl suf	Gruppe; *s. a.* § 10, 11
	nǟdǟ golla	die Verwandten
	pol golla	Kokosbaumgruppe
ගොවියා	*goviyā*, *govi-*, pl *goviyō*, *govīhu*	Ackerbauer, Bauer, Farmer
	govitäna, govi kama	Ackerbau

ගොස්, ගොසින්	*gos, gosin* abs II v. *yanavā* schr	gegangen seiend
ගොළුවා	*goḷuvā, goḷu-* **para 5**	der Stumme
ගෝලය	*gōlaya, gōla-*	Kugel
	gōlākāra < *gōla+ākāra*	kugelförmig
	gōlīya	global
	gōlīkaraṇaya	Globalisierung
ගෝලයා	*gōlayā, gōla-*, **para 5**	Schüler
ගෞරවය	*gauravaya, gaurava-* unz	Schwere, Würde, Respekt
	yamakuṭa gaurava karanavā	jmdn. respektieren
ග්‍රන්ථය	*granthaya, grantha-* schr	(gebundenes) Buch; Knoten
	grantha kartṛ, pl - *kartṛvaru*	Verfasser eines Buches
ග්‍රහණය	*graháṇaya, graháṇa-*	Ergreifen; Verfinsterung *astron.*
	graháṇaya karanavā	ergreifen, fassen, packen
ග්‍රාමය	*grāmaya, grāma-* schr	Dorf
	grāmīya	zum Dorf gehörig, ländlich
	grāmya	rustikal, grob, unfein
ග්‍රෑමය, ග්‍රෑම් එක	*grǟmaya, grǟm eka, grǟm-*	Gramm, *engl.* gram(me)
ග්‍රීෂ්මය	*grīṣmaya, grīṣma-; grīsmaya, grīsmē* umg	Hitze, Sommer
	grīṣma ṛtuva/kālaya	Sommer, Sommerzeit

ඝ *gha*

ඝට්ටනය	*ghaṭṭanaya, gaṭṭanaya, ghaṭṭana-*	Zusammenstoß
ඝණ්ටාරය	*ghaṇṭāraya, ghaṇṭāra-; g(h)aṇṭāva; gaṇṭāraya, gantārē* umg	Glocke
ඝන	*ghana, gana* adj	dick, dicht
	g(h)ana kama	Dicke
	ghanatvaya	Dichte, Dichtheit
	ghana pramāṇaya/phalaya	Volumen
ඝෝෂය, ඝෝෂාව	*ghōṣaya, ghōṣāva, ghōṣa-, ghōṣā-; gōsāva* umg	Lärm, Geschrei
	g(h)ōṣā karanavā	lärmen, schreien

ච *ca*

චඃ!	*caḥ!* int	oje! (*Ausruf des Bedauerns*)
චක්‍රය	*cakraya, cakra-*	Rad, Kreis; Einmaleins

	cakkaraya, cakkarē umg	Einmaleins
	cakra lēkha(na)ya	Rundschreiben
චඤ්චල	*cañcala* adj; *caṃcala*	beweglich, veränderlich
චතුර්-	*catur-* komp Glied bei Skt Lehnw	vier-
	caturvidha	vierfach
චතුර	*catura* adj	gewandt, geschickt, flink
	catura kathika	redegewandt
චන්ද්‍රයා	*candrayā, candra-* **para 5** poet	Mond
	candrágráháṇaya	Mondfinsternis
චරිතය	*caritaya, carita-*	Charakter, Wesensart
චාං, චාන්, චාම්	*cāṃ, cān, cām* adj	schlicht, einfach
චායාව	*cāyāva* umg	*s. u. chāyāva*
චාරිකාව	*cārikāva, cārikā-*	Tour, Reise
	cārikāvaka yedenavā	auf einer Reise sein
චාරිත්‍රය	*cāritraya, cāritra-*; umg a. *cārit-taraya, cārittaya*	Sitte, Brauch, (guter) Wandel; *s. a. sirita*
	cāritra vāritra	Sitten und Unsitten (*wtl.* das, was zu meiden ist)
	cāritra vidhi	Brauchtum
චැක්	*cäk*	*s. u. cek*
චිඃ!, චිකේ!	*ciḥ!, cikē!* int	pfui! (*Ausruf des Ekels*)
චිත්‍රය	*citraya, citra-*	Bild, Gemälde
	citra kalāva/śilpaya	Malkunst, Malerei
	citra paṭiya	Film; *wtl.* Bilderband
	citra śilpiyā **para 3**	Maler
	citra śilpiniya **para 6**	Malerin
චුම්බනය	*cumbanaya, cumbana(ya)-*	Küssen, Kuß
	cumbanaya karanavā	küssen
චූටි	*cūṭi* adj umg; *cuṭṭi*	sehr klein, winzig
	cuṭṭa < cūṭiya	Winzigkeit, ein bißchen
චෙක්	*cek, cäk* adj Form u. pl	Scheck-; Schecks
	cek pata/eka, pl *cek pat, cek*	Scheck
	cek pota, pl *cek pot*	Scheckbuch
	cek patakin/ekakin gevanavā	mit e. Scheck bezahlen
චේතනාව	*cētanāva, cētanā-*	Absicht; lenkendes, tatkräftiges Denken
චෛත්‍යය	*caityaya, caitya-*	Schrein, heilige Stätte
චෝදනාව	*cōdanāva, cōdanā-*	Anklage, Beschuldigung
	yamakuṭa viruddhava cōdanā idiripat karanavā	gegen jmdn. Anklage erheben

ඡ *cha*

ඡත්‍රය	*chatraya*, *chatra-*	Schirm
ඡන්දය	*chandaya*, *chanda-*; *candaya*, *candē* umg	Wunsch, Votum, Wahl
	chanda balaya	Wahlrecht
	chandaya denavā	Votum abgeben
ඡායාව	*chāyāva*, *cāyāva*, *chāyā-*, *cāyā-*	Schatten
	chāyā rūpaya	Lichtbild, Photo
ඡේදය	*chēdaya*, *chēda-* schr	Schnitt, Abschnitt

ජ *ja*

ජන	*jana* adj Form	das Volk betreffend
	janagáhánaya	Bevölkerung
	janatāva, *janayā*	Volk, Masse
	jana mataya	öffentliche Meinung
	jana mādhyaya	Massenmedium
	jana rajaya	Republik
	janādhipati < *jana+adhipati*	Staatspräsident
ජනවාරිය	*janavāriya*, *janavāri-*	Januar
	janavāriyē, *janavārivala*	im Januar
ජනේලය	*janēlaya*, *janēla-*, *janel-*	Fenster
ජන්මය	*janmaya*, *janma-*; *jammē* umg	Geburt
	janma bhūmiya	Geburtsland
ජය	*jaya*, *jaya-* s, adj unz	Sieg, Erfolg; erfolgreich
	saṭanin jaya gannavā	im Kampf gewinnen
	jaya vēvā!	Viel Erfolg! Sieg!
ජරාව	*jarāva*, *jarā-* unz; in der letzten Bedeutung zählbar, pl *-val*	Ver-, Zerfall, starkes Altern; Kot, etwas Ekelhaftes
	jarāvaṭa yanavā	ver-, zerfallen, stark altern
ජර්මනිය	*jarmaniya*, *jarman-*	Deutschland
	jarman jātikayā **para 5**	Deutscher
	jarman jātika kāntāva **para 7**	Deutsche
	jarman bhāṣāva	deutsche Sprache
ජලය	*jalaya*, *jala-* Stoffbez sg Flexion	Wasser
	jala nalaya	Wasserrohr
	jala viduli balaya	elektrische Energie aus Wasserkraft
	jala sampādanaya	Wasserversorgung

ජාතික	*jātika* adj	zu einer ethnischen Gruppe gehörig, national
ජාතිය	*jātiya*, *jāti-*	Geburt; Leben, Existenz; ethn. Gruppe, Nation; Kaste *umg*; Art, Sorte
	jāti vādaya	Nationalismus
	jātyantara < *jāti+antara*	international
ජීවත්	*jīvat* adj	lebend, lebendig
	jīvat venavā	leben, am Leben sein
ජීවිතය	*jīvitaya*, *jīvita-*	Leben, Lebensdauer
	jīvita kālaya	Lebenszeit
	jīvitāntaya < *jīvita+antaya*	Lebensende
ජූනි	*jūni*, *jūni-*	Juni
	jūni māsayē, *jūnivala*	im Monat Juni
ජූලි	*jūli*, *jūli-*	Juli
	jūli māsayē, *jūlivala*	im Monat Juli
ජෝඩුව	*jōḍuva*, *jōḍu-*	Paar

ඣ *jha*

ඣානය	*jhānaya*	*s.u. dhyānaya*

ඥ *jña*

-ඥ	-*jña* 2. komp Glied bei Skt Lehnw	kundig, wissend; *s. kṛtajña, vidyājña(yā) u. sarvajña*
ඥාතියා	*jñātiyā*	*s.u. ñātiyā*
ඥානය	*jñānaya*	*s.u. ñāṇaya*

ඤ *ña*

ඤාණය	*ñāṇaya*, *jñānaya*, *ñāṇa-*, *jñāna-* nur begrenzt zählbar	Wissen, Erkenntnis, Bewußtsein
	ñāṇavanta	weise, einsichtig
ඤාතියා	*ñātiyā*, *jñātiyā*, *ñāti-*, *jñāti-*, pl *ñātīhu*, *jñātīhu*	Verwandter

ට *ṭa*

ටවුම	*ṭavuma, ṭavun-*	Stadt; *s. a. nagaraya*
	ṭavunvala	in den Städten
ටැංකිය	*ṭäṃkiya, ṭäṃki-*	Tank, (Hoch-)Behälter
ටැක්සිය	*ṭäksiya, ṭäksi-*	Taxi
ටැලිග්‍රෑමය	*ṭäligrǟmaya*	*s. u. ṭeligrǟmaya*
ටැලිවිෂනය	*ṭälivişanaya*	*s. u. ṭelivişanaya*
ටැලිෆෝනය	*ṭälifōnaya*	*s. u. ṭelifōnaya*
ටික	*ṭika, ṭika-* adj, s	wenig, gering; eine kleine Menge/Anzahl
	ṭikak	etwas, ein wenig
	ṭikakaṭa umg	für einen Moment
	ṭikakin umg	in einem Moment
	ṭikin ṭika	allmählich, nach u. nach
	ṭika kalak, ṭikak kal	einige Zeit
	ṭika durak, ṭikak dura	eine kurze Strecke
	tē/vatura/sīni ṭikak	etw. Tee/Wasser/Zucker
	ṭikak inna!	gleich! (ich bin gleich so weit!)
ටිකට් එක	*ṭikaṭ eka, ṭikaṭ-; ṭikäṭ eka, ṭikäṭṭuva*	Fahr-, Flug-, Eintrittskarte, *engl.* ticket
ටෙලිග්‍රෑමය	*ṭeligrǟmaya, ṭäligrǟmaya, ṭeli-grǟm-, ṭäligrǟm-; ṭeligram/ṭäligram eka* umg	Telegramm; *s. a. viduli puvata unter viduliya*
ටෙලිවිෂනය	*ṭelivişanaya, ṭälivişanaya, ṭelivi-şan* sprich *ṭelivişən; ṭelivişan/ṭälivişan eka* umg	Fernsehgerät; *s. a. rūpa-vāhiniya*
	ṭelivişan balanavā	fernsehen
ටෙලිෆෝනය	*ṭelifōnaya, ṭälifōnaya, ṭelifōn-, ṭälifōn-; ṭelifōn eka* umg	Telefon; *s. a. dura kathanaya unter dura*
	ṭelifōn nommaraya	Telefonnummer
	ṭelifōn paṇivuḍaya	Nachricht per Telefon
	ṭelifōn karanavā	telefonieren

ඨ *ṭha*

ඨානාන්තරය	*ṭhānāntaraya, ṭhānāntara-*	Amt, hoher Beruf

ඩ *ḍa*

ඩහදිය, ඩාදිය	*ḍahadiya, ḍādiya*	*s.u. dahadiya*
ඩැහැ ගන්නවා	*ḍähä gannavā* zsgv: Abs II v. obs *ḍasi-* 'beißen'+*gannavā*	(mit dem Maul) ergreifen
ඩිංග	*ḍiṃga, ḍiṃga-* unz umg	eine winzige Menge
ඩොක්ටර්	*ḍokṭar* sprich *ḍokṭər*, pl *ḍokṭarlā* umg	Arzt; Promovierter; *s.a. dostara*

ණ *ṇa*

ණය	*ṇaya, ṇaya-*	Schulden, Kredit
	ṇayak gannavā	einen Kredit aufnehmen
	ṇayak denavā	einen Kredit geben
	ṇaya gevanavā	Schulden bezahlen
	ṇaya venavā	in Schulden geraten

ත *ta*

-ත්	*-t* sufpart in der Funktion der konj, adv; *-da* schr	und, auch; obwohl; sogar; *s.a.* § 39 i) *und* § 30 b)
	ammāt tāttāt, mavada piyāda	Mutter und Vater
	ammāt enavā. umg, *mavada eyi.*	Die Mutter kommt auch.
	tāttā giyat, piyā giyada,	obwohl der Vater ging,
	ēka eyāṭat gaṇan väḍiyi.	Das ist sogar ihm zu teuer.
ත	*ta, tā, tā̆-* pers pron 2.sg arch; pl *tepı*	du; *fur gebr Form s.u. to*
තකනවා	*takanavā* meist negiert schr	erwägen, halten für
	Nimal mudal vädagat koṭa notakayi.	Nimal hält Geld nicht für wichtig.
තක්සේරුව	*taksēruva, taksēru-*	Schätzung, Schätzwert
	taksēru karanavā	schätzen, taxieren
තට්ටය	*taṭṭaya, taṭṭa-; taṭṭē*	Kahlkopf
තට්ටු කරනවා	*taṭṭu karanavā* zsgv: *taṭṭu* 'Stoß'+*karanavā*	klopfen; entwenden, klauen, schädigen *umg*
	doraṭa taṭṭu karanavā	an die Tür klopfen
	pokäṭṭuvaṭa taṭṭu karanavā	die Geldbörse klauen
තට්ටුව	*taṭṭuva, taṭṭu-*	Schicht, Etage, Fach
තණ(කොළ)	*taṇa(koḷa), taṇa-,* sg *taṇa koḷaya*	Gras
	taṇa bima	Weide

තත්-	*tat-*, *tad-* pron Stamm 3. pers bei Skt Lehnwörtern schr	jene(-r, -s), diese(-r, -s)
	tatkālīna	derzeitig
	tadāsanna < *tad+āsanna*	daneben befindlich
ත(ත්)ත්වය	*ta(t)tvaya, ta(t)tva-*; *tattaya, tattē* umg	wahres Wesen, (Zu-)Stand, Qualität
තත්පරය	*tatparaya, tatpara-; tapparaya, tapparē* umg	Sekunde
තද	*tada* adj	hart, fest, dicht, eng
	tada karanavā	fest/eng/dicht machen, pressen; sich verstärken (Regen) *umg*
	tada venavā	hart/fest/eng/dicht werden, gepreßt werden
තනනවා	*tananavā*	errichten, erzeugen; im Begriff sein zu ...; aufziehen (Kinder) *umg*
තනය	*tanaya, tana-*; umg *tanē*, pl *taṃ*	weibliche Brust
තනි	*tani* adj	Allein-, einsam, Einzel-
	tani ayitiya	Alleinbesitz, Monopol
	tanikaḍa	allein stehend, ledig
	tani kāmaraya	Einzelzimmer
	tanikara(ma) adv umg	allein, ausschließlich
	tani kama, taniya	Alleinsein, Einsamkeit
	taniyen, taniyama adv umg	allein, ganz allein
	taniva, tanivama adv schr	allein, ganz allein
තබනවා	*tabanavā* schr, *tiyanavā* umg; *tibanavā* obs; schr ps *tabayi*, abs *tabā*, part pt *täbū*, pt *täbuvēya, täbīya*; umg abs *tiyā, tiyalā*, part pt *tibba, tivva, tiyapu*, pt *tibbā, tivvā*	setzen, stellen, legen
තමා ^{1}	*tamā*^{1}, *tamā̆-* refl pron, pl *taman*; umg auch *taman, tamun*	selber, selbst, eigen-, persönlich; *s.a. tema u. tomō*
	tamāgē väḍēṭa tamāma päminiya yutuyi.	In eigener Sache soll man persönlich erscheinen.
තමා ^{2}	*tamā*^{2} > *tamayi* afpart umg	eben, gerade, ja, selbst
	ē Nimal tamā/tamayi!	Es ist eben Nimal!
තමුසේ	*tamusē* pers pron 2. sg; pl *-lā*	du; *s.a.* § 10 Anm.
තම්බනවා	*tambanavā*	in Wasser kochen, dämpfen
තර ^{1}	*tara*^{1} adj	dick, korpulent
	tara venavā	an Gewicht zunehmen
තර ^{2}	*tara*^{2} adj	fest, stark
	tara karanavā	fest/stark machen
තරගය, තරඟය	*taragaya, taraṅgaya, tara(ṅ)ga-*	Wettbewerb

තරප්පුව	*tarappuva, tarappu-; tarappiya*	Treppe
	Nimal tarappuva digē uḍaṭa/ pahaḷaṭa yayi schr/*yanavā.* umg	Nimal geht die Treppe hinauf/hinunter.
තරම	*tarama, taram-, taraṃ-*	Größe, Maß, Menge, Quantität, Stärke
	taramak adverbial verwendet	einigermaßen, ziemlich
තරහ	*taráha, taráha-* unz	feindl. Haltung, Ärger, Groll
	yamaku samaga taraha venavā	auf jmdn. böse sein, sich über jmdn. ärgern
තරාදිය	*tarādiya, tarādi-*	Waage
තරුණ	*taruṇa* adj; *turuṇu* schr	jugendlich
	taruṇayā; taruṇiya **para 5; 6**	junger Mann; junge Frau
	taruṇa vayasa, turuṇu viya	jugendliches Alter
තරුව	*taruva, taru-*	Stern
තර්කය (තර්කය)	*tarkaya, tarka-*	Argument
	tarka karanavā	argumentieren
තර්ජනය (තර්ජනය)	*tarjanaya, tarjana-*	Drohung
	yamakuṭa tarjanaya karanavā	jmdm. drohen
තලය	*talaya, tala-; talē*	(Ober-)Fläche, Ebene
තල්ලුව	*talluva, tallu-*	Schub, Schieben, Ansporn
	tallu karanavā	schieben
	tallu venavā	geschoben werden
තව	*tava* adv	noch, zusätzlich
	tava duraṭat	weiter, ferner
	oyāṭa tava ṭikak ōnäda? umg	Willst du noch ein wenig?
	tavama(t), umg *tāma(t)*	immer noch
තවත්	*tavat* adv	noch mehr
	oyāṭa tavat ōnäda? umg	Willst du noch mehr?
තවනවා	*tavanavā*	erhitzen, massieren; peinigen, quälen *arch*
	tävilla vn	Erhitzung; Reue, innere Qual, seelischer Schmerz
තවරනවා	*tavaranavā*	beschmieren
තහනම	*tahánama, tahánam-*	Verbot, Tabu, Embargo
	tahanam karanavā	verbieten
තහවුරු	*tahavuru* adj	fest, beständig
	tahavuru karanavā	befestigen, bestätigen
	tahavuru venavā	bestätigt werden
තළනවා	*taḷanavā*	schlagen; durch Schäge bearbeiten
	yamakuṭa taḷanavā	jmdn. schlagen
	yakaḍa taḷanavā	Eisen bearbeiten
	täḷuma vn	Schlag
තා	*tā*	*s.o. ta*

තාක්	*tāk* konj m. pron, part	(so)lange, (so)viel
	yam tāk kal ..., ē tāk ...	*s. o. ē tāk*
	Nimal livū tāk pot	alle Bücher, die Nimal geschrieben hat
තාක්ෂණය	*tākṣaṇaya*, *tākṣaṇa-*	Technik
තාත්තා	*tāttā*, *tāttā-* **para 10**	Vater
තානාපති	*tānāpati*, *tānāpati-*, pl *-patiyō*, *-patīhu*; meist mit *-varayā* gebr	Botschafter
	tānāpati kāryālaya	Botschaft
තානායම	*tānāyama*, *tānāyam-*	Rasthaus, Gasthaus
තාම(ත්)	*tāma(t) < tavama(t)*	*s. o. tava*
තාවකාලික	*tāvakālika* adj	provisorisch, temporär
තැටිය	*täṭiya*, *täṭi-*	(Schall-)Platte; Schale/Blech (rund, rechteckig, quadrat.)
තැත	*täta*, *tät-* unz schr	Bemühung, das Versuchen
	tät karanavā	sich bemühen, versuchen
තැති ගන්නවා	*täti gannavā* zsgv: *täti* (< *trasta* s.u.)+*gannavā*	zittern, erschrecken (vor)
	bayin täti gannavā	vor Angst zittern
තැන	*täna*, *tän-*, bei Univerbierungen a. *-tana*	Stelle, Platz, Ort; hohe Stellung; Inhaber e. hohen Stellung
	tänättā, pl *tänättō, -ttahu* m	Person
	tänättī, pl *tänättiyō* f	Person
	etäna, etana	dort, an jener Stelle
තැවෙනවා	*tävenavā* intr zu *tavanavā*	bereuen, (etw.) bedauern
	tamāgē väradi gäna tävenavā	eigene Fehler bereuen
තැපැල	*täpǟla*, *täpäl-* unz	Post
	täpäl äṇavuma	Postanweisung
	täpäl kantōruva/kāryālaya	Postamt
	täpäl kārayā	Briefträger
	täpäl gāstuva	Postgebühr
	täpäl pata	Postkarte
	täpäl peṭṭiya	Briefkasten
	täpäl magin, täpǟlen	mit der Post
	härena täpǟlen	postwendend
	täpäl karanavā	zur Post bringen
තැඹිලි පාට	*täm̆bili pāṭa*, *täm̆bili pāṭa-*, pl *-val*	orange; *wtl.* Farbe (e. Sorte von Kokosnuß namens) *täm̆bili*
තෑග්ග	*tǟgga*, *tǟgi-*	Geschenk, (Sieges-)Preis; *s. a. tyāgaya*
	yamakuṭa tǟggak denavā	jmdm. e. Geschenk geben
	yamakuṭa yamak tǟgi denavā/karanavā	jmdm. etw. schenken

	tägi labanavā	Geschenke/Preise erhalten
ති-	*ti-*, *te-* zw adj Form schr	drei-; *s. a. tuna*
	ti-/teguṇa	drei Tugenden; dreifach; *s. a. tiyuṇu*
	tevarak	dreimal
තික්ත	*tikta*, *titta* adj	bitter
තිත	*tita*, *tit-*	Punkt, Fleck
	tit komāva	Strichpunkt
තිත්ත	*titta*	*s. o. tikta*
තිබහ	*tibáhá*, *tibáhá-* unz	Durst
	tibáhá venavā	Durst bekommen
තිබෙනවා	*tibenavā* inv v. *tabanavā*, obs *tibanavā*, vs unbel schr; *tiyenavā* umg; schr ps *tibeyi*, *tibē*, abs *tibī*, part pt *tibū*, *tubū*, *tibuṇu*, *tubuṇu*, pt *tibuṇēya*, *tibuṇi*; umg abs *tibilā*, part pt *tibuṇu*, *tivuṇu*, *tibuṇa*, *tivuṇa*, pt *tibuṇā*, *tivuṇā*	sein, vorhanden sein, sich befinden; haben; *s. a.* § 29 a)
	ehi pot tibē/tiyenavā.	Dort gibt es Bücher.
	maṭa pot tibē/tiyenavā.	Ich habe Bücher.
	maṭa ehē yanna tiyenavā.	Ich muß dorthin gehen.
	maṭa gamanak yanna hitē tiyenavā.	Ich habe die Absicht, eine Reise anzutreten.
තියනවා	*tiyanavā*	*s. o. tabanavā*
තියුණු	*tiyuṇu* adj	scharf; dreifach
	tiyuṇu nuvaṇäti	scharfsinnig
තියෙනවා	*tiyenavā*	*s. o. tibenavā*
තිරිඟු	*tiriṅgu*, *tiriṅgu-* Stoffbez pl Flexion	Weizen
	tiriṅgu piṭi	Weizenmehl
තිස	*tisa* schr	*s. u. tiha*
තිස්සේ	*tissē* post; *tissema* umg	den/die/das ganze(n) . . . durch
	rǟ tissē	die ganze Nacht durch
	davasa tissē/tissema	den ganzen Tag durch
	häma tissema adv	ständig
තිහ	*tiha* < *tisa*, *tis-* zw	dreißig
තී	*tī*, *tī-*, *ti-* pers pron 2. sg f; pl *topi*	du (*sehr unhöfl., selten gebr*)
තීක්ෂණ, තීක්ෂ්ණ	*tīkṣaṇa*, *tīkṣṇa* adj	scharf, sehr fein
තීන්ත	*tīnta*, *tīnta-* Stoffbez	Tinte
තීන්දුව	*tīnduva*, *tīndu-*	Beschluß, Urteil; Abschluß *umg*
	yamak tīndu karanavā	etw. beschließen, über etw. ein Urteil fällen

තීරණය	*tīraṇaya, tīraṇa-*	Entscheidung, Urteil, Beschluß
	tīraṇātmaka < *tīraṇa+ātmaka*	entscheidend
	tīraṇaya karanavā	sich entscheiden, ein Urteil fällen (über etw.)
තීරුව [1]	*tīruva*[1], *tīru-*	Streifen, Spalte, Kolumne
තීරුව [2]	*tīruva*[2], *tīru-*	Zoll
	tīru badda/gāstuva	Zollgebühren
තුටු	*tuṭu* adj	zufrieden(-gestellt), erfreut
	tuṭu karanavā	erfreuen, befriedigen
	tuṭu venavā	sich freuen, zufrieden sein
තුඩ	*tuḍa, tuḍu-*	Schnabel, Spitze, Stachel
තුණ්ඩුව	*tuṇḍuva, tuṇḍu-*	Zettel
තුතිය	*tutiya, tuti-* schr	Dank; *wtl.* Lob(-preisung); *s.a. stutiya*
	yamakuṭa tuti karanavā	jmdm. danken
තුන	*tuna, tun-* zw	drei
	tunak unbel, *tun denek* bel	eine Dreizahl
	tuna pahá Stoffbez pl Flexion	Gewürze; *wtl.* drei (oder) fünf (Sachen)
තුනී	*tunī* adj	dünn (*nur Sachen*)
	tunī kes/redda	dünnes Haar/Tuch
-තුමා	*-tumā* hon m. stf/pron Stamm	*wtl.* Vorzüglichster
	janādhipatitumā, pl *-tumō*	Herr Staatspräsident
තුර	*tura, turu-* schr	Baum
	palaturu < *turupala*	Früchte < Früchte der Bäume
තුරු	*turu* konj m. part ps; *turā* umg	(solange) bis
	Nimal ena turu	bis Nimal kommt
තුරුල්ල	*turulla, turul(u)-*	Schoß, Seite
	yamaku/yamak turul(u) kara gannavā	jmdn./etw. auf den Schoß nehmen, jmdn. umarmen
	yamakuṭa turul(u) venavā	sich an jmdn. kuscheln
තුවක්කුව	*tuvakkuva, tuvakku-*	Gewehr
තුවාය	*tuvāya, tuvā-*	Handtuch
තුවාලය	*tuvālaya, tuvāla-*	Verletzung, Wunde
	tuvāla karanavā	verletzen, verwunden
	tuvāla venavā	verletzt/verwundet werden
තුළ	*tuḷa, tuḷa-* s, post schr unz	das Innere; innerhalb
	hada tuḷaṭa	ins Innere des Herzens
	masak tuḷa	innerhalb eines Monats
තෘප්තිමත්	*tṛptimat* adj schr	zufrieden(-gestellt)
තෙ-	*te-*	*s.o. ti-*
තෙක්	*tek* konj m. part ps; post; pron adv	(solange/-weit) bis...; *s.a. tāk*

	ḷamayā ena tek	bis der Junge kommt
	nagara sīmāva tek	bis zur Stadtgrenze
	metek kal	bis zu dieser Zeit
	etek dura	soweit bis ...
-ත් එක්කම	*-t ekkama* konj temp m. prät/ vgf umg	sobald, (jedesmal-) wenn; *s.a.* § 38 d)
	ammā eḷiyaṭa yanavǎt ekkama ḷamayā aňḍanavā.	Jedesmal wenn die Mutter hinausgeht, weint das Kind.
	Lāl giyat ekkama Sunil mehē āvā.	Sobald Lāl fortgegangen war, kam Sunil hierher.
තෙත	*teta, tet* adj	feucht; weich, mild *fig*
	tetamanaya	Feuchtigkeit; Milde
	tet kālaguṇaya	feuchtes Wetter
	tet hitak äti	weichherzig, mild
තෙම	*tema, temē* arch nom sg m v. *tamā*, der stf/dem pron nachgest. schr	*wie ein Honorifikum gebr*; *wtl.* selber; *s.a. hetema*
	raja tema/temē	der König
තෙමනවා	*temanavā*	naß machen, benetzen
	kaňdulin temanavā	mit Tränen benetzen
තෙමේ	*temē*	*s.o. tema*
තෙල	*tela, tel(a)-* Stoffbez	Öl, Fett; *s.a. tailaya*
	tel aḍu käma	fettarme Speise
	telin badinavā	mit Öl braten
තේ	*tē, tē-* Stoffbez pl Flexion	Tee
	tē kōppayak	eine Tassse Tee
	tē vatura	Tee; *wtl.* Teewasser
	tē bonavā	Tee trinken
	tē vakkaranavā/hadanavā	Tee zubereiten
තේරුම	*tēruma, tērum-* vn v. *tōranavā*	Bedeutung, Sinn
	yamak tērum karanavā	etw. erklären
	yamaku/yamak tērum gannavā	jmdn./etw. begreifen
තේරෙනවා	*tērenavā* inv, pass v. *tōranavā*	verstehen, begreifen
	yamakuṭa yamak tērenavā	jmdm. wird etw. begreiflich, man versteht etw.
තෛලය	*tailaya, taila-; tayilaya*	Öl, Fett; *s.a. tela*
තො	*to*	*s.u. tō*
තොගය	*togaya, toga-*	Haufen, große Menge, Stock
	toga veḷaňdāma	Großhandel
තොටුපළ	*toṭupaḷa, toṭupal-,* pl a. *-paḷaval*	Furt; Hafen
තොමෝ	*tomō* arch nom sg f v. *tamā*, der stf/ dem pron nachgestellt schr	*wie ein Honorifikum gebr*; *wtl.* selber; *s.a. ō tomō*
තොර	*tora* adj	beendet, entfernt, nicht vorhanden

dukin tora (vū) anāgatayak — eine Zukunft ohne Leid
yamakugē divi tora karanavā — jmdn. ums Leben bringen

තොරතුර *toratura, toraturu-* — Neuigkeit, Ereignis, Angabe
toraturu danvanavā — Neuigkeiten mitteilen

තොල *tola, tol-* — Lippe

තෝ *tō, to-* pers pron 2. sg m; pl *topi* — du (*sehr unhöflich, s.a.* § 10); *die gebr Form für arch ta/tā*

තෝරනවා *tōranavā* — (aus-)wählen; erklären
yamak tōrā gannavā — für sich etw. auswählen
yamak tōrā denavā — jmdm. etw. erklären

ත්‍යාගය *tyāgaya, tyāga-* — Geschenk, (Sieges-)Preis; *s.a. tägga*

ත්‍රස්ත *trasta* adj — erschrocken, zitternd
trastayā **para 5** — Terrorist; *s.a. -vādiyā*
trasta vādaya — Terrorismus
trasta venavā — sich erschrecken

ත්‍රස්ත වාදියා *trasta vādiyā, trasta vādī-*, pl *trasta vādiyō, -vādīhu* — Terrorist

ත්‍රි- *tri-* komp Glied bei Skt Lehnw — drei
trikōṇaya — Dreieck
tritvaya — Dreiheit
trividha — dreifach

ථ *tha*

ථූපය *thūpaya, stūpaya, thūpa-, stūpa-* — Reliquienschrein, buddhist. Heiligtum

ද *da*

-ද (?) *-da(?)* sufpart als konj, frgpart — *s.o. -t; zu frgpart s.* § 39 a)

දකිනවා *dakinavā* schr ps *dakiyi, dakī,* abs *däka,* part pt *däki, duṭu,* pt *däkkēya, duṭuvēya, diṭī(ya)*; umg abs *däkalā,* part pt *däkka, däkapu, duṭuva,* pt *däkkā, duṭuvā* — erblicken, sehen (*im Präsens wird in der Umgangssprache das Verb in der Bedeutung* 'sehen' *durch pēnavā ersetzt.*)

දකුණ *dakuṇa, dakuṇu-* — Süden; rechte Seite
dakuṇata, dakuṇu ata — rechte Hand
dakuṇu palāta/paḷāta — Südprovinz

දක්වනවා	*dakvanavā* kaus v. *dakinavā*	sehen lassen, zeigen
දක්වා	*dakvā* abs II v. *dakvanavā*, post	bis (zu); *s.a.* § 37 a) u. b)
	aṅgaharuvādā dakvā	bis zum Dienstag
	nagaraya dakvā	bis zur Stadt
දක්ෂ	*dakṣa* adj	klug, geschickt, tüchtig
දක්ෂිණ	*dakṣiṇa* adj	südlich; rechte(-r, -s)
දඬුවම	*dan̆ḍuvama*, *dan̆ḍuvam-*	Strafe
	yamakuṭa dan̆ḍuvam karanavā	jmdn. bestrafen
දණ(හිස)	*daṇa(hisa)*, *daṇa(his-)*; umg a. *daṇa'iha, daṇissa*	Knie; *wtl.* Knie(-kopf)
	yamaku/yamak idiriyē daṇa gasanavā schr/*gahánavā* umg	vor jmdm./etw. knien
	daṇa namanavā	das Knie beugen
දත	*data*, *dat-*	Zahn
	dat käkkuma	Zahnschmerzen
	dat dostara, pl *dat dostaru*, *dat dostaralā*	Zahnarzt; *s.a. danta-vaidyayā*
	dat burusuva	Zahnbürste
	dat behet/bēt	Zahnpaste
	dat madinavā	die Zähne putzen
දන [1]	*dana*[1], *dan-*	Gabe, Geschenk; *s.a. dānaya*
දන [2]	*dana*[2] poet	*s.u. dhanaya*
දන [3]	*dana*[3] schr	*s.u. dena*[2]
දනවනවා	*danavanavā* schr	hervorbringen
	siya kämätten igenīma satuṭa danavayi.	Freiwilliges Lernen bringt Freude hervor.
දනවා	*danavā* schr ps *dayi*, abs *dā*, part pt *dä*, pt *däya, dävēya*; umg abs *dälā*, part pt *däva, dācca*, pt *dävā*	brennen *intr*
	magē äs danavā. umg	Mir brennen die Augen.
දන්ත වෛද්‍යයා	*danta vaidyayā*, *danta vaidya-* **para 5**, oft m. *-varayā* gebr	Zahnarzt
දන්නවා	*dannavā* schr ps *daniyi, danī*, abs *däna*, part pt *dat*, pt *dati*, *dattēya*; umg abs *däna gena*, part pt *däna (gena) hiṭi*, pt *däna (gena) hiṭiyā*	wissen, kennen, sich (einer Sache) bewußt sein
	däna gannavā	erfahren
	däna (h)an̆dunā gannavā	kennenlernen
	dänuvatva	bewußt
	dänīma vn	Wissen, Kenntnis
	dänuma vn	Wissen
දන්වනවා	*danvanavā* kaus v. *dannavā*	wissen lassen, mitteilen
	dänvīma vn	Mitteilung, Anzeige

දමනය	*damanaya*, *damana(ya)-*	Zähmung, Beherrschung
	damanaya karanavā	zähmen, beherrschen
දමනවා	*damanavā* pt schr *dämuvēya, dämmēya*, umg *dämmā*; in der Bedeut. 'zähmen' durch *damanaya karanavā* verdrängt	legen, auflegen, -schütten, -tragen, auswerfen; zähmen *schr; s. a. dānavā*
දම් පාට	*dam pāṭa*, *dam pāṭa-*, pl *-val*	Lila, Violett; *wtl.* Farbe (einer Frucht namens) *dam*
දරනවා	*daranavā*	(er-)tragen, (aus-)halten, stützen
දරුවා	*daruvā*, *daru-* para 5	Kind
	daru däriyō	Jungen und Mädchen
දර්ශනය (දර්‍ශනය)	*darśanaya*, *darśana-*	Sehen; Erkenntnis, Philosophie; Anblick
දල්වනවා	*dalvanavā* kaus v. obs *dalanavā*	anzünden
දවල්	*daval*	*s. u. davāla*
දවස	*davasa*, *davas-*	Tag
	davas patā, *davasa gāṇē*	täglich
දවාල	*davāla*, *davāl-*, *daval-*	Zeit zwischen Sonnenaufgang und -untergang
	hoňdaṭama daval velā. umg	Es ist schon spät am Tag.
දශය, දසය	*daśaya*, *dasaya*	*s. u. daháya*
දහදිය	*dahádiya*, *dāḍiya*, *ḍahádiya*, *dahadiya-*, *dāḍiya-*, *ḍahádiya-*	Schweiß; *wtl.* Flüssigkeit der Hitze
	dahádiya/dāḍiya dānavā	schwitzen
දහය	*daháya*, *dasaya*, *daśaya*, *dahá-*, *dasa-*, *daśa-* zw	Zehn
	daśakaya	Jahrzehnt
	daśama kramaya	Dezimalsystem
	dasa guṇa	zehn Tugenden
	dāhátara < *dahá hatara*	vierzehn
දහස	*dahása*, *dāsa*, *dāhá*, *dahas-*, *dās-*	tausend
	dedahása, *dedāhá*	zweitausend
	minisun dahas gaṇanak	Tausende von Menschen
දා	*dā*, *dā-* sg außer in Namen d. Tage	Tag, Datum; *s. a. dinaya*
	dātama	Datum
	pasuvadā schr, *pahuvadā* umg	am folgenden Tag
	saňdudā, *sikurādā*, pl *-val*	Montag, Freitag
දාගැබ	*dāgäba*, *dāgäb-*; *dāgaba*, *dāgoba*	Reliquienschrein *buddh.*
දාඩිය	*dāḍiya*	*s. o. dahádiya*
දානය	*dānaya*, *dāna-*	Geben, Gabe; *s. a. dana*[1]
දානවා	*dānavā* < *damanavā* umg abs *dālā*, part pt *dämma*, *dāpu*, pt *dämmā*	(auf-)legen, auftragen, aufschütten, auswerfen *s. a. damanavā*

දැහ	*dāhá*	*s.o. dahása*
දැන්	*dän* adv	jetzt, gegenwärtig
	dänaṭa adv	gegenwärtig, vorläufig
	dänma adv	jetzt eben, jetzt schon
දැන ගන්නවා	*däna gannavā* zsgv	*s.o. dannavā*
දැනීම	*dänīma*	*s.o. dannavā*
දැනුම	*dänuma*	*s.o. dannavā*
දැන්වීම	*dänvīma*	*s.o. danvanavā*
දැරිය	*däriya*, *däri-* **para 6**	Mädchen
දැල	*däla*, *däl-*	Netz
	dälak damanavā/dānavā	ein Netz auswerfen
දෑත	*dǟta* < *de+ata*, *dǟt-*	die beiden Hände
දෑස	*dǟsa* < *de+äsa*, *dǟs-*	die beiden Augen
දිග [1]	*diga*[1], *diga-*, *digu-*, *dik-* adj, s unz	lang; Länge
	diga gavumak	ein langes Kleid
	digaṭama adv	fortwährend; geradeaus
	diga paḷala	Länge und Breite
	digin digaṭa adv	ununterbrochen
	pāra digē	die Straße entlang
	dikkaranavā umg/*digu karanavā* schr	verlängern; ausstrecken, entgegenstrecken
	diga (h)arinavā	auffalten, öffnen
දිග [2]	*diga*[2], *dig-*, *dik-* schr	Himmelsrichtung
දිනය	*dinaya*, *dina-*; *dinē* umg	Tag, Datum
	ada dinaya kīyada?	Welches Datum haben wir heute?
	dina patā	täglich
	dinen dinama	von Tag zu Tag
දිනනවා	*dinanavā*	siegen, gewinnen (Preise usw.)
	dinuma vn	Sieg, (Sieges-)Preis
දිය	*diya*, *diya-* Stoffbez	Wasser, Flüssigkeit
	diya älla	Wasserfall
දියර	*diyara*, *diyara-* Stoffbez	Flüssigkeit
දියුණුව	*diyuṇuva*, *diyuṇu-* unz	Gedeihen, Entwicklung
	diyuṇu raṭaval	entwickelte Länder
	diyuṇu karanavā	zum Gedeihen bringen
	diyuṇu venavā	sich entwickeln, zu Wohlstand kommen
	diyuṇu tiyuṇu venavā	sich verdoppeln und verdreifachen
දිරනවා	*diranavā*	ver-, zerfallen, vermodern
දිලිසෙනවා	*dilisenavā*; *diliyenavā* obs	glänzen, scheinen

දිලෙනවා	*dilenavā*	funkeln, leuchten, glänzen
දිව[1]	*diva*[1], *div(u)-*, pl umg auch *diva*	Zunge
දිව[2], දිවයින	*diva*[2], *divayina*, *div(u)-*, *divayin-*	Insel; *s. a. dvīpaya*
	māla divayin	die Malediven
දිවිය	*diviya*, *divi-*	Leben
	divi gevanavā	leben
දිවියා	*diviyā*, *divi-* **para 3**	Leopard
දිව්‍ය	*divya* adj	göttlich, himmlisch
දිශාව, දිසාව	*diśāva*, *disāva*, *diśā-*, *disā-*	Himmelsrichtung; Regierungsbezirk, Distrikt
දිස්ත්‍රික්කය	*distrikkaya*, *distrikka-*	Distrikt
දිස්වෙනවා	*disvenavā* schr; *disvanavā*	sich zeigen
දිහාව	*dihāva*, *dihā-*; *dihǟva* umg	Richtung, Gegend
	apē dihā(vaṭa)/dihǟ(vaṭa)	zu uns
	apē dihā(vē)/dihǟ(vē)	bei uns; zu uns
	ṭavuma dihā(vē)/dihǟ(vē)	in Richtung zur Stadt
-දී	*-dī*, bei Verbalformen *-ddī*, sufpart	während; in, auf (*Betonung der Lokalität/der Zeit e. bestimmten Handlung*)
	ohu gedaradī väḍa karayi. schr	Er arbeitet zu Hause.
	aber *ohu gedara siṭiyi.*	Er ist zu Hause.
	Lāl väḍa karaddī < *kara+ddī*	während Lāl arbeitet,
දීර්ඝ (දිඝී)	*dīrgha* adj	lang
	dīrgha karanavā	verlängern
දුක	*duka*, *duk-*	Leiden, Leid, Unglück
	dukasē, *dukin* adv	leidvoll, unglückl., mühselig
	duk viňdinavā	leiden, mühselig leben
දුන්	*dun* part pt v. *denavā*; *dunna* umg	gegeben; *s. a. denavā*
දුප්පත්	*duppat* < *dukpat* adj	arm; *wtl.* in Leid geraten
	duppatā **para 1**	der Arme
	duppat kama	Armut
දුබල	*dubala* adj	schwach; *s. a. durvala*
දුම	*duma*, *dum-*	Rauch; Dampf
	dumriya	Eisenbahn, *wtl.* Dampfwagen
	dum bonavā/uranavā	rauchen
දුඹුරු	*duṁburu* Farbadjektiv	braun
දුර	*dura*, *dura-* unz; *duru*, *duras* adj	Entfernung; weit, entfernt
	dura kathanaya	Telefon; *s. a. ṭelifōnaya*
	dura daknā nuvaṇa	Weitblick
	duru raṭa	fernes Land
	ēka dura diga yanavā. umg	Das geht zu weit.
	duras/duru karanavā umg	entfernen

	duras/duru venavā umg	sich entfernen
දුර්ලභ (දුලීභ)	*durlabha, dulaba* adj	selten, schwer erhältlich
දුර්වල (දුවීල)	*durvala* < *durbala* adj	schwach; *s.a. dubala*
දුලබ	*dulaba* schr	*s.o. durlabha*
දුව	*duva, dū, dū-,* pl *dūvaru, dūlā,* unbest. *duvek, duvak*	Tochter
දුවනවා	*duvanavā*	laufen, rennen
දුෂ්කර	*duṣkara* adj	schwierig
දූ	*dū*	*s.o. duva*
දූපත	*dūpata, dūpat-*	Insel
දූලි, දූවිලි	*dūli, dūvili, dhūli, dūli-, dūvili-, dhūli-* Stoffbez	Staub; *s. a. dhūli*
	dūli/dūvili pisa damanavā	Staub wischen
දෘඪ	*dṛḍha* adj	hart, streng, fest
	dṛḍha täṭiya	Festplatte *comp*
දෘඪාංග	*dṛḍhāṃga*	Hardware *comp*
දෘෂ්ටිය	*dṛṣṭiya, dṛṣṭi-*	Blick; Weltanschauung
	dṛṣṭi kōṇaya	Blickwinkel
දෙක	*deka, de-* zw	zwei
	pot dekak	zwei Bücher
	ḷamayi dedenek/dennek	zwei Kinder
දෙන[1]	*dena*[1], *den-* **para 9**	Kuh, weibliches Tier; *s.a. dhēnuva*
දෙන[2]	*dena*[2] < *dana* < *jana, denā* dem Zahlwort nachgestellt bel	*urs* Leute; ... zahl von; *s.a.* § 19
	gähäṇu tundena/tundenā	die drei Frauen
දෙනවා	*denavā* schr ps *deyi,* abs *dī,* part pt *dun,* pt *dunnēya, duni;* umg abs *dīlā,* part pt *dun, dunna, dīpu,* pt *dunnā*	geben; *zu Verbalzusammensetzungen mit denavā s.* § 29 d)
දෙනා	*denā*	*s.o. dena*[2]
දෙමළ	*demaḷa* adj	tamil
	demaḷa, demaḷa basa	Tamil, Tamilsprache
	demaḷa jātikayā **para 5**	Tamile
	demaḷa jātika kāntāva **para 7**	Tamilin
දෙය	*deya, dē, dē-,* pl *dē, dēval*	Sache, Ding, Angelegenheit
දෙව්, දෙවි	*dev, devi* adj	göttlich, himmlisch
	deviyan vahansē	Gott (*bei Christen*)
	Viṣṇu deviyō/deyyō	Gott Viṣṇu
	dev lova	Götterwelt, Himmel
දෙස	*desa* s, post	Himmelsrichtung; Land; in ... Richtung; *s.a. dēśaya*

	mama ohu desa bälīmi. schr	Ich schaute in seine Richtung. = Ich sah ihn an.
දෙසනවා	*desanavā*	predigen
දෙසැම්බරය	*desämbaraya*, *desämbar(a)-*	Dezember
	desämbarayē, *desämbarvala*	im Dezember
දේ	*dē*	*s.o. deya*
දේශය	*dēśaya*, *dēsaya*, *dēśa-*, *dēsa-*; *dēsē*	Land, Gegend, Gebiet
	dēśaguṇaya	Klima
	dēśa saṃcārakayā **para 5**	Tourist
	dēśa saṃcāraya	Tourismus
දේශපාලනය	*dēśapālanaya*, *dēśapālana-* unz	Politik
	deśapālakayā **para 5**	Politiker
	dēśapālana pakṣaya	politische Partei
දේසය	*dēsaya*	*s.o. dēśaya*
දෛනික	*dainika* adj	täglich
දොර	*dora*, *dora-*, pl *doraval*	Tür
	dora arinavā	die Tür öffnen
	dora äralā. umg	Die Tür ist offen.
	dora vahanavā	die Tür schließen
	dora vahalā. umg	Die Tür ist geschlossen.
	doraṭa taṭṭu karanavā	an die Tür klopfen
	doraṭa/doṭṭa bahinavā umg	zur Tür hinausgehen
දොස	*dosa*, *dos-*	Fehler; Tadel
	yamakuṭa dos kiyanavā	jmdn. tadeln
දොස්තර	*dostara*, *dostara-*, pl *dostaru*, *-lā*	Arzt, Doktor
දොළහ, දොළොස	*doḷáhá*, schr *doḷosa*, *doḷos-* zw	zwölf
-දෝ	*-dō* sufpart	*zum Ausdruck d. Ungewißheit; s.* § 39 e)
දෝංකාරය	*dōṃkāraya*, *dōṃkāra-*	Echo, Widerhall
ද්‍රව්‍යය	*dravyaya*, *dravya-*	Gegenstand, Ding, Stoff, Substanz, Materie
ද්වීපය (ද්‍වීපය)	*dvīpaya*, *dvīpa-*	Insel; *s.a. diva*[2]
ද්වේෂය	*dvēṣaya*, *dvēṣa-* unz	Haß
	yamakuṭa dvēṣa karanavā	jmdn. hassen

ධ *dha*

ධනය	*dhanaya*, *dana*, *d(h)ana-*	Reichtum, Kapital
	d(h)anavat	reich, bemittelt, wohlhabend
	dhana vādaya	Kapitalismus

ධර්මය (ධර්‍මය)	*dharmaya*, *dharma-*	Gesetz; Religionslehre; Sittengesetz, Moral
ධාන්‍යය	*dhānyaya*, *dhānya-*	Getreidesorte
ධූලි	*dhūli*	*s. o. dūli, dūvili*
ධේනුව	*dhēnuva*, *dhēnu-* **para 7, 9**	Kuh, weibl. Tier; *s. a. dena*
ධ්‍යානය	*dhyānaya, jhānaya, dyāna-, jhāna-*	Nachsinnen, (Geistes-)Vertiefung, Versenkung

න *na*

නංගී	*naṃgī, naṃgi-, naṃgī-* **para 10**; *nägaṇiya*, umg a. *nagā, nan̆gā*	jüngere Schwester
නක්ෂත්‍රය	*nakṣatraya, nakṣatra-*	Stern; Sternbild; Mondhaus
	nakṣatrajñayā **para 5**	Astrologe
නගනවා	*naganavā*	erheben, hoch heben; (in eine Sprache) übersetzen
	potak siṃhalaṭa naganavā	ein Buch ins Singhalesische übersetzen
	(h)an̆ḍa naganavā	die Stimme erheben
නගරය	*nagaraya, nagara-*	Stadt; *s. a. ṭavuma u. nuvara*
	nagara väsiyā	der Stadtbewohner
	nagara sabhāva	Stadtverwaltung
	nāgarika	städtisch
නගිනවා	*naginavā, nan̆ginavā, nä(n̆)genavā* intr; schr ps *na(n̆)giyi, na(n̆)gī, nä(n̆)geyi, nä(n̆)gē*, abs *nä(n̆)ga, nä(n̆)gī*, part pt *nä(n̆)gi, näṃga, nä(n̆)guṇu*, pt *näggēya, näṃgēya, nä(n̆)guṇēya, nä(n̆)guṇi*; umg abs *nä(n̆)galā, nä(n̆)gilā*, part pt *nägga, nägapu, nä(n̆)guṇa, nä(n̆)guṇu*, pt *näggā, nä(n̆)guṇā*	steigen, auf-, be-, einsteigen, klettern, erklimmen
	uṇa naginavā. umg	Das Fieber steigt.
	gahakaṭa naginavā	auf einen Baum klettern
	(baḍu) mila naginavā. umg	Die Preise steigen.
	bas ekaṭa naginavā	in den Bus einsteigen
නග්න	*nagna* adj	nackt
නඟිනවා	*nan̆ginavā*	*s. o. naginavā*
නටනවා	*naṭanavā*	tanzen
	Sunil naṭayi schr/*naṭanavā.* umg	Sunil tanzt.

	vatura naṭanavā. umg	Das Wasser kocht; *wtl.* das Wasser tanzt.
	näṭīma, näṭuma vn	Tanzen, Tanz
නඩුව	*naḍuva, naḍu-*	Gerichtsfall, Prozeß
	yamakuṭa naḍu dānavā	jmdm. den Prozeß machen
	naḍu kārayā **para 5**	Richter
නතර	*natara* als adj obs	aufgehört, unterbrochen
	natara karanavā	einstellen, aufhalten, unterbinden, stoppen
	väḍē natara karanavā	die Arbeit einstellen
	natara venavā	aufhören; bleiben
	gedara natara venavā	zu Hause bleiben
	vässa natara uṇā. umg	Der Regen hatte aufgehört.
නත්තල	*nattala, nattal-*	Weihnachten
	nattal utsavaya	Weihnachtsfest
	nattal nivāḍuva	Weihnachtsferien
	nattal sīyā	Weihnachtsmann
නදිය	*nadiya, nadī-*	Fluß
නපුංසක	*napuṃsaka* adj	geschlechtsneutral, sächlich *gramm*; *s. a. liṅgaya*
	napuṃsakayā **para 5**	Eunuch
නපුරු	*napuru* adj	böse, grausam, schlimm
	napurā **4**	böser/grausamer Mann
	napurī **6**	böse/grausame Frau
නම්[1]	*nam*[1] konj, post	wenn; zwar, was ... betrifft; *sa.* § 38 f)
	ḷamayā yanavā nam, ... umg	wenn der Junge geht, ...
	api nam noyannemu schr/ *yannē nähä.* umg	Was uns betrifft, so gehen wir nicht.
	potak nam tiyenavā, ... umg	Zwar ist ein Buch da, ...
නම්[2]	*nam*[2]; *namäti, nämäti* adj	namens, mit dem Namen ...
	Lāl nam/namäti minihek	ein Mann namens Lāl
නම	*nama*, nam-	Name; *s. a. nāmaya*
	oyāgē nama mokakda?	Wie ist dein Name?
	magē nama ...	Mein Name ist ...
	... nam(a) darana minihā	der Mann namens ...
නමදිනවා	*namadinavā* schr	verehren, sich verneigen
නමනවා	*namanavā, navanavā*	biegen, beugen, (zusammen-) falten
නමය	*namaya*	*s. u. navaya*
නමස්කාරය	*namaskāraya, namaskāra-* unz	Verehrung, Verbeugung
	yamakuṭa namaskāra karanavā	jmdn. verehren
නමුත්	*namut*, umg a. *numut* konj; *namudu* schr obs	aber, jedoch, obwohl, wenn auch; *s. a.* § 38 c)

නය	*naya*	*s.o. ṇaya*
නයා	*nayā, nay(i)-*, pl *nayi*	Schlange, Kobra; *s.a. nāgayā*
නරක	*naraka, narak(a)-* s, adj	das Böse, Übel; schlecht
	naraka minissu	schlechte Menschen
	narak karanavā	schlecht machen, verderben lassen
	narak venavā	verderben, verfaulen
නරකය	*narakaya, naraka-*	Hölle
නරඹනවා	*naram̆banavā*	beobachten, anschauen
නරයා	*narayā, nara-* **para 5**	Mann, Mensch
නලය	*nalaya, naḷaya, nala-, naḷa-*	Rohr, Röhre
නව	*nava* adj	neu, frisch, modern
	nava kathāva	Roman
	navakayā **para 5**	Neuling
නවතිනවා	*navatinavā, nävatenavā* schr ps *navatiyi, navatī, nävateyi, nävatē*, abs *nävata, nävatī*, part pt *nävatuṇu*, pt *nävatuṇēya, nävatiṇi*; umg abs *nävatilā*, part pt *nävatuṇu, nävatuṇa*, pt *nävatuṇā*	aufhören, stehenbleiben, bleiben; *urs* umkehren
නවනවා	*navanavā*	*s.o. namanavā*
නවය	*navaya, namaya, nava-, nama-*, pl *navayaval, namayaval* zw	neun
නවාතැන	*navātäna, navātän-*	Unterkunft
	navātän gannavā	Unterkunft nehmen
නවීන	*navīna* adj	modern
නසනවා	*nasanavā*; umg a. *nahánavā*	vernichten, zerstören, töten
	siya paṇa nasā gannavā	Selbstmord begehen
නසිනවා	*nasinavā* intr, *näsenavā* intr u. pass v. *nasanavā*, umg *nahinavā, nähenavā*; schr ps *nasiyi, nasī, näseyi, näsē*, abs *näsī*, part pt *näsi, näsuṇu*, pt *näsuṇēya, näsiṇi*; umg abs *nähilā̆*, part pt *nähuṇa, nähuṇu*, pt *nähuṇā*	sterben
	näsī giya ...	verstorbene(r) ...
නහනවා	*nahánavā* schr	*s.u. nānavā*
නහය	*naháya*, umg *nähäya, naháya-, nähäya-*, pl *-val*	Nase; *s.a. nāsaya*
නහරය	*naháraya, nahára-*	Vene, Ader; Nerv *umg*
නහිනවා	*nahinavā*	*s.o. nasinavā*
නළය	*naḷaya*	*s.o. nalaya*
නළල	*naḷala, naḷal-*	Stirn

නළුවා	*naḷuvā*, *naḷu-* **para 5**	Schauspieler, Tänzer
නාකි	*nāki* adj umg	alt (*nur bei Lebewesen*)
	nāki minihā/gāṇi	der/die alte Mann/Frau
නාගයා	*nāgayā*, *nāga-* **para 5**	Schlange; Elefant; *s.a. nayā*
නාට්‍යය	*nāṭyaya*, *nāṭya-*	Drama, Theatervorführung
නාඩිය	*nāḍiya*, *nāḍi-*	Puls, Arterie
	yamakugē nāḍi allanavā/ balanavā	jmdm. den Puls fühlen
	nāḍi väṭīma	Pulsschlag
නාදය	*nādaya*, *nāda-*	Laut, Ton, Gebrüll
	nāda karanavā	Laute von sich geben
නානවා	*nānavā* < *nahánavā* schr ps *nāyi*, abs *nahā*, *nā*, part pt *nǟ*, pt *nǟvēya*; umg abs *nālā*, part pt *nǟva*, *nāpu*, pt *nǟvā*	baden, sich (den ganzen Körper) waschen
	nāna kāmaraya	Badezimmer
නා නා	*nā nā* adj	verschieden, vielfältig
	nā nā prakāra	verschiedenartig
නාමය	*nāmaya*, *nāma-*	Name; *s.a. nama*
නායකයා	*nāyakayā*, *nāyaka-* **para 5**	Führer, Oberhaupt
	nāyikāva **para 7**	Führerin
නාසය	*nāsaya*, *nās-*, *nāsā-*	Nase; *s.a. naháya*
නාස්තිය	*nāstiya*, *nāsti-* unz	Zerstörung; Vergeudung
	raṭak nāsti karanavā	ein Land zerstören
	kālaya/mudal nāsti karanavā	Zeit/Geld vergeuden
නැකත, නැකැත	*näkata*, *näkäta*, *näkat-*, *näkät-*	günstiger Zeitpunkt *astrol.*
නැගිටිනවා	*nägiṭinavā*	aufstehen
	pāndarin nägiṭinavā	früh morgens aufstehen
	puṭuven nägiṭinavā	vom Stuhl aufstehen
නැගෙනවා	*nägenavā*	*s.o. naginavā/nañginavā*
නැගෙනහිර	*nägenahira*, *nägenahira-*; *nä(ñ)genahira*, *nä(ñ)gena'ira*	Osten, *wtl.* steigende Sonne
නැඟෙනවා	*näñgenavā*	*s.o. naginavā, nañginavā*
නැටුම	*näṭuma*, *näṭum-*	*s.o. naṭanavā*
නැත	*näta* Satzwort, negpart, neg vs schr; selten a. *näti*, Flexion *nättēya* usw.	nein, nicht, es gibt nicht, ... hat nicht, ... ist nicht da
	ehi potak näta.	Dort gibt es kein Buch.
	Nimalṭa putek näta.	Nimal hat keinen Sohn.
	Lāl gedara näta.	Lāl ist nicht zu Hause.
නැතහොත්	*nätahot* konj schr; *nätot*	wenn nicht, sonst
	Sītā ada päminiya yutuyi, nätahot Rūpā kalabala veyi.	Sītā muß heute kommen, sonst wird Rūpā unruhig.
නැති	*näti* adj	nicht vorhanden, -los

	näti bäri kama	Armut und Ohnmacht
	bara näti	nicht schwer, leicht
	mudal näti minissu	mittellose Menschen
	näti karanavā	verlieren (*absichtlich*); vernichten
	näti venavā	verlorengehen
නැතිව, නැතුව	*nätiva* schr, *nätuva* umg adv	ohne ... , ohne zu ...
	mudal nätiva/nätuva	ohne Geld
	väḍa karannē nätiva/nätuva	ohne zu arbeiten
නැත්නම්	*nätnam* < *nätinam* konj, adv; umg *nättaṃ* auch als Satzwort	oder; wenn...nicht; (was denn) sonst; *s.a.* § 38 b) u. *ekkō*
	tāttā nätnam ammā	Vater oder Mutter
	ohu ennē nätnam ...	Wenn er nicht kommt, ...
	Lāl dinuvāda? – nättaṃ!	Hat Lāl gewonnen? Was denn sonst?
	ikman karanna! nättaṃ kōcciya varadīvi.	Beeile dich! Sonst wirst du wohl den Zug verpassen.
නැද්ද?	*nädda?* < *nätida?* neg frg	nicht? ist ... nicht (da)?
	ḷamayā ennē nädda?	Kommt der Junge nicht?
	ḷamayā/pota kāmarē nädda?	Ist der Junge/das Buch nicht im Zimmer?
නැන්දා	*nändā*, *nändă*- **para 10**	Tante
නැව	*näva*, *näv*-	Schiff
	näviyā, nävpati **para 3**	Kapitän
නැවත	*nävata* abs v. *navatinavā* adv schr	wieder, erneut
	nävatat adv schr	noch einmal, wiederum
නැසෙනවා	*näsenavā*	*s.o. nasinavā*
නැහැ	*nähä*, *nä̈* Satzwort, negpart umg, neg vs umg	nein; nicht, ... ist nicht da, es gibt nicht, ... hat nicht
	Lāl gedara innavāda? – nähä.	Ist Lāl zu Hause? – Nein.
	mama väḍa karannē nähä.	Ich arbeite nicht.
	Nimal apē dihāvē nähä.	Nimal ist nicht bei uns.
	eyāṭa salli nähä.	Er hat kein Geld.
නැහැය	*nähäya*	*s.o. nahaya*
නැහෙනවා	*nähenavā*	*s.o. nasinavā*
නෑ	*nä̈*	*s.o. nähä*
නෑනා	*nä̈nā*, *nä̈nă*- **para 10**	Schwägerin; Kusine (Tochter der Schwester des Vaters/des Bruders der Mutter)
නෑයා	*nä̈yā*, *nä̈*-, pl *nä̈yō*, *nä̈dä̈yō*	Verwandte(r)
	nä̈kama	Verwandtschaft
	api nä̈yō/nä̈dä̈yō. umg	Wir sind Verwandte.
නි-	*ni*- neg präf vor kons	un-, -los, -frei, ohne, nicht

	nikaruṇē	ohne Grund, unbegründet
	nidos	tadellos, fehlerfrei
	nigaru	unwürdig, respektlos
	nivahal	nicht versklavt, frei
	nivāradi	fehlerfrei, ohne Fehler
	nisaru	unfruchtbar
නිකම්	*nikam* adv; *nikaṃ* umg, selten auch *nikā*	untätig, einfach so; unentgeltlich; leer
	nikaṃ innavā umg	untätig da sein
	nikaṃ/nikā inna, anē! umg	Laß das doch!
	nikam tibena geya schr	leerstehendes Haus
	nikaṃ denavā umg	unentgeltlich geben
	nikaṃ yanavā umg	einfach so gehen
නික්මෙනවා	*nikmenavā* schr	hinausgehen
නිගමනය	*nigamanaya*, *nigamana(ya)-* schr	Schluß(-folgerung); Entschluß, Entscheidung
	nigamanaya karanavā	schlußfolgern; entscheiden
නිතර	*nitara* < *nitora* adv	sehr oft, häufig; *wtl.* ununterbrochen
නිතරම	*nitarama* adv	dauernd, ständig
නිදනවා	*nidanavā* schr ps *nidayi*, abs *nidā*, part pt *nidā gat*, pt *nidā gattēya, nidā gati*; umg abs *nidā gena*, part pt *nidā gat(ta)*, pt *nidā gattā*	schlafen
	nidā gannavā	schlafen, sich schlafen legen
	nidā ganna yanavā	schlafen gehen
	ḷamayā nidi. umg	Der Junge schläft.
	nidiyanavā, pt *nidiyävā* neu	schlafen
නිදර්ශනය (නිදර්‍ශනය)	*nidarśanaya*, *nidarśana-*	Beispiel, Illustration
	nidarśanayak vaśayen schr	zum Beispiel
නිදහස	*nidahasa*, *nidahas-* unz	Freiheit, Unabhängigkeit
	nidahasa labanavā	Freiheit erlangen
	nidahas karanavā	befreien, in Freiheit setzen
	nidahas venavā	unabhängig werden, freikommen
නින්ද	*ninda*, *ninda-* unz; *niṃda*	Schlaf
	nindaṭa yanavā	schlafen gehen
නිපදවනවා	*nipadavanavā* kaus v. obs *nipadanavā* 'entstehen'	entstehen lassen, erzeugen, produzieren
නිම	*nima*, *nim-*; *nimāva*	Ende, Schluß
	nimak näti	endlos
	nim him näti	end- und grenzenlos
	nima karanavā	beenden, vollenden

	nima venavā	enden, zu Ende gehen
	nimi. Schlußformel	Ende. (*beim Film usw.*)
නිමනවා	*nimanavā*	*s. u. nivanavā*
නිමවනවා	*nimavanavā* kaus v. obs *nimanavā* 'enden'	beenden, vollenden
නිය(පොත්ත)	*niya(potta)*, *niya(potu)-*	Nagel (Finger, Zehen)
නියඟ	*niyan̆ga*, *niyaṃ-*, *niyam-*	Dürre, Trockenheit
	niyaṃ kālaya	Trockenzeit
නියත	*niyata* adj	bestimmt, gewiß, sicher
නියම	*niyama* adj	bestimmt, festgelegt; regelmäßig
	niyamaya	Bestimmung, Verfügung
	niyama vidhiya gramm	regelmäßige Bildeweise
	niyama karanavā	bestimmen, festlegen, verfügen, anordnen, befehlen
	niyama venavā	bestimmt/festgelegt werden
	niyamita paridi schr	wie festgelegt
නියෝගය	*niyōgaya*, *niyōga-*	Anordnung
	niyōga karanavā	anordnen
නියෝජිතයා	*niyōjitayā*, *niyōjita-* **para 5**	Vertreter, Abgeordneter
නිර්-	*nir-* neg präf vor vokal	un-, -los, ohne, nicht
	nirávul	unverwirrt, nicht verwikkelt, klar, deutlich
	nirāśāven adv	lustlos
	nirāhārayen adv	ohne Nahrung
	nirutsāhīva adv	ohne sich zu bemühen
නිරිත දිග	*nirita diga*, *nirita diga-* unz	Südwesten
නිරෝගී	*nirōgī* adj	nicht krank, gesund
නිර්භීත	*nirbhīta* adj	furchtlos, mutig
නිර්වාණය (නිර්‍වාණය)	*nirvāṇaya*, *nirvāṇa-* unz	Erlösung *buddh.*; *s. a. nivana*
නීල	*nīla*, *nīl-*	Blau
නිලය	*nilaya*, *nila-*	Amt, Stellung
	niladhāriyā, pl *-īhu*; *niladharayā*	Beamter
	niladhāriṇiya **para 6**	Beamtin
නිවන	*nivana*, *nivan-* unz; *nivaṇa*	Erlösung; *s. a. nirvāṇaya*
	nivan dakinavā	die Erlösung erlangen; *wtl.* erblicken
නිවනවා	*nivanavā*, *nimanavā*	(aus-)löschen; stillen
	iṭi pandama nivanavā	die Kerze löschen
	kusa ginna nivanavā	seinen Hunger stillen
නිවස	*nivasa*, *nivesa*, *nivas-*, *nives-*; *niváhána*	Wohnung, Haus, Behausung; *s. a. nivāsaya*
නිවාඩුව	*nivāḍuva*, *nivāḍu-*	Ferien

	nivāḍu kālaya	Ferienzeit
	nivāḍu davasa	Feiertag
	nivāḍu gannavā	Urlaub nehmen
	nivāḍuvakaṭa yanavā	in Urlaub fahren
නිවාසය	*nivāsaya*, *nivāsa-*	Haus, Wohnheim; *s.a. nivasa*
නිවෙස	*nivesa*	*s.o. nivasa*
නිශ්ශබ්ද	*niśśabda* adj; *nissadda* umg	laut-, geräuschlos, ruhig, still
	niśśabdatāva	Schweigen, Ruhe, Stille
	niśśabda venavā	ruhig sein, schweigen
නිෂ්පාදනය	*niṣpādanaya*, *niṣpādana-*	Produktion, Produkt
නිසා	*nisā* konj, post; *nisāven*	weil; wegen, aufgrund; *s.a.* § 37 d), 38 e)
	vahina nisā Lāl pāsälaṭa noyayi. schr	Weil es regnet, geht Lāl nicht in die Schule.
	iḍama nisā eyā apit ekka taraha velā. umg	Wegen des Grundstückes ist er mit uns böse.
නිසි	*nisi* adj	passend, geeignet
නිහඬ	*nihaňda* adj	still, lautlos, leise
	nihäḍiyāva	Stille, Schweigen
නිළිය	*niḷiya*, *niḷi-* **para 6**	Schauspielerin, Tänzerin
නීතිය	*nītiya*, *nīti-*	Gesetz, Recht(-svorschrift)
	nīti rīti	Gesetze und Regeln
	nīti virōdhī	gesetzwidrig
	nītyānukūla < *nīti+anukūla*	gesetzmäßig
	nīti ullaṅghanaya karanavā	Gesetze übertreten
නු-	*nu-* neg präf vor *u*, kons+*u*	un-, nicht, ohne
	nūgat < *nu+ugat*	ungebildet
	nupurudu	nicht gewöhnt
	nudurin adv	unweit
	nuduvā	ohne zu laufen
නුඹ	*numba*, *nuňba* pers pron 2. sg; pl *-lā*; immer seltener gebr	du; *s.a. uňba*
නුමුත්	*numut*	*s.o. namut*
නුවණ	*nuvaṇa*, *nuvaṇa-* unz	Weisheit
	nuvaṇäti < *nuvaṇa+äti*	weise
නුවර	*nuvara*, *nuvara-*, pl *-val*	Stadt; *s.a. nagaraya, ṭavuma*
	Nuvara, Mahanuvara	die Stadt Kandy
නූගත්	*nūgat* adj	*s.o. nu-*
නූතන	*nūtana* adj	jetzig, modern, neu
නූල	*nūla*, *nūl-*	Faden, Garn, Schnur
නෙ?	*ne?*	*s.u. nē?*
නෙත	*neta*, *net-* schr	Auge

නෙමෙයි, නෙවෙයි	*nemeyi, neveyi*	*s.u. noveyi*
නේ?	*nē?, ne?* afpart umg	nicht wahr?, nein?, ist es nicht?; *s.a.* § 39 d)
නේද?	*nēda?* umg < *noveyida?*	Ist es nicht?
	ē Nimal nēda?	Ist das nicht Nimal?
නො-	*no-* neg präf meist vor Verbalformen u. Verbalnomen	nicht, un-; *s.a.* § 40 a) u. § 41 e)–g)
	Nimal väḍa nokarayi. schr	Nimal arbeitet nicht.
	eyā nogiyot ... umg	wenn er nicht geht, ...
	no'ivasilla	Ungeduld; *s.a. ivasanavā*
	nopamāva adv	bald, unverzüglich
	nobō (< nobohō) dinakin	in wenigen Tagen
	nobōdā adv	vor wenigen Tagen
	nomilē, nomilayē adv	kostenlos
නොමැතිව	*nomätiva* adv schr	ohne zu haben, ohne
	mudal nomätiva	ohne Geld
නොම්මරය	*nommaraya, nommara-; nommarē* umg; *nombaraya*	Nummer
නොයෙක්	*noyek* pron adj	verschieden, mannigfaltig
නොවැම්බරය	*novämbaraya, novämbar(a)-; novembar(a)*	November
	novämbarayē, novämbarvala	im November
නොවෙයි, නොවේ	*noveyi, novē* schr, *neveyi, nemeyi > nemē* umg, neg prädikativ	... ist nicht ..., es ist nicht ...
	Lāl näyek neveyi, magē yāḷuvek. umg	Lāl ist kein Verwandter, (aber) ein Freund v. mir.
	Sītā yannē oyālagē dihāvē nemeyi, ṭavumaṭa. umg	Sītā geht nicht zu euch, (sondern) in die Stadt.
නොහොත්	*nohot* konj schr	oder
නෝට්ටුව	*nōṭṭuva, nōṭṭu-*	(Geld-, Schuld-)Schein
	mudal nōṭṭuva	Geldschein
නෝනා	*nōnā, nōnā-,* pl *nōnalā*	Dame, Herrin, Ehefrau
	nōnā mahattayā, pl *-lā*	gnädige Frau, Herrin

ප *pa*

පංගුව	*paṃguva, paṃgu-; paṅguva*	Anteil, Teil, Portion
	paṃgu kārayā **para 5**	Teilhaber
	paṃgu kāriya **para 6**	Teilhaberin
පක්ෂය	*pakṣaya, pakṣa-;* umg a. *paksē*	Partei, Seite, Flügel
	pakṣapātī	parteiisch
පක්ෂියා	*pakṣiyā, pakṣi-,* pl *pakṣīhu*	Vogel

පඞ්ක්තිය	*paṅktiya, pantiya, paṅkti-, panti-*	Reihe, Klasse
පටන්	*paṭan* post	von ... an, ab ...
	ada paṭan	von heute an, ab heute
පටන් ගන්නවා	*paṭan gannavā* zsgv	beginnen, anfangen
	api väḍē paṭan gannavā. umg	Wir beginnen die Arbeit.
	ohu divīmaṭa paṭan gati. schr	Er begann zu rennen.
පටිය	*paṭiya, paṭi-*	Gürtel, Band, Streifen
පටු[1]	*paṭu*[1] adj	schmal, eng
	paṭu maga	schmaler Weg, Gasse
පටු[2]	*paṭu*[2] adj schr	sehr geschickt, scharfsinnig
පඩිය[1]	*paḍiya*[1], *paḍi-*	Stufe aus Stein/Zement
	paḍi peḷa	Reihe von Stufen
පඩිය[2]	*paḍiya*[2], *paḍi-*	Gewichtsstein
පඩිය[3]	*paḍiya*[3], *paḍi-*	Lohn, Gehalt
	paḍi läyistuva	Gehaltsliste
පණ	*paṇa, paṇa-* unz	Leben(-sodem), Atem
	paṇa yanavā umg	den letzten Hauch von sich geben, sterben
පත්	*pat* unregel part pt (< *prāpta* 'erlangt', 'angekommen')	angekommen, angelangt
	nilayakaṭa pat karanavā	in ein Amt einsetzen
	nilayakaṭa pat venavā	zu e. Amt ernannt werden
	b(h)ayaṭa pat venavā	in Angst geraten
පත	*pata, pat-*	(Papier-)Blatt, Karte; *s. a. pat(t)raya*
පතනවා	*patanavā*	wünschen, hoffen; *s. a. prārthanāva*
	yamakuṭa suba patanavā	jmdm. Glück wünschen
	pätuma vn	Wunsch, Hoffnung
පතා	*patā* post temp mit Stammform auf 5 Begriffe beschränkt	*bezeichnet die Wiederholung in regelmäßiger Folge, s. avuradda, davasa, dinaya, masaya u. satiya*
-පති	*-pati* 2. Glied d. Komp, pl *-iyō/-īhu*	Herr, Chef, Leiter
-පතිනිය	*-patiniya* 2. Glied d. Komp **para 6**	Herrin, Chefin, Leiterin
පතුරනවා	*paturanavā*	ausbreiten, verbreiten
පත්තරය	*pattaraya, pattara-*; umg a. *pattarē*	Zeitung
ප(ත්)ත්‍රය	*pa(t)traya, pat(t)ra-* schr	Blatt, Zeitung; *s. a. pata*
පදනම	*padanama, padanam-*	Grundlage, Basis
පදිංචිය	*padiṃciya, padiṃci-* unz	Wohnsitz, Wohnort
	padiṃci venavā	den Wohnsitz nehmen
පදිනවා	*padinavā*	radeln, rudern, schaukeln
	bayisikal padinavā	radeln, Rad fahren
පනවනවා	*panavanavā*	erlassen, festlegen, -setzen
	nītiyak panavanavā	ein Gesetz erlassen

පනස, පනහ	*panasa, panáhá*, *panas-* zw; *paṇasa, paṇáhá*	fünfzig
පනිනවා	*paninavā*	springen
	päna naginavā	entstehen
	päna(lā) yanavā	weglaufen, durchbrennen
පන්තිය	*pantiya*, *panti-*	*s. o. paṅktiya*
පන්සල	*pansala*, *pansal-*	Tempel *buddh.*
පපුව	*papuva*, *papu-*	Brust; Herz *umg*
පමණ	*pamaṇa*, *pamaṇa-* unz	Maß, Umfang, Größe
	pamaṇak	nur
	epamaṇak noveyi, ... schr	nicht nur das, ...
පමාව	*pamāva*, *pamā-* unz	Verspätung, Verzögerung
	pamā karanavā	verzögern
	pamā venavā	sich verspäten
පය	*paya*, *paya-*, *pā-*	Fuß, Bein
	payin	zu Fuß
	payē äṅgilla	Zeh(e)
	pā pädiya	Fahrrad; *s. a. padinavā*
	pā vahan	Schuhe
	pāganavā	trampeln, treten (auf etw.)
පයිප්පය	*payippaya*, *payippa-*	Rohr, Röhre, Leitung; Pfeife
පරක්කුව	*parakkuva*, *parakku-* unz umg	Verspätung, Verzögerung
	parakku karanavā	verzögern
	parakku venavā	sich verspäten
පරණ	*paraṇa* adj	alt, langjährig, vertraut
	paraṇa tālē minihā umg	altmodischer Mensch
	paraṇa pot	alte Bücher
	paraṇa purudu	vertraute Gewohnheiten
	paraṇa yāḷuvek	ein alter Freund
පරදනවා	*paradanavā* obs, durch kaus *paradavanavā, paraddanavā* ersetzt; archaisch auch *parayanavā*	besiegen; *s. a. parājaya u. parādaya*
පරදිනවා	*paradinavā*, *päradenavā* schr ps *paradiyi, paradī, pärадeyi, pärадē*, abs *pärada, pärадī*, part pt *päradi, päraduṇu, päraduṇa*, pt *päraduṇēya, päradiṇi*; umg abs *päradilā*, part pt *päraduṇu, päraduṇa*, pt *päraduṇā*	eine Niederlage erleiden
පරම	*parama* adj	absolut, höchste/feinste(-r, -s)
	paramāṇuva < *parama+aṇuva*	Atom, feinstes Teilchen
	parama saturā/haturā	schlimmster Feind
පරම්පරාව	*paramparāva*, *paramparā-*	Generation, Geschlecht, Nachkommenschaft

පරාජය	*parājaya*, *parāja(ya)-* schr	Niederlage
	yamaku parājaya karanavā	jmdn. besiegen
	parājaya venavā	eine Niederlage erleiden
පරාදය	*parādaya*, *parāda-*	Niederlage
	yamaku parāda karanavā	jmdn. besiegen
	parāda venavā	eine Niederlage erleiden
පරි/පර්ය-	*pari/parya-* präf kons/vok in Skt Lehnwörtern	um-, umher, vollkommen, äußerste(-r, -s)
	pariśuddha	vollkommen sauber/rein
	paryantaya < *pary(a)+antaya*	Grenze, äußerstes Ende
පරිගණකය	*pariganakaya*, *pariganaka-*	Computer, Rechner
පරිච්ඡේදය	*paricchēdaya*, *paricchēda-*	Abschnitt, Kapitel
පරිදි, පරිද්දෙන්	*paridi, paridden* mod konj schr	wie; *s. a.* § 38 g)
	ohu kivū paridi/paridden	wie er gesagt hat
පරිභෝජනය	*paribhōjanaya*, *paribhōjana-* unz	Verbrauch, Konsum
	paribhōjanaya karanavā	verbrauchen, konsumieren
	paribhōjakayā, pāribhōgikayā	der Verbraucher
පරිසරය	*parisaraya*, *parisara-*	Umwelt, Umgebung
පරිස්සම	*parissama*, *paressama*, *parissam-*, *paressam-* unz	Sorgfalt, Vorsicht, Behutsamkeit; Schutz
	parissamin adv	sorgfältig, vorsichtig
	parissam karanavā	beschützen; sorgfältig aufbewahren
	parissam venavā	vorsichtig sein
පරීක්ෂණය	*parīkṣaṇaya*, *parīkṣaṇa-*	Untersuchung, Experiment, Test, Prüfung
	parīkṣaka maṇḍalaya	Prüfungsausschuß
	parīkṣakavarayā, pl *-varu*	Herr Prüfer
	parīkṣakavariya **para 6**	Frau Prüferin
	parīkṣitayā **para 5**	Prüfling
	parīkṣaṇayak karanavā	ein Experiment durchführen, einen Test machen
	parīkṣaṇayak pavatvanavā	eine Untersuchung durchführen
පරීක්ෂාව	*parīkṣāva*, *parīkṣā-*	Untersuchung, Experiment, Test, Prüfung
	parīkṣā karanavā	untersuchen, prüfen
පරෙස්සම	*paressama*	*s. o. parissama*
පර්වතය (පර්‍වතය)	*parvataya*, *parvata-*	Fels, Felsen
පලතුරු	*palaturu*, *palaturu-* Pluraletantum	Früchte, Obst; *s. a. tura*
පලඳිනවා	*palan̆dinavā*; *palan̆danavā*	anziehen (Schmuck, Schuhe)
පලාත	*palāta*, *paḷāta*, *palāt-*, *paḷāt-*	Provinz (*Verwaltungsbezirk*)
පලා යනවා	*palā yanavā* zsgv: abs II v. obs *pala-* 'fliehen'+*yanavā*	fliehen, (sich) flüchten

පල්ලිය	*palliya*, *palli-*	Kirche
පව	*pava*, *pav(u)-*	Übeltat, Sünde *relig.*
පවතිනවා	*pavatinavā*, *pävatenavā* schr ps *pavatiyi*, *pavatī*, *pävateyi*, *pävatē*, abs *pävata*, *pävatī*, part pt *pävati*, *pävatuṇu*, pt *pävättēya*, *pävatuṇēya*; umg abs *pävatilā*, part pt *pävatuṇu*, *pävatuṇa*, pt *pävatuṇā*	existieren, dauern, anhalten; sich verhalten
	pävatīma, *pävatuma*, *pävätma* vn	Verhalten; Existenz
	pävatum raṭāva	Verhaltensmuster
පවත්වනවා	*pavatvanavā* kaus v. pavatinavā	(ab-)halten, durchführen, beachten (Brauch, Sitte)
පවරනවා	*pavaranavā*	beauf-, bean-, übertragen
	yamakuṭa väḍak pavaranavā	jmdn. mit einer Arbeit beauftragen
	yamakuṭa viruddhava naḍu pavaranavā	gegen jmdn. einen Prozeß anstrengen; *wtl.* beantragen
	ayitiya/vagakīma pavaranavā	Besitz/Verantwortung übertragen
පවසනවා	*pavasanavā*	sagen, sprechen, mitteilen
පවා	*pavā* adv	sogar, selbst
	ada pavā minissu ē gäna kathā karati. schr	Sogar heute (noch) reden die Menschen darüber.
	ēka ḷamayi pavā dannavā. umg	Selbst Kinder wissen das.
පවුල	*pavula*, *pavul-*	Familie; Ehefrau *umg*
පස [1]	*pasa*[1], *pas(a)-* schr	Seite
	paseka schr	auf einer Seite
පස [2]	*pasa*[2], *pas-*	Erde, Erd-, Ackerkrume
පස [3]	*pasa*[3] schr	*s. u. pahá*
පසළොස	*pasaḷosa*, *paháḷoha*, *paháḷava*, *pasaḷos-*, *paháḷos-* zw	fünfzehn
පසු	*pasu* schr, *pahu* umg adj, temp post, temp konj	hintere(-r, -s); nach, nachdem; *s. a.* § 37 b)
	pasu pasa schr	Hinterseite
	pasvaru < *pasu+varu* adv	nachmittags
	ā pasu, *giya pasu* schr in dieser Funktion nur *pasu*	nachdem man gekommen ist, ... gegangen ist
	aber *āpasu* schr, *āpahu* umg	zurück
	pasu kara/pahu karalā yanavā	überholen
	pasu/pahu giya	vergangen
	kal pasu/kal pahu venavā	Die Zeit vergeht.
	pahu venavā umg	nach hinten geraten
	passa umg	Hinterseite; Zukunft

	passen yanavā umg	hinter (einem) hergehen
	passē ennam. umg	Ich komme später.
පහ	*pahá*, *pasa*, *pas-* zw	fünf
පහත	*paháta*, *pāta*, *pahat-*, *pāt-* adj, adv, s	untere(-r,-s); unten; (das Unten)
	paháta/pāta raṭa	unteres Land, Tiefland
	paháta däkvena paridi, schr	wie unten gezeigt wird,
පහන	*pahána*, *pāna*, *pahan-*, *pān-*	Lampe, Leuchte
පහර	*pahára*, *pāra*, *pahára-*, *pāra-*	Schlag
	pahára kanavā	geschlagen werden; *wtl.* Schläge fressen
	yamakuṭa pahára denavā	jmdm. Schläge versetzen, jmdn. schlagen
පහරනවා	*paháranavā* obs, gebr in zsgv	losschlagen, werfen (auf)
	maḷa paháranavā	Kot fallen lassen (Vogel)
පහසු	*pahásu* adj	bequem, leicht
පහළ	*paháḷa*, *paháḷa-* adj, adv, s	untere(-r,-s); unten; (das Unten)
	paháḷaṭa	abwärts, nach unten
පහළව, පහළොහ	*paháḷava*, *paháḷoha*	*s. o. pasaḷosa*
පහු	*pahu*	*s. o. pasu*
පළනවා	*paḷanavā*	spalten
	paḷuva	Hälfte (*längs gespalten*)
පළමු	*paḷamu* Ordinalzahl adj Form	erste(-r, -s)
	paḷamudā	vorvorgestern
	paḷamu koṭa, *paḷamuva/-ven*	zuerst
	paḷamuveniyā, *paḷamuvänna*	der/die Erste, das Erste
පළල	*paḷala*, *paḷal-* unz	Breite
පළාත	*paḷāta*	*s. o. palāta*
පාං	*pāṃ*	*s. u. pān*
පාට	*pāṭa*, *pāṭa-*, pl a. *-val*	Farbe
	pāṭa karanavā	färben
	pāṭa venavā	Farbe bekommen
පාඩම	*pāḍama*, *pāḍam-*	Lektion
	pāḍam karanavā	lernen
	kaṭa pāḍam karanavā umg	auswendig lernen
	pāḍamak ugannanavā umg	eine Lektion erteilen
පාඩුව	*pāḍuva*, *pāḍu-*	Verlust
	pāḍu karanavā	Verluste verursachen
	pāḍu venavā	Verluste erleiden
	pāḍuvaṭa vikuṇanavā	mit Verlust verkaufen
පාත	*pāta*	*s. o. paháta*
පාදය	*pādaya*, *pāda-*	Fuß; Verszeile
	pādāṃguliya, *pādāṅguliya*	Zeh(e)

පාන්	*pān*, *pāṃ*, *pān-*, *pāṃ-* pl Flexion	Brot
	pān/pāṃ geḍiya	ein Laib Brot
	pān/pāṃ petta	eine Scheibe Brot
පාන	*pāna*	*s. o. paháṇa*
පානවා	*pānavā* pt schr *päya*, *pävēya*; umg *pävā*	zeigen
පාන්දර	*pāndara*, *pāndara-*	Morgengrauen
	pāndarin	am frühen Morgen
පාමසිය	*pāmasiya*	*s. u. fāmasiya*
පායනවා	*pāyanavā* pt schr *pävvēya*; umg *pävvā*	scheinen; aufhören (Regen)
	(h)ira pāyayi. schr	Die Sonne scheint.
	vässa pävvā. umg	Der Regen hatte aufgehört.
පාර[1]	*pāra*[1]	*s. o. pahara*
පාර[2]	*pāra*[2], *pāra-*, pl mit Zahladj/Zahlfragewort/unbest pron/pron adj	Mal
	eka pāraṭama adv umg	auf einmal, plötzlich
	muḷu gaṇanama eka pāraṭama gevanavā	die ganze Summe auf einmal bezahlen
	eka pāraṭama vahinna paṭan gattā.	Plötzlich begann es zu regnen.
	mē pāra	dieses Mal
	tun pārak	drei Mal
	kī pārak	wieviele Male
	kīpa pārak	mehrere Male
	häma pārama umg	jedes Mal
පාර [3]	*pāra*[3], *pāra-*, pl *-val*	Weg, Straße
	pāra digē	die Straße entlang
පාරනවා	*pāranavā* < *pahāranavā*	weh tun
පාර්ලිමේන්තුව	*pārlimēntuva*, *pārlimēntu-*	Parlament
පාලනය	*pālanaya*, *pālana(ya)-* unz	Beschützen; Verwaltung
	pālanaya karanavā	beschützen; verwalten
පාලම	*pālama*, *pālam-*, *pālaṃ-*	Brücke
පාලි	*pāli*, *pāḷi* adj	Pāli (Sprache) betreffend
	pāli/pāḷi bhāṣāva/bhāsāva	Pāli-Sprache
පාවිච්චිය	*pāvicciya*, *pāvicci-* unz	Benutzung, Gebrauch
	pāvicci karanavā	benutzen, gebrauchen
	pāvicci venavā	benutzt werden; auf sich aufpassen (Kranke)
පාසා	*pāsā* post m. unbest Form schr	*bezeichnet die Wiederholung in regelmäßiger Folge bzw. Aufeinanderfolge ohne Auslassung*
	vasarak pāsā	jährlich, jedes Jahr

	geyak (geyak) pāsā	Haus für Haus, jedes Haus
පාසැල	*pāsäla*, *pāsäl-*; *pāsala*	Schule
පාහෙ, පාහේ	*pāhe, pāhē* post	fast, beinahe
	kavurut pāhē ehĕ giyā. umg	Fast alle gingen dorthin.
පාළි	*pāḷi*	*s.o. pāli*
පැට්‍රල්, පැට්‍රෝල්	*päṭral, päṭrōl*, *päṭral-*, *päṭrōl-* Stoffbez pl Flexion; *peṭral*	Benzin
	päṭral/päṭrōl gabaḍāva	Tankstelle
පැණි	*päṇi*, *päṇi-* s Stoffbez	Honig, süßer Saft
	päṇi rasa	süßer Geschmack
පැතලි	*pätali* adj	flach, eben
පැත්ත	*pätta*, *päti-*	Seite, Gegend; Partei
පැන්සල	*pänsala*, *pänsal-*	Bleistift
පැමිණෙනවා	*pämiṇenavā* schr ps *pämiṇeyi, pämiṇē*, abs *pämiṇa, pämiṇī*, part pt *pämiṇi, pämuṇuṇu*, pt *pämiṇiyēya, pämuṇuṇēya*	ankommen, erscheinen
	pämiṇilla vn	Anzeige, Anklage
	pämiṇili karanavā	Anzeige erstatten
පැය	*päya*, *pǟ-*, *päya-*	Stunde
	päyen päyaṭa	jede Stunde, stündlich
පැරණි	*päraṇi* adj; *pärāṇi*	altertümlich, altehrwürdig
පැරදෙනවා	*päradenavā*	*s.o. paradinavā*
පැල	*päla*, *päl-*; *päl pata*	Hütte, armselige Behausung
පැවතෙනවා	*pävatenavā*	*s.o. pavatinavā*
පැහැදිලි	*pähädili* adj	klar, deutlich, heiter
	pähädili karanavā	erklären, verdeutlichen
	pähädili venavā	klar/deutlich werden
පැහැදෙනවා	*pähädenavā*	Gefallen finden an etw./jmdm.
	ohu äya kerehi pähäduṇi. schr	Sie gefiel ihm/Er fand Gefallen an ihr.
පැහැය	*pähäya*, *pähä-*, *pǟ-*	Farbe, Glanz
පැළය	*päḷaya*, *päḷa-*; *päḷäṭiya*	(junge) Pflanze
පැදෙනවා	*pǟdenavā* < *pähädenavā*	klar/heiter werden
පැන	*pǟna*, *pǟn-*	Federhalter, Füller
	pǟnē miturā/mitrayā 4, 5	Brieffreund (*Lehnübersetzung des engl.* pen friend)
පිං	*piṃ*	*s.u. piṇa*
පිඟාන	*pin̆gāna*, *pin̆gan-*, *pin̆gaṃ-*	Teller
	pin̆gan/pin̆gaṃ kōppa	Teller und Tassen
පිට[1]	*piṭa*[1], *piṭa-*, pl *-val*, s, adj	Rücken, Außenseite, (das Draußen); äußere(-r,-s)

	aliyāgē piṭa	Rücken des Elefanten
	piṭa raṭa	Ausland
	piṭa piṭa(ma) dina pahak	fünf Tage hintereinander
	piṭa karanavā	herausbringen, -werfen
	piṭa venavā	hinausgehen, absondern
පිට [2]	*piṭa*[2]	*s. u. piṭuva*
පිටත	*piṭata*, *piṭat-* unz	Außenseite, (das Draußen)
	piṭat karanavā	fortschicken
	piṭat venavā	aufbrechen, abreisen
පිටපත	*piṭapata*, *piṭapat-*	Kopie, Abschrift
පිටි [1]	*piṭi*[1], *piṭi-* Stoffbez	Mehl, Pulver
පිටි [2], පිටු	*piṭi*[2], *piṭu* adj	hintere(-r,-s)
	piṭi/piṭu pasa schr/*passa* umg	Hinterseite, Rückseite
	yamaku piṭi/piṭu dakinavā	jmdn. fortjagen
	yamakuṭa piṭi/piṭu pānavā	jmdm. den Rücken kehren
පිටුව	*piṭuva*, *piṭa*[2], *piṭu-*	Seite (Buch, Zeitung usw.)
පිණ	*piṇa*	*s. u. pina*
පිණනවා	*piṇanavā* obs; kaus *piṇavanavā* u. abs II *piṇā* sind in gebr	sich freuen
	satuṭin piṇā yanavā	hocherfreut sein
පිණිස	*piṇisa* final post schr	um zu, zwecks; *s. a.* § 37 e)
	mudal upayanu piṇisa	um Geld zu verdienen
පින	*pina*, *piṇa*, *pin-*, *piṃ-*	Gutes, religiöser Verdienst
	pin karanavā	durch gute Taten religiöse Verdienste erwerben
පින්තූරය	*pintūraya*, *pintūra-*	(Licht-)Bild
පින්සලය	*pinsalaya*, *pinsal-*	Pinsel
පිපාසය, පිපාසාව	*pipāsaya*, *pipāsāva*, *pipāsa-*, *pipāsā-* unz; umg a. *pipāsǟ*	Durst
පිපිරෙනවා	*pipirenavā*, *pupuranavā* schr ps *pipireyi*, *pupurayi*, abs *pipirī*, *pupurā*, part pt *pipiruṇu*, *pipiruṇa*, *pipiri*, *pipirū*, pt *pipiruṇēya*, *pipiriṇi*; umg abs *pipirilā*, *pupuralā*, part pt *pi-piruṇu*, *pipiruṇa*, pt *pipiruṇā*	bersten, explodieren, Risse bekommen, platzen
පිපෙනවා	*pipenavā*	(auf-)blühen
පිඹිනවා	*piṁbinavā*	blasen (Flöte, Luft)
පියනවා	*piyanavā*	(ab-)schließen; verlassen *obs*; legen *obs*
	äs piyā gannavā	die Augen schließen
	piyana vn	Deckel
පියා	*piyā*, *piya-*, pl *piya varu*	Vater

පියාඹනවා	*piyām̆banavā*	fliegen (Vogel)
පිරිමියා	*pirimiyā*, *pirimi-*, pl *pirimi*	Mann, männliche Person
	pirimi ḷamayā, pl - *ḷamayi*	Junge, Knabe
පිරිස	*pirisa*, *piris-*	Versammlung, Gesellschaft, Gefolge, Menschenmenge
පිරිසිදු, පිරිසුදු	*pirisidu, pirisudu* adj	sauber, rein
	pirisidu/pirisudu karanavā	sauber machen, reinigen
	pirisidu/pirisudu venavā	sauber werden
පිරෙනවා	*pirenavā*	sich füllen
පිවිසෙනවා	*pivisenavā* schr	eintreten, auftreten *Theater*
පිසනවා	*pisanavā*, *pihanavā* pt schr *pisuvēya*, umg *pihuvā*; *pisinavā*	kochen
පිසිනවා	*pisinavā*, *pihinavā* pt schr *pissēya*, umg *pissā*; *pisanavā*	wischen, abwischen, kehren
	pisa damanavā/piha dānavā	abwischen, abstauben
පිස්සු	*pissu* adj	verrückt
	pissu adahasa	verrückte Idee
	pissā, pl *pissō*; *pissī*, pl *pissiyō*	der Verrückte; die Verrückte
	pissu väṭenavā/hädenavā	verrückt werden
	pissuva	Verrücktheit, -sein
	pissuven vagē	wie verrückt
පිහනවා	*pihanavā*	*s.o. pisanavā*
පිහිට	*pihiṭa*, *pihiṭa-*	Stütze, Hilfe
	yamakuṭa pihiṭa venavā	jmdm. helfen
පිහිටනවා	*pihiṭanavā* kaus *pihiṭuvanavā*, *pihiṭavanavā*	fest stehen, standhaft bleiben (in Tugenden, Vorschriften)
	pihiṭā tibenavā/tiyenavā	sich befinden, liegen
පිහිනනවා	*pihinanavā*	*s.u. pīnanavā*
පිහිනවා	*pihinavā*	*s.o. pisinavā*
පිහිය	*pihiya*, *pihi-*	Messer
පිළි -	*piḷi-* präf	(ent-)gegen, gegenüber, wieder, zurück
පිළිකුල	*piḷikula*, *piḷikul-* unz	Ekel, Abscheu, Widerwille
පිළි ගන්නවා	*piḷi gannavā*	anerkennen, akzeptieren, empfangen
පිළිතුර	*piḷitura*, *piḷituru-*	Antwort
	piḷituru denavā	beantworten
පිළි පදිනවා	*piḷi padinavā*	Folge leisten, gehorchen
පිළිබඳව	*piḷibaňdava* post schr	bezüglich, betreffend
	mē piḷibaňdava	diesbezüglich
පිළිමය	*piḷimaya*, *piḷima-*	Statue
පිළියම	*piḷiyama*, *piḷiyam-*	Behandlung, Gegenmittel
	piḷiyam karanavā	behandeln; reparieren

පිළිවන්	*piḷivan* schr	*s.u. puḷuvan*
පිළිවෙළ	*piḷiveḷa*, *piḷiveḷa-*, pl *-val*; *piḷivela*	Reihenfolge, Ordnung, Plan
	piḷiveḷaṭa, piḷiveḷin	der Reihe nach, ordentlich, ordnungsgemäß
	piḷiveḷa karanavā	ordnen; vorbereiten
පීඩාව	*pīḍāva*, *pīḍā-*	Qual, Schmerz, Leid
	pīḍā karanavā	quälen, Schmerz zufügen
	pīḍā viňdinavā	sich quälen, leiden
පීනනවා	*pīnanavā*, *pihinanavā*	schwimmen
	pīnum/pihinum taṭākaya	Schwimmbecken
	pīnum/pihinum tara(ň)gaya	Schwimmwettbewerb
	pīnanna yanavā	schwimmen gehen
පීරනවා	*pīranavā*	kämmen
	hisa/oḷuva pīrā gannavā	sich kämmen; *wtl.* sich den Kopf kämmen
	hisakes/hisakē pīrā gannavā	sich das Haar kämmen
පුංචි	*puṃci* adj umg	klein
පුටුව	*puṭuva*, *puṭu-*	Stuhl
	puṭu kakula	Stuhlbein
පුතා	*putā*, *put-* **para 1**	Sohn
පුත්‍රයා	*putrayā*, *putra-* **para 5**	Sohn
පුදුමය	*pudumaya*, *puduma-*	Wunder
	puduma venavā	sich wundern, erstaunt sein
පුද්ගලයා	*pudgalayā*, *pudgala-* **para 5**	Person, Individuum
	pudgalīkaraṇaya	Privatisierung
පුන, පුනර්	*puna, punar* adv	wieder, zurück
	puna punā	wieder und wieder
	punarutpattiya	Wiedergeburt
	punarjīvaya	Renaissance
පුපුරනවා	*pupuranavā*	*s.o. pipirenavā*
පුරය	*puraya*, *pura-*	Stadt, Burg, Festung
පුරාණ	*purāṇa* adj	altertümlich; *s.a. päraṇi*
පුරාතන	*purātana* adj	ehemalig, antik
පුරුද්ද	*purudda*, *purudu-*	(An-)Gewohnheit, Übung
	ḷamayin hoňda vädaṭa purudu karanavā	Kinder an gute Taten gewöhnen
	alut tänaṭa purudu venavā	sich an den neuen Ort gewöhnen
	pīnanna purudu venavā	sich im Schwimmen üben
පුරුෂයා	*puruṣayā*, *puruṣa-* **para 5**	Mann, männliche Person
	puruṣaliṃga gramm	männlich (Genus)
පුවත	*puvata*, *puvat-* schr	Nachricht, Neuigkeit; *s.a. pravṛttiya*

	puvat pata	Zeitung
පුස්තකාලය	*pustakālaya*, *pustakāla-*	Bibliothek; *s. a. layibrariya*
පුළුවන්	*puḷuvan*, *piḷivan* adj, mod verb ers, Subjekt im dat/nom	gewandt, fähig; können; es könnte sein, daß ... *umg*
	yamak karanna puḷuvan kenek	jemand, der fähig ist, etw. zu tun
	Nimalṭa naṭanna puḷuvan(i).	Nimal kann tanzen.
	eyā heṭa enna puḷuvan. umg	Es ist wohl möglich, daß er morgen kommt.
පූර්ණ (පූර්‍ණ)	*pūrṇa* adj	gefüllt, voll(-ständig)
	pūrṇa balaya	Vollmacht
පූර්ව (පූර්‍ව)	*pūrva* adj	früher, ehemalig; östlich
	pūrva diśāva	Osten, östliche Richtung
පෘථිවිය	*pṛthiviya*, *pṛthivi-* unz	Erde (Planet), Erdboden
පෙට්ටිය	*peṭṭiya*, *peṭṭi-*	Schachtel, Kiste
පෙණහැල්ල	*peṇahälla*, *peṇahäli-*; *penahalla*	Lunge
පෙත්ත	*petta*, *peti-*	Scheibe, (Blüten-)Blatt
පෙනෙනවා	*penenavā*, *pēnavā* Subjekt im dat; kaus *penvanavā*, *pennanavā*	sichtbar sein, sehen, scheinen
	maṭa penenavā/pēnavā.	Mir ist sichtbar/ich sehe.
	maṭa penena häṭiyaṭa, ...	wie mir scheint, ...
	penī siṭinavā schr/*hiṭinavā* umg	erscheinen; vertreten
	penīma vn	Sehvermögen
	penuma vn	Aussehen
පෙබරවාරිය	*pebaravāriya*, *pebaravāri-*; *pebravāriya, febravariya*	Februar
	pebaravāriyē, pebaravārivala	im Februar
පෙම	*pema*, *pem-* unz schr	Liebe, Zuneigung
	yamakuṭa pem karanavā	jmdn. lieben
	yamaku veta pcm baňdinavā	sich in jmdn. verlieben
පෙර	*pera* adj, adv, konj, temp post	früher, ehemalig; vorn befindlich; östlich; bevor; vor; *s. a.* § 37 b)
	pera diga	Osten
	pera dina	früherer Tag, Vortag
	peravaru adv	vormittags
	peraṭa yanavā	vorwärts gehen
	yannaṭa pera	bevor man geht
	satiyakaṭa pera	vor einer Woche
පෙරහැර	*perahära*, *perahära-*, pl *-val*	Prozession, feierlicher Umzug
පෙරළනවා	*peraḷanavā*	(um-)drehen, umkippen, fällen; (in e. Sprache) übersetzen
	anit ataṭa peraḷanavā	auf d. andere Seite drehen

	ali gas peraḷanavā. umg	Elefanten fällen Bäume.
	potak iṃgrīsiyaṭa peraḷanavā	ein Buch ins Englische übersetzen
පෙරෙයිදා, පෙරේදා	*pereyidā, perēdā* adv	vorgestern
පෙළ	*peḷa, peḷa-*, pl a. *-val*	Reihe, Klasse, Rang; Familie; Text
	peḷapat nama	Familienname
	peḷapāḷiya	Demonstration
පෙළනවා	*peḷanavā*	Leid zufügen, quälen
පේනවා	*pēnavā*	*s. o. penenavā*
පේලිය, පේළිය	*pēliya, pēḷiya, pēli-, pēḷi-*	Reihe, Zeile
පොඩි	*poḍi* adj umg	klein, unwichtig
	poḍi minissu	unwichtige Leute
	poḍi karanavā	zerdrücken, zerknittern
	poḍi venavā	zerdrückt, zerknittert werden
පොත	*pota, pot-* **para 11**	Buch
	pot pat	Bücher und (beschriebene/ bedruckte) Blätter
	pot almāriya	Bücherschrank
	pot rākkaya	Bücherregal
	pot täbīma	Buchhaltung
පොදු	*podu* adj	allgemein, öffentlich
	podu ayitiya	öffentliches Eigentum
පොරොන්දුව	*poronduva, porondu-*	Versprechen, feste Zusage
	porondu venavā	versprechen, zusichern
පොලය	*polaya* umg, *pol-*; *pol geḍiya*	Kokosnuß
පොලිය	*poliya, poḷiya, polī-, poḷī-*	Zins
පොලිසිය, පොලීසිය	*polisiya, polīsiya, polis-*	Polizei
	polis niladhāriyā, pl *-īhu*	Polizeibeamter
	polis niladhāriṇiya **para 6**	Polizeibeamtin
	polis sthānaya	Polizeiwache, -revier
පොහොසත්	*pohosat, pōsat* adj	reich, wohlhabend; fähig *poet*
	pohosatā **para 1**	der Reiche
	pohosatī **para 6**	die Reiche
පොළිය	*poḷiya*	*s. o. poliya*
පොළොව	*poḷova, poḷō-* unz	Erde (Planet), Erdboden
	poḷō talaya	Erdoberfläche
පෝසත්	*pōsat*	*s. o. pohosat*
පෞද්ගලික	*paudgalika* adj; *pudgalika*	persönlich, privat
	paudgalika ayitiya	Privateigentum
ප්‍රකට	*prakaṭa* adj	bekannt, offensichtlich

ප්‍රතිකාරය	*pratikāraya*, *pratikāra-*	Behandlung, Therapie, Abhilfe, Gegenmittel
ප්‍රතික්ෂේප කරනවා	*pratikṣēpa karanavā*	ablehnen
ප්‍රතිචාරය	*praticāraya*, *praticāra-*	Resonanz, Reaktion
ප්‍රතිඵලය	*pratiphálaya*, *pratiphála-*; *pratipálaya*, *pratipálē* umg	Ergebnis, Resultat
ප්‍රතිරාවය	*pratirāvaya*, *pratirāva-*	Echo, Widerhall
ප්‍රතිසංස්කරණය	*pratisaṃskaraṇaya*, *-saṃskaraṇa-*	Reform, Renovierung
ප්‍රථම	*prathama* Ordinalzahl schr	erste(-r, -s)
	prathamayen konj	bevor, ehe
	prathamayenma adv	zuerst, zuallererst
ප්‍රධාන	*pradhāna* adj	Haupt-, Premier-
	pradhāniyā, pl *-nīhu*	Hauptperson, Chef
ප්‍රමාණය	*pramāṇaya*, *pramāṇa-*	Maß, Umfang, Größe, Grad, Quantität
	pramāṇavat	genügend
ප්‍රමාදය	*pramādaya*, *pramāda-* unz	Verspätung, Verzögerung, Unachtsamkeit
ප්‍රයෝජනය	*prayōjanaya*, *prayōjana-*	Nutzen, Gebrauch
	prayōjanavat	nützlich
	prayōjanayaṭa gannavā	benutzen, gebrauchen
ප්‍රවෘත්තිය	*pravṛttiya*, *pravṛtti-*	Nachricht, Neuigkeit; *s.a.* *puvata*
	pravṛtti patraya	Zeitung
ප්‍රශංසාව	*praśaṃsāva*, *praśaṃsā-*; *prasaṃsāva*	Lob, Lobpreisung
	yamakuṭa praśaṃsā karanavā	jmdn. loben
ප්‍රශ්නය	*praśnaya*, *praśna-*	Frage, Problem
	praśna asanavā/karanavā	Fragen stellen, fragen
	praśnayak asanavā	eine Frage stellen
	praśna visaňdanavā	Probleme lösen
ප්‍රසිද්ධ (ප්‍රසිද්‍ධ)	*prasiddha* adj	bekannt, berühmt
	prasiddhiya	Berühmtheit
ප්‍රාර්ථනාව (ප්‍රාර්‍ථනාව)	*prārthanāva*, *prārthanā-*; *prārthanaya*	Wunsch, Hoffnung
	prārthanā karanavā	wünschen, hoffen; *s.a.* *patanavā*
ප්‍රිය	*priya* adj	lieb, angenehm
	yamaku/yamak priya karanavā	jmdn./etw. gern haben
ප්‍රීතිය	*prītiya*, *prīti-* unz	Freude, Fröhlichkeit
	prīti janaka	Freude bringend, erfreulich
	prītimat	froh, fröhlich

	prīti venavā	sich freuen
	yamaku prītiyaṭa pat karanavā	jmdn. erfreuen
ප්‍රේමය	*prēmaya*, *prēma-* unz	Liebe, starke Zuneigung
	yamakuṭa prēma karanavā	jmdn. lieben

ඵ *pha*

ඵලය	*phalaya*, *phala-*; *palaya, palē* umg	Frucht; Nutzen, Wirkung
	phala vipāka	Nutzen u. schädl. Folgen
	ēken palak nähä. umg	Das bringt nichts; *wtl.* Das hat keinen Nutzen.

බ *ba*

බංකුව	*baṃkuva*, *baṃku-*	Bank (Sitzmöbel)
බටහිර	*baṭahira*, *baṭahira-* unz	Westen; *wtl.* untergegangene Sonne; *s. a. basnāhira*
	baṭahira ābhāsaya	westlicher Einfluß
	baṭahira raṭaval	westliche Länder
බඩ	*baḍa*, *baḍa-*, pl *-val*	Bauch, Magen, Mutterleib
බඩගින්න	*baḍaginna*, *baḍagini-* unz	Hunger; *wtl.* Feuer im Bauch
	maṭa baḍaginī. umg	Ich habe Hunger.
	baḍagini venavā	Hunger bekommen
බඩුව	*baḍuva*, *baḍu-*	Ware, Artikel, Ding
	baḍumŭṭṭu	Möbel, Gepäck, persönl. Gebrauchsgegenstände
බණිනවා	*baṇinavā*, *baninavā*	schelten, schimpfen
	yamakuṭa baṇinavā	jmdn. schelten
	bäṇum ahanavā	Schelte bekommen
බත්	*bat*, *bat-* Stoffbez	gekochter Reis
	bata	Mahl, Essen
බදනවා	*badanavā*	fassen, packen, ringen
	yamaku badā gannavā	jmdn. umarmen
බදාදා	*badādā*, *badādā-*, pl *-val*	Mittwoch, am Mittwoch
බදිනවා	*badinavā*	braten, rösten
බද්ද	*badda*, *badu-*	Steuer
බඳිනවා	*ban̆dinavā* pt schr *bändēya*, umg *bändā*	(an-)binden, anschnallen, befestigen; verfassen *poet*; heiraten *umg*
	kasāda ban̆dinavā	heiraten

	pem bam̆dinavā	sich verlieben
	Nimal bäm̆dalā. umg	Nimal ist verheiratet.
	bäm̆dīma vn	(An-)Binden, Bindung
	bämma < *bäm̆duma* vn	Bindung; Mauer
බඳුන	*bam̆duna*, *bam̆dun-*	Behälter, Gefäß, Vase; *s.a.* *bhājanaya*
බනිනවා	*baninavā*	*s.o.* *baṇinavā*
බබළනවා	*babaḷanavā*, *bäbaḷenavā* schr ps *babaḷayi, bäbaḷeyi*, abs *babaḷā, bäbaḷī*, part pt *bäbaḷi, bäba-ḷuṇu, bäbaḷuṇa*, pt *bäbaḷuṇēya, bäbaḷuṇi*; umg abs *bäbaḷilā*, part pt *bäbaḷuṇu, bäbaḷuṇa*, pt *bäbaḷuṇā*	scheinen, leuchten
බබා	*babā*, *babā-*, pl *babālā, babbu*	Baby, Kleinkind
බය	*baya*, *bhaya*, *biya*, *b(h)aya-*, *biya-* pl nur begrenzt gebr	Furcht, Angst, Schrecken
	yamaku b(h)aya karanavā	jmdn. erschrecken
	yamakuṭa b(h)aya venavā	vor jmdm. erschrecken
	Lāl pav kirīmaṭa bhayayi schr/ *karanna bayayi.* umg	Lāl hat Angst davor, Übeltaten zu begehen.
බයිසිකලය	*bayisikalaya*, *bayisikal-*	Fahrrad; *s.a.* *sayikalaya*
බර	*bara*, *bara-* s, adj	Gewicht, Last; schwer
බරපතළ	*barapataḷa* adj	gravierend, schwerwiegend
බලනවා	*balanavā*	(an-)schauen, sich kümmern um; lesen; versuchen *umg*
	mē balanna!	schau mal her!
	yamaku desa balanavā schr, *yamek dihā balanavā* umg	in Richtung von jmdm. schauen = jmdn. ansehen
	ḷamayi(n) balanavā	sich um Kinder kümmern
	pattaraya balanavā	die Zeitung lesen
	mama väḍe karanna balanavā. umg	Ich versuche, die Arbeit zu verrichten
	Sītā ḷamayin balā ganiyi. schr	Sītā kümmert sich um die Kinder.
	balā innavā/siṭinavā	warten (auf jmdn./etw.)
	Lāl Sunil ena tek etäna balā siṭiyi. schr	Lāl wartet dort auf Sunil; *wtl.* bis er kommt.
	balā yana	in ... Richtung gehend
	Nuvara balā yana dumriya	der Zug nach Kandy
	yamaku/yamak balanna yanavā	jmdn./etw. besuchen
	bälīma vn; *bäl(u)ma* vn	(An-)Schauen; Blick
බලය	*balaya*, *bala-* unz; *balē* umg	Macht, Kraft, Stärke
	bala tala	Vollmachten

	bala patraya	Berechtigungsschein
	balavat minissu	einflußreiche Leute
	yamakuṭa bala karanavā	jmdn. zwingen
	yamakuṭa bala pānavā	jmdn. beeinflussen
බලාපොරොත්තුව	*balāporottuva, balāporottu-*	Hoffnung, Erwartung
	balāporottu venavā	hoffen, erwarten
බල්ලා	*ballā, balu-* **para 5**	Hund
	bällī **para 6**	Hündin
බව	*bava, bava-* Entsprechung zu *daß*, nachgestellt, unz	Existenz, Tatsache; die Tatsache, daß ......
	tamā gedara yana bava Nimal apaṭa kīvēya. schr	Nimal sagte uns, daß er nach Hause geht.
බස	*basa, bas-; bahá* umg	Sprache, Rede, Wort; *s. a. bhāṣāva*
	katā bas/bahá karanavā	sich unterhalten
බසිනවා, බහිනවා	*basinavā, bahinavā* pt schr	herab-, hinabsteigen, sinken
	bässēya, umg *bässā*	
	ira basinavā/bahinavā	Die Sonne geht unter.
	uṇa basinavā/bahinavā	Das Fieber sinkt.
	bas eken basinavā/bahinavā	aus dem Bus aussteigen
බස් එක	*bas eka, bas-; basaya*	(Omni-)Bus, *engl.* bus
බස්නාහිර	*basnāhira, basnāhira-* unz	Westen; *wtl.* untergehende Sonne; *s. a. baṭahira*
බහුල	*bahula* adj	viel, zahlreich
	kārya bahula minisek	ein geschäftiger Mann
	bahula vaśayan adv	zahlreich
බළලා	*baḷalā, baḷal-* **para 1**	Kater, männliche Katze
	bäḷalī **para 6**	Katze
බාගය	*bāgaya, bhāgaya, b(h)āga-,* pl *b(h)āga, bāgā; bāgĕ* umg	Hälfte, Teil, Anteil
බාධාව	*bādhāva, bādhā-; bādāva* umg	Hindernis, Behinderung, Störung
බාරය	*bāraya, bhāraya, b(h)āra-* unz; in d. 4. Bedeut. zählb.; *bārē* umg	Obhut, Wache, Aufsicht; Versprechen (*ein Ritual*)
	yamakuṭa yamak b(h)āra karanavā	jmdm. etw. anvertrauen
	yamakuṭa yamak bhāra denavā	jmdm. etw. übergeben
	polīsiyaṭa b(h)āra venavā	sich der Polizei stellen
	... bārē Anschriftsformel	(wohnt) bei ...
බාල	*bāla* adj	jung, jünger; von geringem Wert/Verstand
	bāla kālaya/vayasa	Jugendalter
	bāla sahōdarayā **para 5**	jüngerer Bruder
	bāla sahōdariya **para 6**	jüngere Schwester

	bāla baḍu	Waren v. geringem Wert
	andha bāla poet	geblendet von Torheit
බාසාව	*bāsāva*	*s. u. bhāṣāva*
බාහිර	*bāhira* adj	draußen befindlich, extern
බැංකුව	*bäṃkuva, bäṃku-*	Bank, Geldinstitut
	bäṃku giṇuma	Bankkonto
බැගින්	*bägin* post distributiv	je . . . , (pro . . .)
	ekkenekuṭa pot deka bägin	zwei Bücher pro Person
බැබළෙනවා	*bäbaḷenavā*	*s. o. babaḷanavā*
බැරි	*bäri* adj	nicht fähig, nicht möglich
	bäri venavā	nicht möglich/fähig sein
	maṭa liyuma liyanna bäri uṇā. umg	Mir war nicht möglich, den Brief zu schreiben.
	bäriva, bäruva adv	nicht fähig (etw. zu tun)
	bäri vīmakin schr/*velā* umg	versehentlich
බැවින්	*bävin* konj schr	weil; *s. a.* § 38 e)
බැහැ	*bähä, bǟ* Satzwort, neg part umg	nein, man kann nicht
	oyāṭa naṭanna puḷuvanda? – bähä.	Kannst du tanzen? – Nein.
	Lālṭa duvanna bähä.	Lāl kann nicht rennen.
බැහැ දකිනවා	*bähä dakinavā* geh	besuchen
බැහැර	*bähära, bähära-* adj, s; *bǟra* umg	draußen befindlich; Ferne
	bǟrakda yannē? die höfliche Frage für *kohēda yannē?*	Gehen Sie weit weg? *für* Wohin gehen Sie?
	bähära karanavā	entfernen, wegschaffen
	bähära venavā	sich entfernen
බෑ	*bǟ*	*s. o. bähä*
බෑගය, බෑග් එක	*bǟgaya*, umg *bǟg eka, bǟg-*	Tasche, *engl.* bag
බෑනා	*bǟnā, bǟnā-*, pl *bǟnāvaru, bǟnalā*	Neffe; Schwiegersohn
බෑයා	*bǟyā, bǟyā-*, pl *bǟyō* obs	Bruder
බෑර	*bǟra*	*s. o. bähära*
බිංදුව	*biṃduva, binduva, biṃdu-, bindu-*	Null, Zero; Tropfen
බිත්තරය	*bittaraya, bittara-*	Ei
බිත්තිය	*bittiya, bhittiya, b(h)itti-*	Wand
බිඳිනවා	*biňdinavā* schr ps *biňdiyi, biňdī*, abs *biňda*, part pt *biňdi, binda, bun* (archaisch), pt *bindēya*; umg abs *biňdalā*, part pt *binda, biňdapu*, pt *bindā*	zerbrechen, durchbrechen; spalten; einbrechen
බින්දුව	*binduva*	*s. o. biṃduva*
බිම	*bima, bim-, biṃ-*	Erdboden, Grundstück, Land
	bima/bimin tabanavā schr	auf den Boden setzen

	bima/bimin tiyanavā umg	auf den Boden setzen
	bima tibena/tiyena baḍu	die Waren, die auf dem Boden liegen
	bima/bimaṭa dānavā	auf den Boden werfen
	bima balanavā	nach unten blicken
බිය	*biya*	*s.o. baya*
බිරිඳ, බිරින්ද	*biriňda, birinda, biriňda-, birinda-* **para 8, 9**; *biriňdǟ*	Ehefrau
බිල	*bila, bil-*	Rechnung
බිහිරි	*bihiri, bīri* adj	taub, gehörlos
	bihirā, bīrā, pl *bihirō, bīrō*	der Taube, der Gehörlose
බීම	*bīma, bīm-* vn v. *bonavā*	Trinken; Getränk
බීරි	*bīri*	*s.o. bihiri*
බුදු	*budu* adj	Erleuchtungs-
	budu piḷimaya	Buddhastatue
	budun vahansē	Buddha, Erleuchteter
බුද්ධ (බුඩ)	*buddha*	*s.u. bauddha*
බුද්ධිය (බුඩිය)	*buddhiya, buddhi-* unz	Intelligenz, Vernunft, Ratio
	buddhimat	intelligent
බුරුල්	*burul* adj	locker, nicht fest
	burul karanavā	lockern
	burul venavā	sich lockern
බුරුසුව	*burusuva, burusu-*	Bürste
බූදලය	*būdalaya, būdal-; būdalē* umg	Eigentum, Besitz; Erbschaft
බූමිය	*būmiya*	*s.u. bhūmiya*
බූරුවා	*būruvā, būru-* **para 5**	Esel; Dummkopf *umg*
	būru dena **para 9**	Eselin
බෘහස්පතින්දා	*bṛhaspatindā*	*s.u. brahaspatindā*
බෙදනවා	*bedanavā*	(ver-)teilen, dividieren
බෙල්ල	*bella, beli-*	Genick, Hals, Nacken
බෙහෙත	*beheta, bēta, behet-, bēt-*	Arznei, Medikament
බෙහෙවින්	*behevin* adv schr	sehr, überaus
බේත	*bēta*	*s.o. beheta*
බේදය	*bēdaya*	*s.u. bhēdaya*
බේරනවා	*bēranavā*	retten; aussortieren; beilegen, schlichten (Streit)
	yamakugē jīvitaya bēranavā	jmdm. das Leben retten
	raṇḍuvak bēranavā	einen Streit schlichten
	väli bēranavā	Sandkörner aussortieren

බොනවා	*bonavā* schr ps *boyi*, abs *bī*, part pt *bivū*, pt *bivvēya, bīvēya*; umg abs *bīlā*, part pt *bivva, bīpu*, pt *bivvā, bīvā*; Kausativstamm *pova-*; Möglichkeitsform *boyi*	trinken; *s.a. dum bonavā unter duma*
බොරුව	*boruva, boru-*	Lüge, Schwindel
	boru kiyanavā	lügen, schwindeln
බොහොම	*bohoma* adj, adv	viel, zahlreich; sehr
	bohoma minissu	viele Menschen
	bohoma hoňda potak	ein sehr gutes Buch
	bohomayak	vieles, e. große Anzahl
බොහෝ	*bohō* adj schr	viel, zahlreich
	bohō ḷamayi	zahlreiche Kinder
	bohō viṭa adv	sehr oft
	bohō seyin adv	in hohem Maße
බෝ	*bō* < *bohō* meist in zsgv und in Zusammensetzungen	viel, zahlreich
	āyubōvan! Grußformel	*s.o. āyu(ṣa), āyusaya*
	bō karanavā	vermehren
	bō venavā	sich vermehren; sich ausbreiten (Krankheit)
	bōvena rōgaya	ansteckende Krankheit
බෝඩිම, බෝඩිං එක	*bōḍima, bōḍiṃ eka, bōḍim-, bōḍiṃ-*	Pension, Schülerheim, *engl.* boarding (house)
බෝතලය	*bōtalaya, bōtal-; bōtalē*	Flasche
බෝලය	*bōlaya, bōla-*	Ball
	bōla gahanavā umg	Ball spielen
බෞද්ධ (බෞධ)	*bauddha, buddha* adj	buddhistisch
	bauddha/buddha dharmaya	buddhistische Lehre
	bauddhayā **para 5**	Buddhist
	bauddhāgama, buddhāgama	Buddhismus
බ්‍රහස්පතින්දා	*brahaspatindā, bṛhaspatindā, brahaspatindā-*, pl *-val*	Donnerstag, am Donnerstag

භ *bha*

භය	*bhaya*	*s.o. baya*
භයංකර, භයානක	*bhayaṃkara, bhayānaka* adj	furchtbar, gefährlich
භාගය	*bhāgaya*	*s.o. bāgaya*
භාග්‍යය	*bhāgyaya, bhāgya-* schr unz	Glück, Wohlergehen
	bhāgyavat	glücklich

භාජනය	*bhājanaya, bhājana-* schr;	Behälter, Gefäß; *s. a.*
	bājanē umg	*bañduna*
	sälakīmaṭa bhājana karanavā	in Betracht ziehen
	īrṣyāvaṭa bhājana venavā	beneidet werden
භාරය	*bhāraya*	*s. o. bāraya*
භාෂාව	*bhāṣāva, bāsāva, bhāṣā-, bāsā-*;	Sprache; *s. a. basa*
	bāsĕ umg	
භික්ෂුව	*bhikṣuva, bhikṣu-*, pl *bhikṣūhu*	buddhistischer Mönch
	bhikṣu saṃghayā	buddh. Mönchgemeinde
භිත්තිය	*bhittiya*	*s. o. bittiya*
භුක්තිය	*bhuktiya, bhukti-* unz; *buttiya* umg	Nutzung, Nießrecht
	bhukti viñdinavā	nutzen, genießen
භූගෝලය	*bhūgōlaya, bhūgōla-* unz	Erdkugel; Geographie *umg*
	bhūgōla vidyāva	Geographie
භූමිය	*bhūmiya, būmiya, b(h)ūmi-*	Erdboden, Grundstück, Platz
	b(h)ūmi tel	Kerosin; *wtl.* Erdöl
	bhūmi kampāva	Erdbeben
භේදය	*bhēdaya, bēdaya, b(h)ēda-*	Spaltung, Zwietracht, Verschiedenheit
	bhēda karanavā	Zwietracht stiften, spalten
	bhēda venavā	sich spalten
භෞතික	*bhautika* adj	materiell, physikalisch
	bhautika vidyāva	Physik

ම *ma*

-ම	*-ma* begriffsverstärkende Partikel	*s.* § 39 b)
මං	*maṃ*	*s. u. mama u. maga, mañga*
මක්	*mak* Kurzform v. *kumak*	*s. o. kum-*
මග, මඟ	*maga, mañga, maṃ-*	Weg, Bahn, Straße
	magin post	durch, auf dem Wege
	täpäl magin	per Post
	magiyā, pl *magiyō, magīhu*	Wanderer, Reisender, Passant
මට්ටම	*maṭṭama, maṭṭam-*	Ebene, Stand; Rang; Standard
	jala maṭṭama, diya maṭṭama	Wasserstand
	apēkṣita maṭṭama	erwarteter Standard
	ihaḷa maṭṭamē niladhāriyek	ein ranghoher Beamter
මඩිනවා, මඬිනවා	*maḍinavā, mañḍinavā* pt schr	(unter-)drücken, pressen
	mä(ñ)ḍīya, mä(ñ)ḍiyēya, umg	
	für **mäḍḍā* kaus *mäḍevvā* gebr	

	mäḍalanavā, mäḍa pavatvanavā	unterdrücken, überwältigen
මණ්ඩලය	*maṇḍalaya, maṇḍala-*	Kreis, Zirkel, Ausschuß, (staatliche) Betriebe
-මත්[1]	*-mat*[1] nominal suf nach *ĭ/ŭ*	versehen mit; *s. a. -vat*
	rūmat	schön, wohlgestaltet
	śaktimat	stark, kräftig
මත්[2]	*mat*[2] adj	betrunken, berauscht
	matpän	alkoholische Getränke
	mat venavā	betrunken, berauscht werden
මත	*mata* post schr	auf
	hisa mata	auf dem Kopf
මතක, මතකය	*mataka, matakaya, matak-* unz	Gedächtnis, Erinnerung
	yamakuṭa yamak matak karanavā	jmdn. an etw. erinnern
	yamak matak venavā	sich an etw. erinnern
	mataka näti venavā	vergessen
	mā äya matak kaḷa bava kiyanna. Briefformel	Bestellen Sie ihr bitte Grüße von mir!
මතය	*mataya, mata-*	Meinung
	mata bhēdaya	Meinungsverschiedenheit
මතු	*matu* adj, adv	ober-; Zukunfts-; in Zukunft
	matu piṭa	Oberfläche, Außenseite
	matu kālaya, matta, matuva	Zukunft
	mattaṭa/matuvaṭa tabanavā	in d. Zukunft verschieben
	yamak karanna matten	bevor man etw. tut
	min matu adv	in Zukunft
මදි	*madi, mañda, mañdi* adj	nicht genügend, mangelhaft
	madi kama	Mangel; Erniedrigung
	mañda sulañga	schwacher Wind
	ēka hoñda madi. umg	Das ist nicht gut genug.
මදිනවා	*madinavā*	glätten, bügeln, reiben, polieren, putzen
මදුරුවා	*maduruvā, maduru-* para 5	Moskito, Stechmücke
	maduru däla	Moskitonetz
මධ්‍ය(ම)	*madhya(ma)* adj	mittlere(-r, -s), zentral
	madhyasthānaya	Zentrum
මඳ, මඳි	*mañda, mañdi*	*s. o. madi*
මන, මනස	*mana, manasa, mana-, manas-*	Geist, Gedanke, Herz, Psyche
	mana pinavanavā	das Herz erfreuen
	manasaṭa nägenavā	in den Sinn kommen
	manō vidyāva	Psychologie
මනා	*manā* adj	angenehm, erfreulich, gut

	manā häsirīma	gutes Benehmen
	nokaḷa manā dē	Dinge, die man nicht tun darf
	manāpaya	Wunsch
මනිනවා	*maninavā*	messen
	minuma vn	Messen, Messung
	mimma < *minuma* vn	Maß, Maßstab
මනුෂ්‍යයා	*manuṣyayā*, *manuṣya-* **para 5**	Mensch, Menschheit
	manuṣyatvaya, manuṣya svabhāvaya; manussa kama umg	Menschlichkeit
	manuṣya vargaya	Homo sapiens
මම	*mama*, *ma-*, *mā-* pers pron 1. sg **para 12**; umg a. *maṃ*	ich
මරණය	*maraṇaya*, *maraṇa-*	Tod, Todesfall
	maraṇa sahatikaya	Sterbeurkunde
මරනවා	*maranavā*	töten; *s. a. märenavā*
මල^1	*mala*^{1}, *mal-*	Blume
මල^2	*mala*^{2}, *mala-* unz	Schmutz, Kot
මල^3, මලකඩ	*mala*^{3}, *malakaḍa*, *mala(kaḍa)-* Stoffbez	Rost
මල^4	*mala*^{4}, *mal(a)-*	(Nadel-)Öhr
මල්ල	*malla*, *malu-*	Tasche
මල්ලී	*mallī*, *malli-*, pl *mallilā*; *malayā*	jüngerer Bruder
මව	*mava*, *mav(u)-*, pl *mav(u)varu*	Mutter
	(de)mav(u) piyō	Eltern
මවනවා	*mavanavā*	kreieren, schaffen
මවිතය	*mavitaya*, *mavita-* unz schr	Verwunderung, Erstaunen, Überraschung
	mavita venavā	sich wundern, erstaunt sein
	yamaku mavita karanavā	jmdn. in Erstaunen versetzen, jmdn. überraschen
මස්	*mas*, *mas-* Stoffbez	Fleisch; Fisch *obs*
	gava/harak mas	Rindfleisch
	mas(un) marannā	Fischer
මස	*masa*, *mas-* schr	Monat; *s. a. māsaya*
	masin masa(ṭa)	von Monat zu Monat
මසනවා	*masanavā*, *mahánavā*	nähen
	mäsma, *mähuma* vn	Näharbeit
මස්සිනා	*massinā*, *massinā-*, pl *-lā*	Schwager; Vetter (Sohn der Schwester des Vaters/des Bruders der Mutter)
මහ	*maha*, *mahā* adj, adv	groß, stark; sehr
	maha vattak	ein großer Garten
	maha loku geyak	ein sehr großes Haus

	mahādvīpaya	Kontinent < große Insel
මහංසිය	*mahaṃsiya*	*s. u. mahansiya*
මහත්	*mahat* adj	groß, stark, mächtig
	mahat karanavā	vergrößern, verdicken
	mahat venavā	an Gewicht zunehmen
මහත	*maháta* adj, s unz	dick, korpulent; Dicke
මහතා	*mahátā*, pl *mahatvaru* schr,	Herr
	Namen/Berufsbez. nachgestellt	
	guru mahátāṭa	dem Herrn Lehrer
මහත්තයා	*mahattayā*, geh *mahatmayā*,	Herr; Sie
	pl *mahattayalā, mahatmayō*,	
	höfl. Anrede, *Sie*-Ersatz	
	mahattayā gedara yanavāda?	Gehen Sie nach Hause?
මහනවා	*mahánavā*	*s. o. masanavā*
මහන්සිය	*mahansiya, mahaṃsiya, māṃsiya, mahansi-, mahaṃsi-, māṃsi-* unz	Ermüdung, Anstrengung
	mahansi venavā	ermüden, sich anstrengen
මහලු	*mahalu* adj	alt (Menschen, Tiere)
	mahallā **para 5**	der Alte, alter Mann
	mähälla, mähällī **para 6**	die Alte, alte Frau
මහා	*mahā*	*s. o. maha*
මහිම(ය)	*mahima(ya), mahima-* unz	Größe, Macht, Erhabenheit
මළ	*maḷa* unregel part pt v. *mārenavā*	gestorben
	maḷa sirura	Leiche
මාංසිය	*māṃsiya*	*s. o. mahansiya*
මාතෘකාව	*mātṛkāva, mātṛkā-*	Thema, Überschrift, Titel
මාමා	*māmā, māmā-*, pl *māmalā*	Onkel
මාර්තුව	*mārtuva, mārtu-*	März
	mārtuvē, mārtuvala	im März
මාරුව	*māruva, māru-*	Wechsel, Versetzung
	māru karanavā	wechseln, umtauschen, versetzen
	māru venavā	verwechselt werden, vertauscht werden
මාලය	*mālaya, māla-; mālē*	Halskette
මාලුවා	*māluvā*	*s. u. māḷuvā*
මාසය	*māsaya, māsa-; umg a. māsē*	Monat; *s. a. masa*
	mās patā	monatlich, jeden Monat
	yamak māsen māseṭa kal damanavā	etw. von Monat zu Monat verschieben
	māsikaya	Monatsheft
මාළුවා	*māḷuvā, māluvā, māḷu-, mālu-*	Fisch; *s. a. mas*
	māḷu allanavā	Fische fangen

මැණික	*mäṇika, mäṇik-*	Juwel, Edelstein
මැද, මැද්ද	*mäda, mädda, mä(d)da-, mädi-*	Mitte, Zentrum
	kāmarē mäda	Mitte/in der Mitte des Zimmers
	mäda/mädi/mäddē kāmaraya	das mittlere Zimmer
මැය	*mäya, mǟ, mä-, mǟ-* dem pron f sg; pl *mälā*	diese (*bei Menschen*)
මැයි	*mäyi, mäyi-*	Mai
	mäyivala	im Mai
මැරෙනවා	*märenavā* intr von *maranavā*	sterben
	märī yanavā	wegsterben, aussterben
මැස්සා	*mässā, mäsi-,* pl *mässō*	Fliege
මෑ	*mǟ, mǟ-*	*s. o. mäya*
මෑත	*mǟta, mǟt-* s, adj	diese Richtung; nahe
	mǟta atītaya	nähere Vergangenheit
	yamak mǟt(aṭa) karanavā	etw. in die Nähe bringen
මිට[1]	*miṭa*[1], *miṭi, miṭu-*	Faust; Handvoll
මිට[2]	*miṭa*[1], *miṭi-, miṭu-*	Stiel (Löffel), Griff (Messer)
මිටි	*miṭi* adj	klein (an Höhe), niedrig
	miṭi minisā **para 1**	kleiner Mann
	miṭi mēsaya	niedriger Tisch
	miṭṭā, pl *miṭṭō*	der Kleine
මිතුරා	*miturā, mituru-* **para 4**	Freund; *s. a. mitrayā*
	miturī **para 6**	Freundin
මිත්‍රයා	*mitrayā, mitra-* **para 5**	Freund
මිදුල	*midula, midul-*	Vorgarten, Vorhof
මිදෙනවා [1]	*midenavā*[1] intr von *mudanavā*	*s. u. mudanavā*
මිදෙනවා [2]	*midenavā*[2]	gefrieren
	diya midena aṃkaya	Gefrierpunkt
මින්	*min* < *meyin*	*s. u. meya*
මිනිත්තුව	*minittuva, minittu-; miniṭṭuva*	Minute; ein Moment *umg*
	minittuvak inna!	Warten Sie/warte bitte einen Moment!
මිනිසා, මිනිහා	*minisā, minihā, minis-* **para 1**	Mensch, Mann; Kerl *umg*
	minis kama	Menschlichkeit
	minihā āvada? umg	Ist der Kerl gekommen?
	... kohomada minihō? umg	Mensch, wie ist es ...?
මියෙනවා	*miyenavā* obs, durch *miya yanavā* ersetzt	sterben
	miya giya ...	verstorbene(-r) ...
මිල(ය)	*mila(ya), mila-; milē, miḷa*	Preis, Geldwert
	potē mila	der Preis des Buches

	milaṭa/milayaṭa/milēṭa gannavā	kaufen; *wtl.* zum Preis nehmen
	mila dī gannavā	kaufen; *wtl.* den Preis geben und nehmen
මිශ්‍ර	*miśra* adj	gemischt; *s.a. musu*
	miśraṇaya	Mischung
	miśra karanavā	(ver-)mischen
	miśra venavā	sich vermischen
මිස, මිසක	*misa* schr, *misaka*; *misak(vā)* umg	außer; *s.a.* § 37 f)
	gähäṇun misa	außer den Frauen
	eyā misaka vena kenek	ein anderer außer ihm
මිහිදුම	*mihiduma*	*s.u. mīduma*
මිහිරි	*mihiri* adj	süß, lieblich
මීට	*mīṭa* < *meyaṭa*	*s.u. meya*
මීටරය	*mīṭaraya*, *mīṭar-*	Meter
මීදුම	*mīduma*, *mihiduma*, *mī/mihidum-*	Nebel; *wtl.* Rauch der Erde
මීය	*mīya*, *mī-*, pl *mī(vada)*	Honigwabe
	mī päṇi	Honig, Bienenhonig
	mī mässā	Honigbiene
	mī vadaya	Honigwabe
මීයා	*mīyā*, *mī-* **para 3**	Maus; Ratte
	mī gula	Mauseloch
මීලඟ	*mīlăṅga*; *mīḷăṅga*	*s.u. meya*
මුකුත්	*mukut*	*s.u. mokavat, mokut*
මුණ ගැසෙනවා	*muṇa gäsenavā* zsgv: *muṇa* < *muhuṇa* 'Gesicht' + *gäsenavā* 'zusammenstoßen'; *muṇa gähenavā* umg	begegnen, treffen
	mama eyāva muṇa gähuṇā.	Ich habe ihn (nach Vereinbarung) getroffen.
	eyā maṭa muṇa gähuṇā.	Er ist mir begegnet./Ich habe ihn (zufällig) getroffen.
මුත්	*mut* post, konj obs	außer; obwohl
මුත්‍රා	*mutrā*, *mūtra*, *mutrā-* Stoffbez	Urin
	mutrā karanavā	urinieren
මුදනවා	*mudanavā*	befreien, retten, erlösen
මුදල	*mudala*, *mudal-*	Geld (-Betrag, -Summe)
	mudal viyadam karanavā	Geld ausgeben
මුදු	*mudu* adj	sanft, weich, zart, mild; *s.a. mṛdu*
මුදුන	*muduna*, *mudun-*	Kopf, Spitze, Gipfel
මුද්ද	*mudda*, *mudu-*	(Siegel-)Ring
මුද්දරය	*muddaraya*, *muddara-*	Briefmarke

මුද්‍රණය	*mudraṇaya*, *mudraṇa-*	Druck
	mudraṇaya karanavā	drucken
මුල	*mula*, *mul-*	Wurzel, Grund, Ursprung, Anfang, Basis
	mul gala tabanavā	den Grundstein legen
	mul piṭapata	Original
	mulin(ma) adv	zuerst
	yamak mul kara gena	auf der Grundlage v. etw.
මුල්ල	*mulla*, *mulu-*	Ecke
මුව	*muva*, *muva-* schr	Mund; Gesicht
මුසු	*musu* adj	gemischt; *s. a. miśra*
මුහුණ	*muhuṇa*, *mūṇa*, *muhuṇu-*, *mūṇu-*	Gesicht
	yamakaṭa/yamakuṭa muhuṇa denavā/pānavā	sich einer Sache/Person stellen
මුහුද	*muhuda*, *mūda*, *muhudu-*, *mūdu-*	Meer
මුළු	*muḷu* pron adj	ganz, gesamt; *s. a.* § 16
	muḷu mudala	Gesamtsumme
	muḷumaninma adv	total
මූ	*mū* dem pron 3. sg m, pl *mūlā*, *mun*, *muṃ*	dieser (hier) (*in sehr unhöfl. Rede/für Tiere*)
මූණ	*mūṇa*	*s. o. muhuṇa*
මූත්‍ර	*mūtra*	*s. o. mutrā*
මූද	*mūda*	*s. o. muhuda*
මූලික	*mūlika* adj	primär, Haupt-, Grund-
	mūlikayā **para 5**	Chef, Oberhaupt
	mūlika vaśayen adv	hauptsächlich
මෘදු	*mṛdu* adj schr	sanft, weich, zart, mild; *s. a. mudu*
මෘදුකාංග	*mṛdukāṃga*	Software *comp*
මෙ-	*me-* dem pron Stamm für *mē* in Univerbierungen	*s. u. mē-*; *Beispiele für me- in* § 35 a) – e)
මෙච්චර	*meccara* pron adv umg	so viel, so sehr; *s. a.* § 35 e)
	meccara vitara	ungefähr soviel
මෙතන	*metana*, schr *metäna* pron adv	hier, an dieser Stelle; *s. a.* § 35 a)
	metana iňdalā umg	von hier aus
	metäna siṭa schr	von hier aus
මෙතරම්	*metaram* pron adv	so viel, so sehr; *s. a.* § 35 e)
මෙතැන	*metäna*	*s. o. metana*
මෙතෙක්	*metek*	*s. o. tek*
මෙන්	*men* post m. obl, in der Funktion e. Infinitivkonjunktion m. part ps schr	wie, ähnlich wie, genauso wie; ...zu ...; *s. a.* § 37 g)

	galak men tada	hart wie ein Stein
	pradhāniyā Nimalṭa gedara yana men aṇa kaḷēya.	Der Chef befahl Nimal, nach Hause zu gehen.
මෙන්න	*menna, mēṃ* dempart umg	sieh da, hier (*bei mir*)
මෙපමණ	*mepamaṇa* pron adv schr	so viel, so sehr; *s. a.* § 35 e)
මෙබඳු	*mebáňdu* adj schr	derartig, diesem ähnlich
මෙය	*meya* dem pron 3. sg n; pl *mēvā*	dieses (*hier*)
	meyaṭa, mīṭa Briefschlußformel	*wtl.* zu diesem
	meyaṭa/mīṭa ādaraṇīya ...	Dein(-e) liebe(-r, -s) ......
	mīláňga < meya laňga adj	nächste(-r, -s)
	meyin, min	von diesem, hierdurch
මෙයා	*meyā* dem pron 3. m, f; pl	diese(-r) (*bei mir; Bezeichnung für den Ehepartner*)
	meyālā, mē golla umg	
මෙලෙස	*melesa* pron adv schr	auf diese Weise; *s. a.* § 35 c)
මෙවැනි	*meväni* adj schr; *mevan* poet	derartig, diesem ähnlich
මෙසේ	*mesē* pron adv schr	auf diese Weise; *s. a.* § 35 c)
මෙහාට	*mehāṭa* pron adv umg	hierher; *s. a.* § 35 a)
මෙහි	*mehi* pron adv	hier; hierher; *s. a.* § 35 a)
මෙහෙ, මෙහේ	*mehe, mehē* pron adv umg	hier; hierher; *s. a.* § 35 a)
මෙහෙන්	*mehen* pron adv	von hier; hierhin; *s. a.* § 35 a)
මෙහෙම	*mehema* pron adv umg	auf diese Weise; *s. a.* § 35 c)
මෙහෙය	*meheya, mehe-*	Dienst, Arbeit
	yamakuṭa mehe karanavā	bei jmdm. als Diener tätig sein
	mehe karuvā/kārayā **para 5**	der Hausangestellte
	mehe kāriya **para 6**	die Hausangestellte
මෙහෙයවනවා	*meheyavanavā*; auch *meheyanavā*	anführen, leiten; einsetzen
මෙළෙක්	*meḷek*	*s. u. moḷok*
මේ-	*mē-* dem pron adj form, *me-*	diese(-r, -s) (*hier bei mir*)
	mēka < mē+eka umg	dieses (*bei mir*)
	mēkā < mē+ekā umg	dieser (*bei mir, in unhöflicher Rede/für Tiere*)
	mēkī < mē+ekī umg	diese (*bei mir, in unhöflicher Rede/für Tiere*)
	mē pota	dieses Buch (*bei mir*)
	mē nisā	aus diesem Grund
	mē vagē minissu	Menschen dieser Art
මේං	*mēṃ*	*s. o. menna*
මේසය	*mēsaya, mēsa-; mēsē*	Tisch
	mēsa kakula	Tischbein
	mēsa redda	Tischtuch
	mēsē arinavā/lästi karanavā	den Tisch decken, für die Mahlzeit vorbereiten

මෛත්‍රිය	*maitriya*, *maitrī-* unz	freundl. Gesinnung, Wohlwollen; Name des nächsten Buddhas
මොකක්	*mokak*, *moka-* int pron sg n umg	was; *s.a. monavā*
	ē mokakda?	Was ist das?
	oyā ehē yannē mokaṭada?	Wozu gehst du dorthin?
මොකද?	*mokada?* int pron umg	warum?; was?
	ḷamayā añḍannē mokada?	Warum weint der Junge?
	ḷamayā kiyannē mokada?	Was sagt der Junge?
මොකවත්, මොකුත්	*mokavat*, *mokut*; *mukut* indef pron	irgend etwas; *s.a.* § 15
	mokavat/mokut/mukut nä̈	nichts, es gibt nichts
මොකෙක්	*mokek* int pron m, f; pl *mokku*	was für ein (Tier)?
මොටෝ රථය	*moṭō rathaya*, *moṭō ratha-*	Motorfahrzeug
මොන	*mona* int pron adj form	was für, welche
	mona potda?	Welche Bücher?
	monavat	irgend etwas; *s.a.* § 15
මොනවා (?)	*monavā(?)* int pron pl, int adv	was *pl*; so?, wie bitte?
	ē monavāda?	Welche Dinge sind es?
	monavā?	Wie bitte (kann ich es glauben)?
මොබ	*moba* adv	hier, diese Richtung
මොලය	*molaya*, *moḷaya*, *mola-*, *moḷa-*	Gehirn, Intelligenz
මොහු	*mohu* dem pron 3. sg m schr, pl *movuhu*	dieser (*bei mir*)
මොහොත	*mohota*, *mohot-* meist sg gebr	Moment
	ē mohotēma	gerade in dem Moment
මොළය	*moḷaya*	*s.o. molaya*
මොළොක්	*moḷok*, *meḷek* adj	weich, zart
මෝටරය	*mōṭaraya*, *mōṭar-* sprich *mōṭər*, *mōṭara-*	Motor
මෝඩ	*mōḍa* adj	dumm, töricht
	mōḍa kama	Dummheit
	mōḍayā **para 5**	Dummkopf, Tor
	mōḍi(ya) **para 6**	die Dumme
මෝසම	*mōsama*, *mōsam-*, *mōsaṃ-*	Monsun
	mōsam dēśaguṇaya	Monsunklima
	mōsam vässa	Monsunregen
	mōsam suḷaṅga	Monsunwind
	nirita diga mōsama	Südwestmonsun
	īśāna diga mōsama	Nordostmonsun
මෝස්තරය	*mōstaraya*, *mōstara-*	Muster

ය *ya*

-ය	*-ya* kopula schr	*verbindet Subjekt u. Prädikat, markiert Satzende; s. a.* § 39 g)
	Nimal guruvarayekya.	Nimal ist (ein) Lehrer.
යං	*yaṃ*	*s. u. yam u. yamu*
යකඩ	*yakaḍa, yakaḍa-* Stoffbez	Eisen
	yakaḍa baḍu	Eisenwaren
යට	*yaṭa* post, adv; adj *yaṭa* u. *yaṭi*	unter, unten, unterhalb
	yaṭa ăn̆dum	Unterwäsche
	yaṭi hita	Unterbewußtsein
	puṭuva yaṭa	unter dem Stuhl
	yamak yaṭapat karanavā	etw. vertuschen/verheimlichen/unterdrücken
	yamaku riyaṭa yaṭa karanavā	jmdn. mit dem Auto überfahren
	yaṭa balanna.	siehe unten!
	yaṭa venavā	überfahren werden
	diya yaṭaṭa yanavā	unter Wasser gehen
	yamak mēsē yaṭin tabanavā	etw. unter den Tisch stellen/legen
යටත්	*yaṭat* adj	untergeben, ergeben
	yaṭat karanavā	unterwerfen
	yaṭat venavā	sich ergeben
	yaṭat piriseyin adv schr	mindestens
යටහත්	*yaṭahat* adj	sehr ergeben
යටි	*yaṭi* adj	*s. o. yaṭa*
යතුර	*yatura, yaturu-*	Schlüssel; *urs* Maschine, Instrument
	yaturu puvaruva	Tastatur *comp*
	yaturu liyanaya	Schreibmaschine
යන	*yana* part ps v. *yanavā*	gehend-, lautend-
	. . . yana nama	. . . lautender Name
යනවා	*yanavā* schr ps *yayi*, abs *gos, gosin*, part pt *giya*, pt *giyēya*; umg abs *gohin, gihin, gihiṃ, gohillă, gihillă*, part pt *giya*, pt *giyā*	gehen, fahren, fortgehen, wegfahren
යනාදිය	*yanādiya, yanādī-*	Solches und Ähnliches
	yanādī vaśayen	und so weiter
යනු	*yanu* archaischer Infinitiv von *yanavā* schr, ähnliche Funktion wie *yanna* s.u.	*markiert eine vorangehende indirekte Frage, einen Begriff oder einen Laut*

	ohu kavarekda yanu/yanna nodäna, ...	ohne zu wissen, wer er sei, ...
	ayanu/ayanna, āyanu/āyanna	der Laut *a, ā*
යන්තම්	*yantam, yāntaṃ* adv umg	gerade noch
	Nimal yantam velāvaṭa āvā.	Nimal ist gerade noch rechtzeitig gekommen.
යන්ත්‍රය	*yantraya, yantra-*; *yantaraya, yantarē* umg	Maschine, Instrument, Gerät
	yāntrikava adv	wie eine Maschine
යන්න	*yanna* subst inf v. *yanavā* schr	*s. o. yanu*
යම්	*yam, yaṃ* indef pron	irgend, *urs* welche(-r, -s); *s. a. kisi und* § 15, 17
	yamak, yam deyak	(irgend) etwas
	yamek, yam kenek	(irgend) jemand
	yamkisi/kisiyam kenek	irgend jemand
	yamkisi/kisiyam deyak	irgend etwas
යමු	*yamu* 1. pl v. *yanavā*; Kohortativ auch *yaṃ*	wir gehen; wir wollen gehen, laßt uns gehen
යම් තාක්	*yam tāk* Korrelat zu *ē tāk*	*s. o. ē tāk*
යම්සේ	*yamsē* Korrelat zu *esēma*	auf welche Weise, wie
-(ය)යි	*-(ya)yi*	*s. u. yäyi*
යලි, යලිත්	*yali, yalit* adv schr; *yalidu* obs; *yaḷi, yaḷit*	wieder; ferner
යවනවා	*yavanavā* kaus v. *yanavā*	(hin-)schicken, senden (*vom Absender aus gesehen*)
යහන	*yahana, yahan-* poet	Bett
	yahan gata venavā	zu Bett gehen
යහපත්	*yahapat* adj	gut, angenehm
යහළුවා	*yahaḷuvā, yāḷuvā, yahaḷu-, yāḷu-* **para 5**; *yahaluvā, yāluvā*	Freund
	yeheḷiya **para 6**	Freundin; Schwiegertochter; Nichte
	yahaḷu/yāḷu kama	Freundschaft
	... yahaḷu/yāḷu venavā	Freund werden mit ...
යා කරනවා	*yā karanavā* zsgv: obs *yā* 'zusammengefügt'+*karanavā*	verbinden, zusammenfügen; *s. a. yāya*
යාත්‍රාව	*yātrāva, yātrā-*	Fahrzeug; Gang, Fahrt
	yātrā karanavā	(zu Schiff) fahren
	pāda yātrā karanavā umg	zu Fuß gehen
යාන්තං	*yāntaṃ*	*s. o. yantam*
යාබද	*yābáda* adj	angrenzend, benachbart
	yābáda kāmaraya	Nachbarzimmer
යාම	*yāma, yǟma, yām-, yǟm-*	Gehen, Gang; *s. a. yanavā*
	yām(a) īm(a)	Kommen und Gehen

යාය	*yāya*, *yāya-*, pl *yāyaval*	durch Zusammenfügung entstandene ausgedehnte Fläche
යාරය	*yāraya*, *yāra-*; *yārē*	*Längenmaß v. 0,914 m, engl.* yard
යාළුවා	*yāḷuvā*	*s.o. yahaḷuvā*
-යැයි	*-yäyi*, *-(ya)yi* Partikel des Gedanken-/Redeabschlusses	*s.* § 39 h)
යෑම	*yǟma*	*s.o. yanavā u. yāma*
-යි	*-yi* kopula, sufpart umg	*s.* § 39 g), 39 i) *und* 39 c)
	oyāgē pota hon̆dayi.	Dein Buch ist gut.
	Nimaluyi Suniluyi	Nimal und Sunil
	pot tunayi tiyennē.	Nur drei Bücher gibt es.
යුක්ත	*yukta* adj nach instr	versehen (mit), besitzend; *urs* verbunden
	kāmara tunakin yukta geyak	e. Haus m. drei Zimmern
යුක්තිය	*yuktiya*, *yukti-* unz	Gerechtigkeit; Recht *arch*
	yuktiyukta	gerecht, begründet, logisch
	yukti sahagata	gerecht, rechtschaffen
	yuktiya pasin̆dinavā	(über etw./jmdn) gerecht urteilen
යුගය	*yugaya*, *yuga-*	Zeitalter
යුගල	*yugala*, *yugala-*	Paar
	yugala vaśayen	paarweise
යුත්, යුතු[1]	*yut*, *yutu*[1] adj nach instr	versehen (mit), besitzend
	piṭu sīyakin yut(u) potak	ein Buch mit 100 Seiten
	yutuva adv	versehen (mit)
	vagakīmen yutuva adv	verantwortungsbewußt
යුතු[2]	*yutu*[2] adj, mod verb ers m. nom/instr; Flexion *yutteya* usw.	sollen (*ethisch*); *s.* § 29 b); angemessen, geeignet
	kaḷa yutu dē(val)	Dinge, die man tun soll
	väradi karuvō nisi dan̆ḍuvam läbiya yuttōya. schr	Übeltäter sollen passende (gerechte) Strafen erhalten.
	yutu kama	Pflicht
යුදය	*yudaya*, *yuda-* schr	Krieg, Kampf, Schlacht
	yuda bima	Schlachtfeld
	yuda vadinavā	in den Krieg ziehen
යුද්ධය (යුධය)	*yuddhaya*, *yuddha-*; *yuddē* umg	Krieg, Kampf, Schlacht
	yuddha bhūmiya	Schlachtfeld
	yuddha karanavā	Krieg führen
යුවතිය	*yuvatiya*, *yuvati-* **para 6**	junge Frau (*vor der Ehe*)
යුවල	*yuvala*, *yuvala-*; *yuvaḷa*	Paar

	am̆bu sämi yuvala	Ehepaar; *s. a. am̆buva*
යුෂ	*yuṣa, yusa, yuṣa-, yusa-* Stoffbez	Saft
යුෂ්මතා	*yuṣmatā, yuṣmad-* pers pron 2. sg m obs; pl *yuṣmat'hu, -mattu*	Sie
යුස	*yusa*	*s. o. yuṣa*
යුහු(සුලු)ව	*yuhu(sulu)va* adv schr	geschwind, schnell, rasch
යෙදෙනවා	*yedenavā* intr v. *yodanavā*	beschäftigt sein (mit); festgelegt sein; etw. unerwartet tun müssen; geeignet/passend sein *schr*
	Nimal paryēṣaṇavala yedeyi schr/*yedenavā.* umg	Nimal beschäftigt sich mit Forschungen.
	utsavaya adaṭa yedī äta schr/*yedilā tiyenavā.* umg	Das Fest ist für heute festgesetzt.
	maṭa īyē hadisiyēma gedara yanna yeduṇā. umg	Ich mußte gestern unerwartet nach Hause gehen.
යෙහෙළිය	*yeheḷiya*	*s. o. yahaḷuvā*
යොදනවා	*yodanavā*	anwenden; hinzufügen; anschirren
	vārtāvaṭa gäḷapena vacana yodanavā	dem Bericht angemessene Ausdrücke anwenden
	yeduma vn	Anwendung, Gebrauch
යොදවනවා	*yodavanavā* kaus v. *yodanavā*	beschäftigen, einsetzen; investieren
	minisun väḍehi yodavanavā	Leute/Männer zur Arbeit einsetzen
	vyāpārayak san̆dahā mudal yodavanavā	für ein Geschäft Geld investieren
යොමනවා	*yomanavā* obs; abs *yomā* in gebr	lenken, konzentrieren
යොමුව	*yomuva, yomu-*	Verweis(-ung), Bezugnahme
	yomu aṃkaya	Aktenzeichen
	yomu karanavā	lenken, konzentrieren
	yamak/yamaku kerehi sita yomu karanavā	auf etw./jmdn. die Gedanken konzentrieren
	yomu venavā	gelenkt/gerichtet werden
	yamak/yamaku kerehi avadhānaya yomu venavā	Die Aufmerksamkeit wird auf etw./jmdn. gelenkt.
යොවුන්	*yovun* adj	jugendlich
	yovunudāva, yovunōdaya	Pubertät
	yovun viya	jugendliches Alter
යෝග්‍ය	*yōgya* adj schr	passend, geeignet
යෝජනාව	*yōjanāva, yōjanā-*	Vorschlag, Angebot, Antrag
	vivāha yōjanāva	Heiratsantrag

	yamak yōjanā karanavā	etw. vorschlagen
	yōjanāvak idiripat karanavā	einen Vorschlag unterbreiten
යෞවන	*yauvana* adj	jugendlich
	yauvana vayasa	jugendliches Alter
	yauvanaya	Jugend, jugendl. Wesen
	yauvanayā **para 5**	der Jugendliche
	yauvaniya **para 6**	die Jugendliche

ර *ra*

රං	*raṃ*	*s. u. (rat)ran*
රංචුව	*raṃcuva, raṃcu-; rañcuva*	Schar, Herde, Bande, Clique
	raṃcu gäsenavā/gähenavā	sich zusammenrotten
රකිනවා	*rakinavā*	schützen, bewachen
රක්ෂාව	*rakṣāva, rakṣā-;* umg *raksāva, rassāva*	Arbeit, Beschäftigung, Stellung; *wtl.* Schutz
රඟ	*raňga, raňga-*	Art und Weise, Stil; Theaterspiel; *urs* Farbe
	raňga bima/maňḍala	Theater, Schaubühne
	raňganavā Denominativ	spielen, darstellen
	raňga pānavā zsgv	spielen, darstellen
රචනය, රචනාව	*racanaya, racanāva, racana-, racanā-*	literarisches Werk, (Schul-) Aufsatz
	racanāvak/racanayak liyanavā	e. Schulaufsatz schreiben
	yamak racanā karanavā	etw. verfassen
	... visin racita ... schr	verfaßt von ...
රජ	*raja, raja-, raju-* pl *rajahu, rajavaru; rajjuruvō* Verehrungsplural	König
රජය	*rajaya, rajaya-,* pl *-val*	Staat, Regierung
	rajayē niladhāriyā, pl *-īhu*	Staatsbeamter
	rajayē niladhāriṇiya **para 6**	Staatsbeamtin
	rajayē sēvaya	Staatsdienst
රට	*raṭa, raṭa-,* pl *-val*	Land; Ausland *umg*
	raṭa baḍu umg	ausländische Waren
	raṭa väsiyā, raṭa vässā auch pl Bed., pl *raṭa väsiyō, raṭa vässō*	der Bewohner e. Landes
	Nimal raṭa gihiṃ. umg	Nimal ist ins Ausland gefahren.
රටාව	*raṭāva, raṭā-*	Muster, Design
රඬුව	*raṇḍuva*	*s. u. saṇḍuva*
රත්	*rat* adj	rot; heiß, erhitzt
	rata	die Farbe Rot

	rat pähäya schr	rote Farbe, die Farbe Rot
	rat karanavā	erhitzen, erwärmen
	rat venavā	sich erhitzen/erwärmen
රතු	*ratu* adj	rot
	ratu pāṭa	rote Farbe, die Farbe Rot
	ratu venavā	erröten, rot werden
(රත්)රන්	*(rat)ran*, *(rat)ran-* Stoffbez; *(rat)ram*, *rattaram* umg	Gold
	ratran pāṭa/ranvan	goldfarben, goldfarbig
	ran taliya, ran taḷiya	goldene Schale, gold. Gefäß
රථය	*rathaya*, *ratha-*; *rataya, ratē* umg	Wagen, Fahrzeug; *s.a. riya*
	ratha vāhana	Fahrzeuge, Wagen
රඳනවා	*rañdanavā* gebr wie intr *rändenavā*, pt schr *ränduṇēya*, umg *ränduṇā*	stoppen, bleiben; *s.a. rändenavā*
	aber *apē gamana ohugē tīraṇaya mata rañdā pavatī.* schr	Unsere Reise hängt von seiner Entscheidung ab.
රන්	*ran*	*s.o. (rat)ran*
රබර්	*rabar*, *rabar-* sprich *rábər* Stoffbez pl Flexion	Kautschuk, Gummi
රවටනවා	*ravaṭanavā*; umg a. kaus *ravaṭṭanavā* < *ravaṭavanavā* gleichbed.	täuschen, betrügen
රවනවා	*ravanavā* pt schr *rävīya, rävvēya*, umg *rävvā*	einen drohenden/mißbilligenden Blick zuwerfen
රශ්මිය	*raśmiya*, *raśmi-* schr	Strahl, Glanz; *s.a. räsa* [1]
රස(ය)	*rasa(ya)*, *rasa-*	Geschmack, Genuß; Essenz
	rasa bara	geschmackvoll
	rasavat, rasa äti	schmackhaft
	rasa balanavā umg	kosten, probieren
	rasa viñdinavā	genießen
රසායන, රසායනික	*rasāyana, rasāyanika* adj	chemisch
	rasāyanāgāraya	Chemielaboratorium
	rasāyana/rasāyanika dravya	chemische Stoffe
	rasāyana vidyāva	Chemie
රස්තියාදුව	*rastiyāduva*, *rastiyādu-* unz umg	Herumtreiben
	rastiyādu venavā	sich herumtreiben
	rastiyādu kārayā	Herumtreiber
රස්නය, රස්නේ	*rasnaya, rasnē*, *rasnĕ-* umg; *rasnē* auch adj	Hitze; heiß
	lipē rasnaya	die Hitze des Herdes
	ada hari rasneyi.	Heute ist es sehr heiß.
රහස	*rahasa*, *rahas-*	Geheimnis
	rahas poḷīsiya	Geheimpolizei
	rahasin/rahasē adv	insgeheim, im geheimen

	rahasak eḷi karanavā	ein Geheimnis preisgeben
රහිත	*rahita* post schr	ohne, -los; *urs* getrennt von
රා	*rā*, *rā-* Stoffbez pl Flexion	Toddy, Palmwein
රාක්කය	*rākkaya*, *rākka-*; *rākkē* umg	Regal, Gestell
රාජ	*rāja* adj	königlich, staatlich
	rāja kāriya	Staatsdienst; Pflichtdienst für den König *hist.*
	rājakīya	königlich
	rājadhāniya	Königreich
රාජ්‍යය	*rājyaya*, *rājya-*	Staat, Regierung, Königtum
	rājya sēvaya	Staatsdienst
රාත්තල	*rāttala*, *rāttal-*	Pfund (Gewicht v. 453,59 g)
රාත්‍රිය	*rātriya*, *rātrī-*; *rāttiriya* umg	Nacht; *s. a. räya*
රාමුව	*rāmuva*, *rāmu-*	Rahmen
රාවය	*rāvaya*, *rāva-*	Schall, Ton, Laut, Gebrüll
රාශිය	*rāśiya*, *rāśi-*; *rāsiya* umg	Haufen, Menge; *s. a räsa* [2]
රැකවරණය	*räkavaraṇaya*, *räkavaraṇa-*	Schutz, Zufluchtsort
රැකියාව	*räkiyāva*, *räkiyā-*	Arbeit, Beschäftigung, Stellung
	räkiyāvak näti, *räkiyā virahita*	arbeitslos
	räkiyā hiňgaya	Beschäftigungsknappheit
	räkiyā viyuktiya, *viräkiyāva*	Arbeitslosigkeit
රැගත්	*rägat* Kurzform v. *hära gat*	*s. u. harinavā*[1] *u. gannavā*
රැගෙන	*rägena* Kurzform v. *hära gena*	*s. u. harinavā*[1] *u. gannavā*
රැඳෙනවා	*räňdenavā* intr v. *raňdanavā*	(hängen-, stecken-)bleiben
	maga räňdenavā	unterwegs trödeln
	geḍiya gahē räňduṇā. umg	Die Frucht blieb im Baum hängen.
රැය	*räya*, *rǟ*, *räya-*, *rǟ-*	Nacht; *s. a. rātriya*
	rǟ tunak, *tun räyak*	drei Nächte
	rǟ, *rǟṭa*	nachts, in der Nacht
	rǟ daval nobalā umg, *divā rǟ notakā* schr	ohne darauf zu achten, ob es Tag oder Nacht ist,
	rǟ venavā	Es wird Nacht.
රැල්ල	*rälla*, *räli-*	Welle, Woge; Falte, Runzel
	muhudē rälla, *muhudu rälla*	Meereswelle
	sāriyē räli	(aneinandergelegte) Falten im Sari
	naḷalē räli	Runzeln auf der Stirn
රැවටෙනවා	*rävaṭenavā* intr v. *ravaṭanavā*	*s. o. ravaṭanavā*
රැවුල	*rävula*, *rävul-*; *rävuḷa*	Bart
	rävula kapā gannavā	sich rasieren
රැස [1]	*räsa*[1], *räs-*	Strahl, Glanz; *s. a. raśmiya*
රැස [2]	*räsa*[2], *räs-*	Haufen, Menge; *s. a. rāśiya*
	räs karanavā	anhäufen, ansammeln

	räs venavā	sich versammeln
	räsvīma vn	Versammlung
රැළ	*räḷa, räḷa-*	Herde, Horde
රැළිය	*räḷiya, räḷi-*	Kundgebung
රෑ	*rǟ*	*s.o. räya*
රිංගනවා	*riṃganavā*	hineinkriechen
රිටයර් වෙනවා	*riṭayar venavā* sprich *riṭáyər* zsgv: engl. *retire+venavā* umg	in den Ruhestand gehen
රිදී	*ridī, ridī-* Stoffbez	Silber
රිදෙනවා	*ridenavā*; kaus *ridavanavā, rid-danavā*	schmerzen *intr*
	tuvālaya ridenavā. umg	Die Wunde schmerzt.
රිය	*riya, riya-*	Wagen, Fahrzeug; *s. a. rathaya*
	riyädurā **para 4**	Fahrer, Chauffeur
	riyäduru bala patraya	Führerschein
රිසි	*risi* adj schr	gefallend
	maṭa risi deya	das, was mir gefällt
රිස්සනවා	*rissanavā, russanavā* nicht negierte Formen seltener gebr	mögen, dulden, wünschen, gönnen
	apiṭa eyālagē boru väḍa russannē nǟ. umg	Wir mögen ihre Schwindeleien nicht.
	anungē satuṭa norissana/ nurussana aya	Leute, die den anderen kein Glück gönnen
රීතිය	*rītiya, rīti-*	Regel, Stil, Gewohnheit
රුක	*ruka, ruk-* schr	Baum
රුකුල	*rukula, rukul-*; *rukuḷa*	Stütze, Hilfe, Beistand
	yamakuṭa rukul denavā	jmdn. unterstützen, ermuntern
රුචිය	*ruciya, ruci-* unz	Gefallen (an), Appetit (auf); Geschmack
	yamakaṭa/yamakuṭa ruci karanavā	Gefallen finden an etw./ jmdn.
රුධිරය	*rudhiraya, rudhira-* Stoffbez sg Flexion schr	Blut
රුපියල	*rupiyala, rupiyal-*	Rupie
රුව	*ruva, ruva-, rū-* schr	schöne Gestalt, Schönheit
	ruva äti, ruväti	schön
රුවන	*ruvana, ruvan-*	Edelstein, Juwel
රුවනවා	*ruvanavā* schr ps *ruvayi*, abs *ruvā*, part pt *rivū*, pt *rivīya, rivvēya*; umg abs *ruvalā*, part pt *ruvapu*, pt *riv(u)vā*	(hin-)einstecken, einsetzen

	lamayā äňgilla kaṭē ruvā gattā. umg	Der Junge steckte seinen Finger in den Mund.
රුස්සනවා	*russanavā*	*s.o. rissanavā*
රූපය	*rūpaya, rūpa-*	Gestalt, Bild; Schönheit
රූපවාහිනිය	*rūpavāhiniya, rūpavāhinī-*	Fernsehen; Fernsehgerät; *s.a. ṭeliviṣanaya*
රෙකුලාසිය	*rekulāsiya, rekulāsi-; regulāsiya*	Regelung, Anordnung
	rekulāsi panavanavā	Regelungen festlegen
රෙද්ද	*redda, redi-*	Tuch, Stoff (Gewebe)
	redi sōdanavā	Wäsche waschen
රෙනවා	*renavā* pt *runnā* vulg	scheißen
රේඛාව	*rēkhāva, rēkhā-*	Linie
රේඩියෝව	*rēḍiyōva, rēḍiyō-; rēḍiyō eka*	Radio; *s.a. guvan viduliya*
රේල්ලුව	*rēlluva, rēllu-*	Eisenbahn; *s.a. dumriya*
රොඩ්ඩ	*roḍḍa, roḍu-*	Stück Abfall, Staubkorn
රොද	*roda, roda-,* pl *-val*	Strähne, Büschel
රෝගය	*rōgaya, rōga-*	Krankheit
	rōgiyā, pl *rōgiyō, rōgīhu*	der Kranke
රෝදය	*rōdaya, rōda-*	Rad, Rollkörper
රෝස පාට	*rōsa pāṭa, rōsa pāṭa-,* pl *-val*	Rosa < Farbe der Rosen
රෝහල	*rōhala, rōhal-*	Krankenhaus
රෞද්‍ර	*raudra* adj	furchtbar, grausam

ල *la*

ලං	*laṃ*	*s.u. luňyu*
ලංකාව	*laṃkāva, laṅkāva, laṃkā-, laṅkā-*	(Śrī) Laṃkā
	laṃkā gamanāgamana maṇḍalaya (Abk. *laṃ.ga.ma*)	(staatliche) Verkehrsbetriebe von (Śrī) Laṃkā
	laṃkā dvīpaya	die Insel Laṃkā
ලං.ග.ම	*laṃ.ga.ma* Akronym	*s. unter laṃkāva*
ලක	*laka, lak-* poet	Laṃkā
	lak diva schr	die Insel Laṃkā
	lak väsiyā auch pl Bed., pl *lak väsiyō*	der Bewohner v. Laṃkā
ලකුණ	*lakuṇa, lakuṇu-*	Merkmal, (An-)Zeichen, Note; *s.a. lakṣaṇaya*
	väḍē hari yana lakuṇu tiyenavā. umg	Es gibt Anzeichen für das Gelingen der Angelegenheit.

	vibhāgayēdī hon̆da lakuṇu labanavā	im Examen gute Noten bekommen
ලක්ෂණය	*lakṣaṇaya, lakṣaṇa-; laksanaya*	Merkmal, Zeichen; Schönheit
ලක්ෂය	*lakṣaya, lakṣa-; laksaya, lassaya, laksē, lassē* umg	hunderttausend
	lakṣapatiyā, pl *lakṣapati(yō)*	reicher Mann, Millionär
ලගිනවා	*laginavā*	liegen (*von Tieren und abschätzig von Menschen*)
ළඟ	*lan̆ga, ḷan̆ga, laṃ-, ḷaṃ-, lan̆gā-, ḷan̆gā-* s, adj, adv; post Lok umg (*lan̆ga:* korrekte Schreibung für traditionelles *ḷan̆ga*)	Nähe; nahe bei, in der Nähe von
	laṃ/ḷaṃ/lan̆gā/ḷan̆gā venavā	nahen, sich nähern
	mā lan̆gaṭa enna! umg	Komm (bitte) zu mir!
	gahá lan̆ga umg	in der Nähe des Baumes
	minihā lan̆ga umg	bei dem Mann
	mama mē lan̆gaṭa yanavā. umg	Ich gehe nicht weit weg.
	eyā lan̆gadī leḍin hiṭiyā. umg	Er war neulich krank.
	pota lan̆gadī piṭa venavā. umg	Das Buch wird in Kürze erscheinen.
	lan̆ga näyek	ein naher Verwandter
	lan̆ga geyak	ein nahe gelegenes Haus
	lan̆ga pārak	eine Abkürzung(sstraße)
ලඞ්කාව	*laṅkāva*	*s.o. laṃkāva*
ලජ්ජාව	*lajjāva, läjjāva, lajjā-, läjjā-* unz	Scham, Verlegenheit
	yamakuṭa lajjā/läjjā karanavā	jmdn. beschämen
	lajjāvaṭa pat venavā	in Verlegenheit geraten
	lajjā/läjjā venavā	sich schämen
ලට පට	*laṭa paṭa* onom poet unz umg	Mischmasch, wirres Zeug
ලණුව	*laṇuva*	*s.u. lanuva*
ලද	*lada* unregel part pt zu *labanavā*	bekommen, erhalten *part perf*
ලදරුවා	*ladaruvā*	*s.u. ḷadaruvā*
ලදී	*ladī* Hilfsverb pass 3. sg pt schr	*Entsprech. zu* wurde; *s.* § 25
ලඳ	*lan̆da, ḷan̆da, lan̆da-, ḷan̆da-* **para 9**	Frau
ලනවා	*lanavā* als Vollverb selten gebr schr ps *layi*, abs *lā*, part pt *lū*, *lā̈*, pt *līya, luvēya*; umg abs *-lalā*, part pt *-luva*, *-läpu*, pt *-luvā, lävā* (-: univerb. verb komp)	legen, stellen; *s.a. allanavā, atullanavā* u. *lū*
ලනුව	*lanuva, laṇuva, lanu-, laṇu-*	Leine, Strick, Seil
ලබන	*labana* part ps v. *labanavā*	erhaltend; (heran)kommend
	labana satiya	kommende Woche
ලබනවා	*labanavā* im Präsens in d. Hauptbedeutung durch *läbenavā* verdrängt	erhalten, bekommen; herankommen (Zeit, -einheit); *zum Hilfsverb s.* § 25

	Nimalṭa hon̆da kālayak labanavā. umg	Für Nimal kommt eine günstige Zeit.
ලමයා	*lamayā*	*s. u. ḷamayā*
ලය	*laya*	*s. u. ḷaya*
ලයිට්	*layiṭ, layiṭ-* umg	elektrisches Licht
	layiṭ dānavā	Licht einschalten
	layiṭ eka dānavā	das Licht/die Lampe einschalten
ලයිබ්‍රරිය	*layibrariya, layibrari-* umg	Bibliothek; *s. a. pustakālaya*
ලවා	*lavā* abs II d. kaus v. *lanavā*, post m. obl; umg a. *lavvā̆*	durch, vermittels; *s. a.* § 27
ලස්සණ	*lassaṇa, lassana* adj, s	schön, hübsch; Schönheit
	ägē lassaṇa nisā	wegen ihrer Schönheit
	lassaṇa malak	eine schöne Blume
	lassaṇaṭa adv	schön, ordentlich
ලා 1	*lā*¹ abs II v. *lanavā*	*s. o. lanavā*
ලා 2	*lā*² häufig für *ḷā*	jung, zart, hell (Farben); *s. a. ḷā u. komp m. ḷā*
ලාච්චුව	*lāccuva, lāccu-*	Schublade
ලාබ	*lāba* adj	gewinnbringend; billig
	lāba baḍu	billige Waren
	lābaya, lābē	Gewinn; *s. a. lābhaya*
	nattalaṭa baḍu lāba venavā. umg	Zu Weihnachten werden die Waren billiger.
ලාබාල	*lābāla* adj; korrekter *ḷābāla*	zart, kindlich, jugendlich
ලාභය	*lābhaya, lābha-*	Gewinn, Profit; *s. a. lāba*
ලාම්පුව	*lāmpuva, lāmpu-*	Lampe, Laterne
ලැජ්ජාව	*läjjāva*	*s. o. lajjāva*
ලැදියාව	*lädiyāva, ḷädiyāva, lädiyā-, ḷädiyā-*	Zuneigung, Interesse
ලැබෙනවා	*läbenavā* Subjekt im dat	bekommen, erhalten
	ada maṭa liyumak läbuṇi schr/ *läbuṇā.* umg	Ich habe heute einen Brief bekommen.
ලැයිස්තුව	*läyistuva, läyistu-*	Liste
ලෑල්ල	*lǟlla, lǟli-*	Holzplatte
ලෑස්ති	*lǟsti* adj; umg a. *lēsti*	bereit, fertig
	lǟsti karanavā	vor-, zubereiten
	kǟma lǟsti karanavā	Essen zubereiten
	lǟsti venavā	sich fertig machen, sich vorbereiten
	mama lǟstī. < *lǟsti+yi* umg	Ich bin bereit.
ලිංගය, ලිඞ්ගය	*liṃgaya, liṅgaya, liṃga-, liṅga-*	Merkmal; Penis, Phallus; Genus *gramm*

	puruṣa-, strī-, napuṃsaka-liṅgaya	männl., weibl. und sächl. Geschlecht
ලිඳ	*liňda, ḷiňda, liṃ-, ḷiṃ-, lin-, ḷin-*	Ziehbrunnen
ලිප	*lipa, ḷipa, lip-, ḷip-*	Herd, Feuerplatz
ලිපිනය	*lipinaya, lipina-*	Anschrift, Adresse
ලිපිය	*lipiya, lipi-*	Schriftstück, Artikel, Brief
	lipi karuvā **para 5**	Schreiber, Büroangestellter
	lipi kāriya **para 6**	Schreiberin, Büroangestellte
ලිය	*liya, liya-* **para 8**	(schlanke) Frau
ලියනවා 1	*liyanavā* 1 schr ps *liyayi*, abs *liyā*, part pt *liyū, livū*, pt *livvēya, līvēya, līya*; umg abs *liyalā*, part pt *livva, līva, liyapu*, pt *livvā, līvā*	schreiben, verfassen
	liyana mēsaya	Schreibtisch
	liyamana vn	Brief, Schreiben
	liyuma vn	Brief
	livīma vn	das Schreiben, schriftstellerische Tätigkeit
ලියනවා 2	*liyanavā* 2 Flexion wie *liyanavā*1	zerhacken, kleinschneiden
ලියවිල්ල	*liyavilla, liyavili-*	Schriftstück; Schreiberei *umg*
ලියා පදිංචිය	*liyā padiṃciya, liyā padiṃci-* komp: abs II v. *liyanavā* + *padiṃciya* 'Wohnsitz' unz	Einschreibung
	liyā padiṃci täpäla	Einschreibepost
	liyā padiṃci karanavā	einschreiben
ලියුම	*liyuma, liyum-*	Brief; *s. a. liyanavā*
	liyum kārayā/bedannā **para 5**	Briefträger/-zusteller
ලිස්සනවා	*lissanavā*	rutschen, ausgleiten
ලිහනවා	*lihanavā, ḷihanavā*	aufknüpfen, lösen, ablegen, auspacken, auswickeln
	äňdum lihanavā	Kleider ablegen
	gäṭayak lihanavā	einen Knoten aufknüpfen
ලිහිල්	*lihil* adj	locker; leicht verständlich
	yamak lihil basin pähädili karanavā	etw. in leicht verständlicher Sprache erklären
	lihil karanavā	lockern, locker machen
	lihil venavā	locker werden
ලීය	*līya, lī-*	Holz, Stock, Holzstange
	lī baḍu	Gegenstände aus Holz
-ලු	*-lu* sufpart, Wiederg. v. Hörensagen	*s.* § 39 f)
ලුණු	*luṇu, luṇu-* Stoffbez pl Flexion	Salz
	yamakaṭa luṇu dānavā	etw. salzen
	kämaṭa luṇu väḍī. umg	Das Essen ist versalzen.

ලුහු	*luhu* adj	schnell, leicht, kurz
	yamaku luhu bańdinavā	jmdn. schnell verfolgen, jmdm. nachjagen
ලුහුඬු	*luhuńḍu* adj	kurz, gedrängt, abgekürzt
ලූ	*lū* part pt d. Hilfsverbs *lanavā*	*s. o. lanavā*
ලෙඩ	*leḍa* adj	krank
	leḍā **para 1**	Kranker
	leḍē < **leḍaya*, pl *leḍa*	Krankheit
	leḍa venavā/hädenavā	krank werden
	Nimal leḍa viya schr/*unā.* umg	Nimal wurde krank.
	Sunilṭa leḍa häduṇi schr/ *hädunā.* umg	Sunil wurde krank.
	Lāl leḍin. umg	Lāl ist krank.
ලෙය	*leya, lē, leya-, lē-* Stoffbez	Blut
	lē näkama	Blutsverwandtschaft
	lē galanavā/yanavā (tuvālayen)	bluten (die Wunde)
	lē dan denavā	Blut spenden
ලෙල්ල	*lella, leli-*	Schale (von Nüssen/Obst)
	leli arinavā/gahanavā	schälen
ලෙව්	*lev, lev-* poet	Welt
ලෙව කනවා	*leva kanavā* zsgv: abs II v. *lovinavā+kanavā* umg	(auf-)lecken
ලෙස	*lesa, lesa-* s, post m. obl, konj modal m. part ps/pt, in der Funktion e. Infinitivkonjunktion m. part ps schr	Art u. Weise, Methode; so ... wie; ... zu ...; *s. a.* § 38 g)
	Lāl pohosataku lesa/lesaṭa/ lesin jīvat veyi.	Lāl lebt in der Art und Weise eines Reichen.
	piyā kiyana lesa/lesaṭa/lesin putā kriyā karayi.	Wie der Vater sagt, handelt (sein) Sohn.
	mā kī lesa(ṭa)ma Sītā pama vī päminiyāya.	Genau wie ich gesagt hatte, kam Sītā verspätet an.
	hońdin väḍa karana lesa ohu minihāgen illīya.	Er bat den Mann, ordentlich zu arbeiten.
ලෙහෙසි	*lehesi*	*s. u. lēsi*
ලේ	*lē*	*s. o. leya*
ලේකම්	*lēkam, lēkam-*, pl *-lā, -varu*	Sekretär
	lēkamvariya, pl *-variyō*	Sekretärin
ලේඛනය	*lēkhanaya, lēkhana-*	Schriftstück, Schreiben
	lēkhana kalāva	Schriftstellerei
ලේඛකයා	*lēkhakayā, lēkhaka-* **para 5**	Schriftsteller
ලේඛිකාව	*lēkhikāva, lēkhikā-* **para 7**	Schriftstellerin
ලේලි	*lēli, lēli-*, pl *lēlilā*	Schwiegertochter; Nichte
ලේසි	*lēsi, lehesi* adj	leicht, einfach, bequem

	lēsi väḍak	eine leichte Arbeit
	lehesi pahasu	leicht und bequem
	lēsiya	Bequemlichkeit
	lēsiyaṭa adv	aus Bequemlichkeit
ලොකු	*loku* adj	groß, geräumig, bedeutend
	loku geyak	ein großes Haus
	Nimal loku minihek. umg	Nimal ist ein großer/ bedeutender Mann.
	loku karanavā	vergrößern, großziehen
	loku venavā	größer werden, wachsen
ලොම්	*lom*, *lōma*, *lom-*, *lōma-* Stoffbez	Körperhaare; Wolle
ලොරිය	*loriya*, *lori-*	Lastwagen
ලොව	*lova*, *lova-*, *lō-*	Welt
	elova; melova	jene Welt; diese Welt
	lō väsiyā, lō vässā pl Bed., pl a.	die Bewohner der Erde
	lō väsiyō, lō vässō	
ලොවිනවා	*lovinavā*; umg a. *lōnavā*	(auf-)lecken
ලෝකය	*lōkaya*, *lōka-*	Welt
	lōka prasiddha	weltberühmt
	lōka vyāpta	global
	lōka sāhityaya	Weltliteratur
	lōkayā Pluraletantum	Leute, Menschheit
ලෝබය, ලෝභය	*lōbaya*, *lōbhaya*, *lōb(h)a-* unz	Gier, Habsucht, Geiz
	lōba/lōbha kama	Geiz, Gier, Habsucht
	lōbayā, lōbhiyā **para 5, 3**	Geizhals
	lōbi, lōbhiya **para 6**	habgierige Frau
ලෝම	*lōma*	*s. o. lom*
ලෝලයා	*lōlayā*, *lōla-* **para 5**	Fan, begeisterter Anhänger
ලෝහය	*lōhaya*, *lōha-*	Metall
	lōha karmāntaya	Metallindustrie
ලෞකික	*laukika* adj	weltlich, alltäglich

ව *va*

වංක	*vaṃka* adj; *vaṅka*	krumm, schief; hinterlistig
	vaṃka minihā	hinterlistiger Mensch
වංගුව	*vaṃguva*, *vaṃgu-*	Kurve
	vaṃgu pāra	kurvenreiche Straße
වංචාව	*vaṃcāva*	*s. u. vañcāva*
වක්	*vak* adj	schräg, krumm
	vakkaranavā	gießen, (be-)wässern < *wtl.* schräg machen

	kan̆dul̥u vakkaranavā umg	Tränen vergießen
	tē vakkaranavā umg	Tee zubereiten
	pǟl̥avalaṭa vatura vakkaranavā	die Pflanzen mit Wasser begießen
වකු ගඩුව	*vaku gaḍuva*, *vaku gaḍu-*	Niere
වකුටු	*vakuṭu* adj umg	verkrümmt, gewunden
	vakuṭu karanavā	krümmen, verbiegen
	vakuṭu venavā	sich (ver-)krümmen
වක්‍ර	*vakra* adj; *vakūru* umg	krumm, schräg, schief
	vǟḍē vakūru velā. umg	Die Angelegenheit ist schief gegangen.
වගකීම	*vagakīma*, *vagakīm-*	Verantwortung; *s. a. vagaya*
	vagakīma usulanavā	die Verantwortung tragen
වගය	*vagaya*, *vaga-*; umg a. *vagē*	Sorte, Gruppe; Sache, Fall
	l̥amayi vagayak	eine Gruppe von Kindern
	vaga kiyanavā	die Verantwortung tragen; *wtl.* die Sache erklären
	vaga balā gannavā	Sorge tragen
වගුරනවා	*vaguranavā* auch kaus *vaguruvanavā* oft gleichbedeutend gebr	vergießen
	kan̆dul̥u/lē vaguranavā	Tränen/Blut vergießen
වගෙ, වගේ	*vage, vagē, vāge, vāgē* post	(ähnlich) wie, sieht aus wie/ als ob, scheint zu sein; *wtl.* von der Sorte; *s. a.* § 37 g)
	ē văgĕ minissu	derartige Menschen
	Nimal tāttā vāgemayi/vagēmayi. umg	Nimal sieht genau wie (sein) Vater aus.
	satā mǟruṇā văgĕ hiṭiyā. umg	Das Tier lag wie tot.
වචනය	*vacanaya*, *vacana-*	Wort, Rede
වඤ්චාව	*van̆cāva*, *vaṃcāva*, *van̆cā-*, *van̆cā-*	Betrug, Schwindel
	yamakuṭa van̆cā karanavā	jmdn. betrügen
	yamakugē mudal van̆ca karanavā	jmdn. um sein Geld betrügen
වටය	*vaṭaya*, *vaṭa-*	Kreis, Umkreis
	vaṭakuru adj	kreisförmig
	vaṭā, vaṭē post	um ... herum
	vaṭēṭa adv	umgebend, im Kreise
	yamaku/yamak vaṭa karanavā	jmdn./etw. umlagern
	yamaku/yamak vaṭā/vaṭē yanavā	jmdn./etw. umkreisen
	yamaku/yamak vaṭā/vaṭē räs venavā	sich um jmdn./etw. versammeln
වටින, වටිනා	*vaṭina, vaṭinā* adj, part präs v. *vaṭinavā* s.u.; *vaṭanā*	wertvoll
	vaṭinā kama	Wert
	bohoma vaṭinā potak	ein sehr wertvolles Buch

වටිනවා	*vaṭinavā* nur ps 3. sg schr *vaṭiyi, vaṭī, vaṭaṇēya*, vgf *vaṭinavā* u. part präs gebr *s. o.*	wert sein; *s. a. vaṭina, vaṭinā*
වඩනවා	*vaḍanavā*	stärken, gedeihen lassen
	ḷamayā vaḍā gannavā	das Kind in die Arme/ auf den Schoß nehmen
වඩා	*vaḍā* Mittel zum Ausdruck des Komparativs, umg auch *väḍiya*	mehr; *zum Komparativ s. a.* § 8 d)
	vaḍā hoňda pota	das bessere Buch
වඩා(ත්)ම	*vaḍā(t)ma* Mittel zum Ausdruck d. Superlativs, umg a. *väḍiyama*	am meisten; *zum Superlativ s. a.* § 8 d)
	vaḍātma lassaṇa mala	die schönste Blume
වණනවා	*vaṇanavā*	beschreiben, schildern
	kaviyā sobā siriya vaṇayi schr	Der Dichter beschreibt die Schönheit der Natur.
-වත් [1]	*-vat*[1] nominal suf nach kons/ă/ā̆	versehen mit; *s. a. -mat*
	guṇavat	tugendhaft
	pinvat	verdienstvoll *relig.*
	sädähävat	fromm, gläubig
-වත් [2]	*-vat*[2] sufpart, suf zur Bildung von Indefinitpronomina	wenigstens (*hervorhebend/ver-verstärkend*); irgend. . . ; *s. a.* § 15
	ṭikakvat kanna. umg	Iß wenigstens etwas!
	ehi eka potakvat näta. schr	Kein einziges Buch ist da.
	kavuruvat innavāda? umg	Ist irgend jemand da?
	ehē moka(k)vat nä̆. umg	Dort gibt es nichts.
වත	*vata, vat-* schr	Gesicht
වතුර	*vatura, vatura-* Stoffbez	Wasser
	vatura payippaya	Wasserleitung, Wasserrohr
වතුරනවා	*vaturanavā* obs	ausbreiten; *s. vätirenavā*
වත්ත	*vatta, vatu-*	Garten, Plantage, Grundstück
	vatu yāya	ausgedehnte Fläche von Grundstücken
වදනවා	*vadanavā*	gebären
වදිනවා	*vadinavā, vädenavā* schr ps *vadiyi, vadī, vädeyi, vädē*, abs *väda, vädī*, part pt *vädi, väduṇu*, pt *väduṇi, väduṇēya*; umg abs *vädilā*, part pt *väduṇa, väduṇu, vädicca*, pt *väduṇā*	hineingehen; stoßen (gegen etw./jmdn.) *intr*
	mīyā gulaṭa väduṇi/väduṇā.	Die Maus ging ins Loch.
	bōlaya ḷamayāgē hisē väduṇi. schr	Der Ball stieß gegen den Kopf des Jungen.
වඳිනවා	*vaňdinavā* pt schr *väňdēya*, umg *väňdā*	verehren, grüßen (*mit gefalteten Händen*)

	yamakuṭa vaňdinavā	jmdn. verehren
වඳුරා	*vaňdurā*, *vaňduru-* **para 4**	Affe
	väňdirī, pl *väňdiriyō*	Äffin
-වන	*-vana* < *vena* part ps v. *venavā*, als suf auch *-veni* u. *-väni*	seiend; *zum Suffix der Ordinalzahlen s.* § 20
වනනවා [1]	*vananavā*[1]	*s.o. vaṇanavā*
වනනවා [2]	*vananavā*[2]	schwenken, ausbreiten
	koḍi vananavā	Fahnen schwenken
	vī vananavā	(ungeschälten) Reis ausbreiten (zum Trocknen)
වනය	*vanaya*, *vana-*	Wald
	vana sattu	Tiere im Walde
වනසනවා	*vanasanavā*	zerstören, vernichten
වනාහී	*vanāhī* post schr	nämlich, was ... betrifft
	Lāl vanāhī ugat miniseki.	Was Lāl betrifft, so ist er ein gebildeter Mensch.
වම	*vama*, *vam-* unz	die Linke, die linke Seite
	vamata < *vam+ata*	die linke Hand
	vam pasa/pätta	die linke Seite
වයනවා	*vayanavā*	(e. Instrument) spielen
වයඹ	*vayaňba*, *vayaňba-* unz	Nordwesten
වයස	*vayasa*, *vayas-*	(Lebens-)Alter
	vayasaka minissu umg	alte Leute
	vayasaṭa yanavā umg	alt werden, altern
වර	*vara*, *vara-* pl gebr mit Zahladj/ Zahlfragew./unbest pron/pron adj	Mal, Zeitpunkt
	(ek(a)) varak	einmal
	varin vara	von Zeit zu Zeit
	pas varak	fünf Mal
	kī varak	wieviele Male
	kīpa varak	mehrere Male
	häma varuku(dī)ma	jedes Mal
වරද	*varada*, *värädda*, *varada-*, *väradi-*	Fehler, Irrtum, Versehen, Schuld
	varadak/väräddak karanavā	einen Fehler begehen
	varada/väradi kārayā **para 5**	der Schuldige
	varada/väradi kāriya **para 6**	die Schuldige
වරදිනවා	*varadinavā*, *väradenavā* schr ps *varadiyi*, *varadī*, *väradeyi*, abs *väradī*, part pt *väraduṇa*, *väraduṇu*, pt *väraduṇi*, *väraduṇēya*; umg abs *väradilā*, part pt *väraduṇa*, *väraduṇu*, *väradicca*, pt *väraduṇā*; kaus *varaddanavā* < *varadavanavā*	sich irren, ein Fehler unterläuft (jmdm.), man verpaßt etw.

	Sunilṭa pāra väraduṇā. umg	Sunil hat sich in der Straße geirrt.
	eyāṭa nitarama gaṇan varadinavā. umg	Ihm unterlaufen ständig Rechenfehler.
	Lālṭa bas eka väraduṇā. umg	Lāl hat den Bus verpaßt.
	väradīma vn	das Irren, Irrtum
	väradīmakin, umg *väradilā*	aus Versehen
-වරයා	*-varayā,* pl *-varu, -varayō;* hon m	(vorzüglicher) Herr ...
-වරිය	*-variya,* pl *-variyō;* hon f	(vorzügliche) Frau ...
වරුව	*varuva, varu-*	Halbtag
වර්ගය (වර්‍ගය)	*vargaya, varga-*	Art, Sorte
වර්ජනය (වර්‍ජනය)	*varjanaya, varjana-*	Streik; Meiden, Weglassen
	varjanaya karanavā	streiken; meiden, weglassen
වර්ණනාව (වර්‍ණනාව)	*varṇanāva, varṇanā-; varṇanaya*	Schilderung, lobende Beschreibung
	varṇanā karanavā	beschreiben, schildern, loben
වර්ණය (වර්‍ණය)	*varṇaya, varṇa-*	Farbe, Hautfarbe
	varṇa bhēdaya	Unterscheidung/Diskriminierung aufgrund der Hautfarbe
වර්තමානය (වර්‍තමානය)	*vartamānaya, vartamāna-* unz	Gegenwart
වර්ධනය (වර්‍ධනය)	*vardhanaya, vardhana-* unz	Gedeihen, Wachstum
වර්ෂය (වර්‍ෂය)	*varṣaya, varṣa-*	Jahr
වර්ෂාව (වර්‍ෂාව)	*varṣāva, varṣā-* unz	Regen
	varṣā kālaya/samaya	Regenzeit
-වල්	*-val* pl suf des Neutrums	*s.* § 7
වල	*vala, val-*	Wald, Wildnis
	val aliyā	wilder Elefant
	val kama umg	Unanständigkeit
	val pälāṭiya	Unkraut
වලකනවා	*valakanavā, vaḷakanavā,* auch kaus *valakvanavā, valakkanavā* gleichbedeutend gebr	(ver-)hindern, vorbeugen, abhalten
වලාකුළ	*valākuḷa, valākuḷu-, valākul-*	Wolke
වලිගය, වල්ගය	*valigaya, valgaya, val(i)ga-;* umg a. *val(i)gē; valaga* schr	Schwanz
වල්ල	*valla, valu-*	Traube, Büschel (Früchte)
වවනවා	*vavanavā*	anbauen, anpflanzen; wachsen lassen (Haare, Bart)
වශයෙන්	*vaśayen* post; *vasayen* umg	als, in der Eigenschaft von
	guruvarayeku vaśayen	als (ein) Lehrer
වස [1]	*vasa*[1], *vasa-;* umg a. *vahá*	Gift
වස [2]	*vasa*[2], *vasara, vas-, vasara-* schr	Jahr

වසනවා ^{1}	*vasanavā*^{1}, *vesenavā* schr ps	wohnen, leben
	vasayi, veseyi, vesē, abs *väsa,*	
	part pt *visū, vusū,* pt *visīya,*	
	visuvēya; umg selten verwendet	
	väsiyā, vässā, pl *väsiyō, vässō*	der Bewohner
වසනවා ^{2}	*vasanavā*^{2}, *vahánavā*	zu-, bedecken, schließen; sitzen (Vogel, Fliege usw.)
	gahē kurullek vahalā. umg	Auf d.Baum sitzt e.Vogel.
	väsma < *väsuma* vn	Bedeckung, Deckel
වසන් කරනවා	*vasan karanavā* zsgv: obs	verstecken, verheimlichen
	vasan 'Bedecken'+*karanavā*;	
	umg a. *vasaṃ karanavā*	
වසර	*vasara*	*s.o. vasa*^{2}
වසිනවා	*vasinavā, vahinavā* meist unp	regnen
	pt schr *vässēya,* umg *vässā*	
	ada digaṭama vahinavā. umg	Heute regnet es dauernd.
	vässa vn	Regen
වස්තුව	*vastuva, vastu-*	Gegenstand, Sache; Reichtum
වස්ත්‍රය	*vastraya, vastra-*	Kleid, Bekleidung
වහනවා	*vahánavā*	*s.o. vasanavā*^{2}
වහිනවා	*vahinavā*	*s.o. vasinavā*
වහන්සේ	*vahansē* hon nach obl pl; pl *-lā*	Ehrwürdiger; *s. budun vahansē u. deviyan vahansē*
වහල	*vahala, vahal(a)-,* pl *vahalaval;*	Dach
	umg *vahalē* < **vahalaya*	
වහා, වහාම	*vahā, vahāma* adv, temp konj;	sofort, geschwind; sobald;
	als konj nur *vahāma*	*s.a.* § 38 d)
	vahā(ma) enna. Telegrammtext	Komm sofort!
	Lāl giya vahāma	sobald Lāl gegangen ist,
වළ	*vaḷa, vaḷa-,* pl *-val*	Grube, Grab
	vaḷalanavā	begraben
වළංගු	*vaḷaṃgu* adj	gultig, geltend
	nītiyak vaḷaṃgu karanavā	e. Gesetz in Kraft setzen
	rekulāsiyak/nōṭṭuvak vaḷaṃgu venavā	Eine Regelung/ein Geldschein wird gültig.
වළකනවා	*vaḷakanavā*	*s.o. valakanavā*
-වා!	*-vā!, vēvā!* Optativendung	*s.* § 26 d)
	siyallōma päminetvā!	Mögen alle erscheinen!
	säpa vēvā! Briefformel	Gesundheit möge sein!
වාක්‍යය	*vākyaya, vākya-*	Satz *gramm,* (Aus-)Spruch
වාගෙ, වාගේ	*vāge, vāgē*	*s.o. vage, vagē*
වාඩි වෙනවා	*vāḍi venavā* zsgv: Stammform v.	sich setzen, Platz nehmen
	vāḍiya 'Lager'+*venavā*	
වාතය	*vātaya, vāta-* nur sg gebr	Luft, Wind

	pirisidu vātaya	frische Luft
	vātāvaraṇaya	Atmosphäre; Stimmung; Windschutz
වානේ	*vānē*, *vānē-* Stoffbez pl Flexion	Stahl
වාරය	*vāraya*, *vāra-*	Mal; Semester, Trimester
වාර්තාව (වාර්‍තාව)	*vārtāva*, *vārtā-*	Bericht, Report, Protokoll
	yamak vārtā karanavā	etw. berichten, melden
	prakāśayak vārtā gata karanavā	eine Aussage zu Protokoll nehmen
	yamak gäna vārtāvak sapayanavā	über etw. Bericht erstatten
වාසනාව	*vāsanāva*, *vāsanā-* unz	Glück, günstige Fügung
	vāsanāvantayā **para 5**	Glückspilz
	vāsanāvantiya **para 6**	weibl. Glückspilz
වාසය	*vāsaya*, *vāsa(ya)-*	Wohnstätte, Aufenthalt
	vāsagama	Herkunfts-, Familienname; *wtl.* Wohndorf
	vāsasthānaya	Wohnort
	vāsaya karanavā	wohnen
වාසිය	*vāsiya*, *vāsi-*	Gewinn, Profit, Vorteil
වාහනය	*vāhanaya*, *vāhana-*	Fahrzeug
වැටහෙනවා	*väṭahenavā* inv zu obs *vaṭahánavā*	verstehen, begreifen
	yamakuṭa yamak väṭahenavā	man versteht etw.
	vaṭahā gannavā Subjekt im nom	(für sich) begreifen
	väṭahī yanavā Subjekt im dat	(jmdm.) wird (etw.) begreiflich
වැටුප	*väṭupa*, *väṭup-*	Gehalt (als Bezahlung)
	māsika väṭupa	das monatliche Gehalt
වැටෙනවා	*väṭenavā* kaus *vaṭṭanavā* < *vaṭavanavā*	fallen
	äda väṭenavā	der Länge nach hinfallen; *wtl.* gezogen hinfallen
	bima(ṭa) väṭenavā	auf den Boden fallen
වැඩ	*väḍa*, *väḍē*< *väḍaya* (nur lexikal.), *väḍa-* sg: *väḍē*, unbest *väḍak*	Arbeit, Aufgabe, Beschäftigung; Nutzen; Angelegenheit *umg*
	väḍa piḷiveḷa	Arbeitsplan
	väḍa saṭahana	(Arbeits-)Programm
	väḍak/väḍakaṭa näti dē	nutzlose Dinge
	väḍē hari. umg	Die Angelegenheit ist in Ordnung.
	väḍa karanavā	arbeiten
	väḍa karuvā/kārayā **para 5**	Hausgehilfe
	väḍa kāriya **para 6**	Hausgehilfin
	väḍa muḷuva	Workshop

වැඩපළ, වැඩපොළ	*väḍapaḷa, väḍapoḷa, väḍapaḷa-, väḍapoḷa-*, pl *-val*	Betrieb, Werkstatt
වැඩි	*väḍi* adj	(zu) viel, übermäßig
	väḍidenā	Mehrheit
	väḍimal	ältere(-r, -s)
	väḍimahalu schr	ältere(-r, -s), betagt
	väḍihiṭiyā **para 3**	Erwachsener, älterer/ erfahrener Mensch
	väḍipura/väḍiyen adv umg	mehr
	väḍi karanavā	vermehren, multiplizieren, malnehmen (mit)
	väḍi venavā	sich vermehren
වැඩිය	*väḍiya*	*s.o. vaḍā*
වැඩියම	*väḍiyama*	*s.o. vaḍā(t)ma*
වැඩේ	*väḍē*	*s.o. väḍa*
වැතිරෙනවා	*vätirenavā* intr v. *vaturanavā*	sich hinlegen/niederlegen
වැදගත්	*vädagat* adj	vornehm, wichtig
වැද්දා	*väddā, vädi-*, pl *väddō*	Väddā (oft Wedda geschr.), Ureinwohner v. Laṃkā
(-)වැනි	*(-)väni* adj, post, suf f. Ordinalzahl.	ähnlich, wie; *s.a. -vana*
	eväni siddhiyak	ein ähnliches Ereignis
	deväni ḷamayā	das zweite Kind
වැය	*väya, väya-* unz	Aufwand, Kosten, Ausgaben
	väya karanavā	ausgeben (Geld), verbrauchen (Kraft)
	väya venavā	kosten, verbraucht werden, schwinden
වැරදෙනවා	*väradenavā*	*s.o. varadinavā*
වැරැද්ද	*väradda*	*s.o. varada*
වැල	*väla, väl-*	Schlingpflanze, Strick, Leine
වැලඳ ගන්නවා	*välaňda gannavā* zsgv: abs II v. obs *valaňdınavā+gannavā*	umarmen, ans Herz drücken
වැලි	*väli, väli-* Stoffbez	Sand, Sandkörner
	välla	Strand, sandiges Ufer
වැසිකිළිය	*väsikiḷiya, väsikiḷi-*	Toilette, Latrine
වැස්ස	*vässa, väsi-, vähi-*	Regen; *s.a. vasinavā*
වෑයම	*vǟyama, vǟyam-*	Anstrengung, Bemühung
	vǟyam karanavā	sich anstrengen
විකනවා	*vikanavā*	kauen, beißen
විකල්පය	*vikalpaya, vikalpa-*	Alternative, Option
විකුණනවා	*vikuṇanavā*	verkaufen
විගස	*vigasa* s, adv schr	Augenblick; sofort, gleich
	vigasaṭa, vigasin schr	sofort, augenblicklich

	vigaháṭa, vijaháṭa umg	sofort, augenblicklich
විචාරනවා	*vicāranavā*	nachfragen, ausfragen
විට	*viṭa, viṭa-* s, temp konj mit part ps/pt schr	Mal, Zeitpunkt; während, als, wenn; *s.a.* § 38 d)
	viṭin viṭa	von Zeit zu Zeit
	väḍa karana viṭa	während man arbeitet,
	Lāl giya viṭa	als Lāl gegangen war, wenn Lāl gegangen ist,
විඩාව	*viḍāva, viḍā-* unz	Ermüdung, große Anstrengung
විතර	*vitara* s, post	Umfang *obs;* ungefähr; nur
	pot daháyak vitara	ungefähr 10 Bücher
	minissu sīyak vitara ada väḍa karanavā. umg	Ungefähr 100 Leute arbeiten heute.
	Nimal vitarayi innē. umg	Nur Nimal ist da.
	ē vitarak nemeyi, ... umg	nicht nur das, ...
විදහනවා	*vidahanavā*	weit öffnen, ausstrecken, ausbreiten
විදිනවා	*vidinavā*	(durch-)bohren, schießen; spritzen
	dunnen vidinavā	mit dem Bogen schießen
	behetak vidinavā	eine Spritze geben; *wtl.* ein Medikament spritzen
	hilak vidinavā	ein Loch bohren
විදිය, විදිහ	*vidiya, vidiha*	*s.u. vidhiya*
විදුලිය	*viduliya, viduli-*	Elektrizität; Blitzstrahl
	viduli upakáraṇaya	elektrisches Gerät
	viduli eḷiya	elektrisches Licht
	viduli dhārāva	elektrischer Strom
	viduli puvata	Telegramm
	viduli balaya	elektr. Energie/Leistung
	viduli koṭanavā. umg	Es blitzt.
විදේශය	*vidēśaya, vidēśa-*	Ausland, die Fremde
	vidēśikayā/vidēśīyayā **para 5**	der Ausländer
විද්‍යමාන (විද්‍යමාන)	*vidyamāna* adj	vorhanden, existent
	vidyamāna venavā	erscheinen, sich zeigen
විද්‍යාව (විද්‍යාව)	*vidyāva, vidyā-*	Wissen, (Natur-)Wissenschaft
	vidyājñayā < *vidyā+jña(yā)*	Wissenschaftler
	vidyātmaka < *vidyā+ātmaka*	wissenschaftlich
	vidyālaya < *vidyā+ālaya*	höhere Schule, Kolleg
විද්‍යුත් තැපැල	*vidyut täpäla, vidyut täpäl-*	e-Mail *comp*
විධිය	*vidhiya* schr, *vidiya, vidiha, vidhi-, vidi-*	Methode, Verfahren, Art u. Weise, Möglichkeit
	vidiyaṭa, vidihaṭa adv	in der Art und Weise
	vidiyē, vidihē attributiver genitiv	von der Art und Weise

විඳිනවා	*viṅdinavā* pt schr *vindēya*, umg *vindā*	ertragen, leiden; genießen
	duk viṅdinavā	Leid ertragen, leiden
	saṃgītaya rasa viṅdinavā	Musik auf sich wirken lassen; *wtl.* den Geschmack der Musik genießen
විනා	*vinā* post schr	außer, ohne; *s.a.* § 37 f)
විනාඩිය	*vināḍiya*, *vināḍi-*	Minute
විනාශය, විනාසය	*vināśaya*, *vināsaya*, *vināśa-*, *vināsa-*	Zerstörung, Vernichtung
	vināśa karanavā	zerstören, vernichten
	vināśa venavā	zerstört werden
විනිශ්චය	*viniścaya*, *viniścaya-* pl kaum gebr	Entscheidung, Urteil *jurist.*
	viniścaya karanavā	ein Urteil fällen
	viniścaya kārayā **para 5**	Richter
විනෝදය	*vinōdaya*, *vinōda-* unz	Vergnügen, Unterhaltung
	vinōda venavā	sich vergnügen
විපත, විපත්තිය	*vipata*, *vipattiya*, *vipat-*, *vipatti-*	Unglück, Unheil, Gefahr
විපාකය	*vipākaya*, *vipāka-*	Resultat, Folge (*oft unangenehm; meist relig. gebr*)
	vipāka viṅdinavā	die Folgen ertragen
විභාගය	*vibhāgaya*, *vibhāga-*; *vibāgē* umg	Prüfung, Untersuchung
විමතිය	*vimatiya*, *vimatiya-* unz	Verwirrung, Unschlüssigkeit
විමසනවා	*vimasanavā* schr	nachfragen, sich erkundigen
	yamak/-ku gäna vimasanavā	nach etw./jmdm. fragen
වියදම	*viyadama*, *viyadam-*	Ausgabe, Geldaufwand
	mudal viyadam karanavā	Geld ausgeben
	geṭa huṅgak viyadam uṇā. umg	Das Haus hat viel gekostet.
වියනවා	*viyanavā* pt schr *vivvēya*, umg *vivvā*	weben, flechten
වියලනවා	*viyalanavā* schr, *vēlanavā*	dörren, trocknen *tr*
වියෝගය	*viyōgaya*, *viyōga-* unz	Trennung, Verlust
විරල	*virala* adj	rar, selten, knapp
විරැකියාව	*virākiyāva*, *virākiyā-* unz	Arbeitslosigkeit
විරුද්ධ (විරුධ)	*viruddha* adj; *virudda* umg	Gegen-, gegnerisch
	viruddha pakṣaya	Gegenpartei, Opposition
	yamakaṭa/yamakuṭa viruddha venavā	gegen etw./jmdn. sein
විවාහය	*vivāhaya*, *vivāha-*	Heirat, Eheschließung
	vivāhaka	verheiratet
	vivāha venavā	heiraten
	vivāha sahatikaya	Heiratsurkunde
විවෘත	*vivṛta* adj; *vivurta* umg	offen, offenbart, enthüllt

	giṇumak vivṛta karanavā	ein Konto eröffnen
	dora vivṛtava tibuṇi. schr	Die Tür war offen.
විවේකය	*vivēkaya, vivēka-*	Muße, Pause, freie Zeit, Erholung; *urs* Unterscheidung
	vivēka kālaya	freie Zeit, Pause
	vivēka gannavā	sich ausruhen, sich erholen
විශාල	*viśāla, visāla* adj	geräumig, groß
විශේෂය	*viśēṣaya, viśēṣa-*	Besonderheit, Spezifikum
	viśēṣajñayā < *viśēṣa+jña(yā)*	Experte, Fachmann
	viśēṣayen, viśēṣa vaśayen adv	besonders, speziell
විශ්වය	*viśvaya, viśva-* unz	Universum, Weltraum, All
	viśva vidyālaya	Universität
විශ්වාසය	*viśvāsaya, viśvāsa-* in der 4. Bed. zählbar; *visvāsaya, visvāsĕ* umg	Vertrauen, Zutrauen, Zuversicht, Glaube
	yamak viśvāsa karanavā	an etw. glauben
	yamaku viśvāsa karanavā	an jmdn. glauben
	yamaku kerehi viśvāsaya tabanavā geh	zu jmdm. Vertrauen haben, jmdm. vertrauen
විශ්‍රාමය	*viśrāmaya, viśrāma-* unz	Erholung; Ruhestand
	viśrāma gannavā	in den Ruhestand gehen
	viśrāma väṭupa	Altersrente, Ruhegeld
විෂ	*viṣa, visa, viṣa-, visa-* Stoffbez	Gift
විෂය(ය)	*viṣaya(ya), viṣaya-*, pl geh *viṣayayō*, gelegtl *-val*	Bereich, Fachgebiet, Objekt
විස	*visa*	*s.o. viṣa*
විසඳනවා	*visaňdanavā*	lösen, enträtseln
	praśna visaňdanavā	Probleme lösen
	visaňduma, pl *visaňdum*	Lösung
විසාල	*visāla*	*s.o. viśāla*
විසි කරනවා	*visi karanavā*	*s.u. vīsi karanavā*
විසින්	*visin* post instr agentis schr; *vihin* umg nur in d. Bed. 'selbstgetan'	von; *wtl.* durch die Macht; *s.a.* § 4, **para 1**
	ballā visin hāvā maranu labayi. schr	Von dem Hund wird der Hase getötet.
	ēka eyā vihin kara gattā. umg	Das hat er selbst verschuldet.
විසි වෙනවා	*visi venavā*	*s.u. vīsi venavā*
විස්තරය	*vistaraya, vistara-*	ausführliche Beschreibung
	vistara karanavā	ausführlich beschreiben
විස්මය	*vismaya, visma-* unz	Überraschung, Erstaunen
	vismayaṭa pat venavā	überrascht/erstaunt sein
	yamaku vismayaṭa pat karanavā	jmdn. überraschen/in Erstaunen versetzen
විස්ස	*vissa, visi-* zw	zwanzig

විහාරය	*vihāraya*, *vihāra-*	Raum mit e. Buddhastatue, Tempel, Kloster *buddh.*
විහිදනවා	*vihidanavā*	ausbreiten, ausstrecken
විහිළුව	*vihiḷuva*, *vihiḷu-*	Scherz, Spaß, Neckerei
වී	*vī*, *vī-* Stoffbez	ungeschälter Reis
	vī govitäna	Reisanbau
වීථිය, වීදිය	*vīthiya*, *vīdiya*, *vīthi-*, *vīdi-*	Straße
වීදුරුව	*vīduruva*, *vīduru-*	Glas, Trinkglas
	vīduru baḍu	Gegenstände aus Glas
වීර්යය (වියර්‍යය,වීර්‍යය)	*vīryaya*, *vīrya-* unz; *vīriya* umg	Tapferkeit, Kraft
	vīriya karanavā umg	sich unablässig bemühen
වීසි කරනවා	*vīsi karanavā*, *visi karanavā*	wegwerfen, auswerfen
	zsgv: selt. adj *vīsi*+*karanavā*	
වීසි වෙනවා	*vīsi venavā*, *visi venavā* zsgv	weg-/ausgeworfen werden
වුණත්, වුවත්, වුවද	*vuṇat*, *vuvat*, *vuvada*, *vetat*	obwohl, wenn auch; sogar
	konz v. *venavā*, adv schr	*s. a. uṇat, unat*
	pohosat vuṇat Nimal innē satuṭin noveyi.	Obwohl Nimal reich ist, ist er nicht glücklich.
	esē vuvat/vuvada/vetat	wenn es auch so ist
වුවමනාව	*vuvamanāva*	*s. o. uvamanāva*
වූ	*vū* part pt v. *venavā* schr	*s. u. venavā*
වෘත්තිය	*vṛttiya*, *vṛtti-*	akademischer Beruf; Lebensstellung; Lebenswandel
වෙඬරු	*veňḍaru*, *veňḍaru-* selten gebr Stoffbez pl Flexion	Butter
වෙත	*veta* post schr	bei, in der Nähe, zu, bis zu
	mā veta äti mudal	das Geld, das bei mir ist,
	Lāl tama piyā veta giyēya.	Lāl ging zu seinem Vater.
වෙතත්	*vetat*	*s. o. vuṇat, vuvat, vuvada*
වෙද	*veda* adj	Heilkunde betreffend
	veda kama	Heilkunde
	veda mahatā, pl - *mahatvaru*	Heilkundiger
වෙන [1]	*vena*[1] part ps v. *venavā*	*s. o. vana*
වෙන [2], වෙනත්	*vena*[2], *venat* adj; in nominalen verb komp: *ven*; *venin* adj umg	andere(-r, -s), verschieden
	vena/venat/venin kenek	eine andere Person
	vena/venat/venin deyak	eine andere Sache
	ēka venama deyak. umg	Das ist etwas ganz anderes!
	vena venama/ven venva	jede(-r, -s) für sich
	yamak/yamaku ven karanavā	etw./jmdn. trennen
	yamakin/yamakugen ven venavā	sich von etw./jmdm. trennen

වෙනදා	*venadā* adv; umg a. *venada*	an anderen Tagen, sonst
	venadā men nova schr	anders als sonst
	venadā̆ vagē neveyi/nemē umg	anders als sonst
වෙනවා	*venavā* schr ps *veyi, vē*, abs *vī*, *va*, part pt *vū, vuṇu*, pt *vĭya, vī*, *vūyēya, vuṇēya*; umg abs *velā*, part pt *uṇa, vecca*, pt *uṇā*	sein, werden, geschehen; *s. a.* § 29 d)
	ehema venna äti. umg	So wird (es) wohl (gewesen) sein.
	venna tiyena dē umg	das, was geschehen muß
	ēka venna puḷuvan(i). umg	Das ist möglich.
	ēka venna bähä/bä. umg	Das ist nicht möglich.
වෙනස	*venasa, venas-*, pl mit *kam/vīm*	Unterschied, (Ver-)Änderung
	venas kam	Unterschiede; Diskriminierungen
	venas vīm	Veränderungen
	pot dekē venasa	der Unterschied zwischen den beiden Büchern
	adahasa venas karanavā	die Absicht ändern
	kālaguṇaya venas venavā. umg	Das Wetter ändert sich.
	yamakuṭa venas kam karanavā	jmdn. diskriminieren
	Lāl huňgak venas velā. umg	Lāl hat sich sehr verändert.
වෙනුවට	*venuvaṭa* post	für, statt, anstelle von
	ohu venuvaṭa mama yami. schr	An seiner Stelle gehe ich.
වෙනුවෙන්	*venuven* post	anstelle von, vertretend; für
	yamaku venuven penī siṭinavā	jmdn. vertreten *jurist.*
	yamak/-ku venuven miya yanavā	für etw./jmdn. sterben
වෙබ් අඩවිය	*veb aḍaviya, veb aḍavi-*	Website *comp*
වෙලාව	*velāva, vēlāva, vĕlā-*, pl *-val*	Zeit (als Teil des Tages), Zeitpunkt, Uhrzeit
	dän vĕlāva kīyada?	Wie spät ist es jetzt?
	api velāvaṭa väḍē paṭan gattā. umg	Wir haben pünktlich mit der Arbeit begonnen.
	vĕlāsanin adv	früh, zeitig
වෙවුලනවා	*vevulanavā*	zittern, beben
වෙසෙනවා	*vesenavā*	*s. o. vasanavā* [1]
වෙහෙස	*vehesa, vehesa-* unz	Anstrengung; Belästigung
	yamaku vehesanavā	jmdn. bemühen; jmdn. belästigen
	vehesa venavā, vehesenavā	sich bemühen/anstrengen
වෙළඳපොළ	*veḷaňdapoḷa, veḷaňdapoḷa-*, pl *-val*	Markt
වෙළඳාම	*veḷaňdāma, veḷaňdām-*	Handel, Ein- und Verkauf
	veḷendā, pl *veḷendō*	Händler, Kaufmann
	veḷaňdām karanavā	Handel treiben

වේගය	*vēgaya*, *vēga-* unz	Geschwindigkeit, Tempo
	vēgavat adj	schnell
	vēgen, *vēgayen* adv	schnell
වේදනාව	*vēdanāva*, *vēdanā-*	Schmerz, Weh
	vēdanā viňdinavā	Schmerzen leiden/ertragen
වේලනවා	*vēlanavā*	*s.o. viyalanavā*
වේලාව	*vēlāva*	*s.o. velāva*
වේවා!	*vēvā!*	*s.o. -vā!*
වෛද්‍ය (වෛද්‍ය)	*vaidya* adj	ärztlich, heilkundig
	vaidyavarayā, pl *-varu*	Arzt, Heilkundiger
	vaidyavariya, pl *-variyō*	Ärztin
	vaidya sahatikaya	Attest
ව්‍යවස්ථාව	*vyavasthāva*, *vayvasthā-*	Gesetz, Statut; Grundgesetz
ව්‍යාකරණය	*vyākaraṇaya*, *vyākaraṇa-*	Grammatik
ව්‍යාපාරය	*vyāpāraya*, *vyāpāra-*	Geschäft, Gewerbe
	vyāpārikayā **para 5**	Geschäftsmann

ශ *śa*

ශක්තිය	*śaktiya*, *śakti-* unz; *sattiya*, *hattiya* umg	Kraft, Stärke; Energie *physikalisch*
	śakti sampanna	kräftig, stark
ශත	*śata* Zahladjektiv schr	hundert-
	śata varṣaya	Jahrhundert
ශතය	*śataya*, *sataya*, *śata-*, *sata-*; *satē* umg	*Währungseinheit*, Cent, $\frac{1}{100}$ einer Rupie
ශබ්දය	*śabdaya*, *sabdaya*, *śabda-*, *sabda-*; *saddaya*, *saddē* umg	Laut, Geräusch, Ton, Lärm
	śabda vikāśanaya	Lautsprecher
	śabda karanavā	Lärm machen, lärmen
	śabda nagā kiyavanavā	laut (vor-)lesen
ශරීරය	*śarīraya*, *sarīraya*, *śarīra-*, *sarīra-*; *sarīrē* umg	Körper, Leib; *s.a. sirura*
	śarīra saukhyaya	Körperhygiene
	śārīrika	körperlich
ශාඛාව	*śākhāva*, *śākhā-*	(Geschäfts-)Zweig, Branche
ශාලාව	*śālāva*, *sālāva*, *śālā-*, *sālā-*	Halle, länglicher Raum
ශාසනය	*śāsanaya*, *sāsanaya*, *śāsana-*, *sāsana-*; *sāsanē* umg	Lehre, Vorschrift, Edikt
ශාස්ත්‍රය	*śāstraya*, *śāstra-*; *sāstarē*, *sāttarē* umg (v.a. in letzter Bedeutung)	Lehre, Wissen, Theorie; Handlesekunst
ශිරාව	*śirāva*, *śirā-*	Vene

ශිල්පය	*śilpaya, silpaya, śilpa-, silpa-*	Kunst, Handwerk
	śilpiyā **para 3**	Künstler, Kunsthandwerker
	śilpiniya **para 6**	Künstlerin
ශිෂ්ට	*śiṣṭa* adj	anständig, sittlich
	śiṣṭācāraya < *śiṣṭa+ācāra(ya)*	Sittlichkeit (*meist als* Zivilisation *übersetzt*)
ශිෂ්‍ය	*śiṣya* adj	Studenten-, Schüler-
	śiṣyatvaya	Stipendium
	śiṣyayā **para 5**	Student, Schüler
	śiṣyāva **para 7**	Studentin, Schülerin
ශීඝ්‍ර	*śīghra* adj	schnell, rasch
	śīghra gāmī dumriya	Schnellzug
	śīghrayen adv	schnell, rasch
ශීත(ල)	*śīta(la), sīta(la), śīta(la)-, sīta(la)-* s, adj; umg a. *hīta(la)*	Kälte, Frost; kalt
	śīta dēśaguṇaya	kaltes Klima
	śītakaraṇaya	Kühlschrank; *s. a. frij eka*
ශුද්ධ (ශුඩ)	*śuddha, suddha* adj; *sudda* umg	rein, sauber, pur; heilig; netto
	śuddha lābhaya	Nettogewinn
ශුභ	*śubha, suba* adj	gut, schön, günstig
	śubhāraṃci < *śubha+āraṃci*	gute Nachrichten
	śubha sādhanaya	Wohlfahrt
ශූර	*śūra, sūra* adj	mutig, kühn, fähig
	śūrayā **para 5**	mutiger, fähiger Mensch
ශෝකය	*śōkaya, sōkaya, śōka-, sōka-* unz; *sōkĕ* umg	Trauer, Kummer, Schmerz
ශෝභන	*śōbhana* adj schr; *sōbana*	schön, hübsch, herrlich, prächtig
ශ්‍රවණය	*śravaṇaya, śravaṇa-* schr	Ohr, Gehör, das Hören
	śravaṇaya karanavā	hören, erfahren
ශ්‍රීය	*śrīya, siriya, śrī-, siri-*	Glück, Wohlstand, Reichtum, Herrlichkeit, Schönheit
	śrīmat, sirimat	herrlich, vornehm, angesehen
ශ්‍රේෂ්ඨ	*śrēṣṭha* Superlativ v. *śrī*	höchst, best, trefflichst

ෂ *ṣa*

ෂඃ!	*ṣaḥ!*	*s. o. caḥ!*
ෂට්-	*ṣaṭ-; ṣaḍ-, ṣaṇ-, ṣaṣ-* komp Glied bei Skt Lehnwörtern	sechs-

	ṣaḍvarṇa	sechsfarbig
	ṣaḍvidha	sechsfach
ෂ'ට් එක	*ṣa'ṭ eka* sprich *śōṭ eka* umg	Hemd, *engl.* shirt
ෂෝක්(!)	*ṣōk(!)* int, adj umg	prima!, klasse!; schön

ස *sa*

සංකීර්ණ (සංකීණී)	*saṃkīrṇa* adj	kompliziert, verwickelt
සංකේතය	*saṃkētaya, saṃkēta-*	Sinnbild, Symbol
සංඛ්‍යාව	*saṃkhyāva, saṃkhyā-*	Zahl, Nummer; Quantität
සංගීතය	*saṃgītaya, saṃgīta-*	Musik
සංග්‍රහය	*saṃgrahaya, saṃgraha-*	Sammlung, Zusammenstellung; freundliche Behandlung, Unterhaltung
	yamakuṭa saṃgráha karanavā	jmdn. freundlich behandeln, jmdn. unterhalten
සංඝයා	*saṃghayā, saṅghayā, saṃgha-, saṅgha-* Kollektivum	Schar, Gemeinde (der buddh. Mönche)
	bhikṣu saṃghayā	Mönchsgemeinde *buddh.*
සංචාරකයා	*saṃcārakayā, saṃcāraka-* **para 5**	Wanderer, Reisender
සංයෝගය	*saṃyōgaya, saṃyōga-*	Verbindung, Kombination
සංවාදය	*saṃvādaya, saṃvāda-*	Konversation, Gespräch
සංවිධානය	*saṃvidhānaya, saṃvidhāna-*	Organisation
සංස්කෘත	*saṃskṛta* adj	Sanskrit (Sprache) betreffend
	saṃskṛta bhāṣāva, saṃskṛtaya	Sanskrit-Sprache
සංස්කෘතිය	*saṃskṛtiya, saṃskṛti-*	Kultur
	saṃskṛtika	kulturell
	saṃskṛtika vaśayen adv	kulturell
සකල	*sakala* adj	ganz, gesamt
සඟරාව	*sañgarāva, sañgarā-*	Zeitschrift
සඟවනවා	*sañgavanavā, haṃganavā*	verheimlichen, verstecken
සඞ්ඝයා	*saṅghayā*	*s. o. saṃghayā*
සටන	*saṭana, haṭana, saṭan-, haṭan-*	Kampf
	saṭan karanavā	kämpfen
	saṭan virāmaya	Waffenstillstand
සටහන	*saṭahana, saṭahan-*	Markierung, Notiz, Aufzeichnung
	saṭahan karanavā	markieren, aufzeichnen
සණ්ඩුව	*saṇḍuva, raṇḍuva, saṇḍu-, raṇḍu-*	Streit, Zank, Auseinandersetzung
	yamaku samaga (schr)/*yamek ekka* (umg) *saṇḍu karanavā*	sich m. jmdm. streiten
	ḷamayi saṇḍu venavā. umg	Die Kinder zanken sich.
සත	*sata* schr	*s. u. hata*

සතය	*sataya*	*s.o. śataya*
සතර [1]	*satara*[1] schr	*s.u. hatara*
සතර [2]	*satara*[2] poet	Lehre, Wissen, Theorie
සතළිස	*sataḷisa* schr	*s.u. hataḷiha*
සතා	*satā*, *sat-* **para 1**	Lebewesen, Tier
සතිය	*satiya*, *sati-*	Woche
	sati antaya	Wochenende
	sati patā	wöchentlich
සතු	*satu* adj schr	gehörend
	ohu satu dē	Sachen, die ihm gehören
සතුට	*satuṭa*, *satuṭu-* unz	Zufriedenheit, Freude, Glück
	satuṭin innavā	glücklich sein
	yamaku satuṭu karanavā	jmdn. erfreuen, jmdm. eine Freude machen
	yamak gäna satuṭu venavā	sich über etw. freuen
	satuṭudāyaka adj	zufriedenstellend, freudig
සතුරා	*saturā*, umg *haturā*, *saturu-*, *haturu-* **para 4**	Feind
	sätiriya, umg *hätiriya* **para 6**	Feindin
සත්‍යය	*satyaya*, *satya-*	Wahrheit
සදනවා	*sadanavā*, *sādanavā*, *hadanavā*	machen, bauen, anfertigen, erstellen, errichten; im Begriff sein *umg*
	kurullō kūḍu sadati. schr	Die Vögel bauen Nester.
	eyā yanna hadanavā. umg	Er ist im Begriff zu gehen.
සදාකාලික	*sadākālika* adj	ewig, immerwährend
සඳ [1]	*saňda*[1], *haňda*, *saňda-*, *haňda-*; als nachgestelltes Honorifikum u. in Eigennamen nur *saňda*	Mond; Vorzüglichster
	saňda/haňda räs	Mondschein
	himi saňda poet	vorzüglichster Herr
සඳ [2]	*saňda*[2] temp konj, Bestandteil einiger weniger pron adv poet	während, in der Zeit von
	ohu raja karana saňda ...	während er regierte, ...
	esaňda ...	in dieser Zeit ...
සඳහන	*saňdahana*, *saňdahan-* unz	Erwähnung, Nennung
	saňdahan karanavā	erwähnen
	saňdahan venavā	erwähnt werden
සඳහා	*saňdahā* post final mit Substantiv, Verbalnomen schr	um zu, zum Zwecke von, für; *s.a.* § 37 e)
	Nimal vibhāgaya samatvīma saňdahā hoňdin uganī.	Nimal lernt gut, um die Prüfung zu bestehen.
	Sunil vibhāgaya saňdahā hoňdin uganī.	Sunil lernt gut für die Prüfung.
සඳුදා	*saňdudā*, *saňdudā-*, pl *-val*	Montag, am Montag

සනසනවා	*sanasanavā*; umg a. *sanáhánavā*	trösten
	sänasīma vn	Trösten, Trost
	sänasuma vn	Trost
සනීප(ය)	*sanīpa(ya)*, *sanīpa-* unz; *sanīpē*	Gesundheit, Wohlbefinden
	leḍak/leḍeku sanīpa karanavā	eine Krankheit/einen Kranken heilen
	leḍak/leḍekuṭa sanīpa venavā	Eine Krankheit wird geheilt./Ein Kranker wird gesund.
සන්තෝෂය	*santōṣaya*, *santōṣa-* unz; *santōsaya*, *santōsē* umg	Zufriedenheit, Freude, Vergnügen
	santōṣayen/santōsen innavā	in Zufriedenheit leben
	yamaku santōṣa karanavā	jmdn. erfreuen
	santōṣa venavā	sich freuen/vergnügen
සන්ධිය	*sandhiya*, *sandhi-* schr	Verbindung, euphon. Lautverbindung; *s.a. handiya*
සන්ධ්‍යාව	*sandhyāva*, *sandhyā-* schr	Spätnachmittag, Abend
සපත්තුව	*sapattuva*, *sapattu-*	Schuh
	sapattu dekak/kuṭṭamak	ein Paar Schuhe
	sapattu dānavā	Schuhe anziehen
සපනවා	*sapanavā*, *hapanavā*	beißen, kauen, nagen
සපයනවා	*sapayanavā*	besorgen, beschaffen, liefern
	säpayuma vn	Angebot (*marktwirtsch.*)
සබන්	*saban*, *saban-* Stoffbez pl Flexion	Seife
	saban källak	ein Stück Seife
	äňgē saban gā gannavā	sich den Körper einseifen
සබ්දය	*sabdaya*	*s.o. śabdaya*
සභාව	*sabhāva*, *sabhā-*	Versammlung, Hof (*Königs-*)
	sabhāpativarayā, pl *-varu*	Präsident
	sabhāpativariya, pl *-variyō*	Präsidentin
	sabhya	höflich, anständig
	sabhyatvaya	das Kultiviertsein
සම [1]	*sama*[1] adj	gleich(-rangig), eben
	sama kālīna	zeitgenössisch
	sama bara	Gleichgewicht
	sama vayasē ḷamayi	gleichaltrige Kinder
	sama karanavā	angleichen, einebnen
	nagarayak poḷovaṭa sama(talā) karanavā	eine Stadt dem Erdboden gleichmachen
	sama venavā	gleichen, stark ähneln
සම [2]	*sama*[2], *hama*, *sam-*, *ham-*, *haṃ-*	Haut, Fell, Leder
	samē rōga	Hautkrankheiten
	sam/ham/haṃ paṭiya	Ledergürtel
සමග	*samaga* post schr; *samaňga*	zusammen mit; *s.a.* § 37 c)
සමගිය	*samagiya*, *samagi-* unz	Eintracht, Einmütigkeit

	samagiyen jīvat venavā	in Eintracht leben
සමගි සම්මුතිය	*samagi sammutiya*, - *sammuti-*	Kompromiß
සමත්	*samat* adj	fähig, tauglich, geschickt
	vibhāgaya/-yen samat venavā	die Prüfung bestehen
සමනලයා	*samanalayā*, *samanala-* **para 5**; umg pl auch *samanallu*	Schmetterling
සමය [1]	*samaya*[1], *samaya-* pl kaum verwendet; *samē* umg; *sammē* in aufgeregter Rede	Zeitraum, Periode; *urs* geeigneter Zeitpunkt
	väsi samaya	Regenzeit
සමය [2]	*samaya*[2], *samaya-*; *samē*	Lehre, Doktrin
	budu samaya	buddhistische Lehre
සමරනවා	*samaranavā*	gedenken, denken (an)
	yamaku/yamak samaranavā	jmds./e. Sache gedenken
	sämaruma vn	Andenken, Gedenkfeier
සමර්‌ථ (සමර්ථ)	*samartha* adj	fähig, tauglich, geschickt; *s. a. samat*
සමස්තය	*samastaya*, *samasta-* unz	Ganzes, Einheit
	samasta lōkayama	die ganze Welt
	samastayak lesa/vaśayen/häṭiyaṭa balana viṭa schr	als Ganzes betrachtet
සමහර	*samáhára* pron adj	manch, einig ...; *s. a.* § 16
	samáhára kenek	manch einer
සමාගම(ය)	*samāgama(ya)*, *samāgam-*	Zusammenkunft, Handelsgesellschaft
සමාජය	*samājaya*, *samāja-*	Gesellschaft, Verein
	samāja vādaya	Sozialismus
	s̆āmājikayā **para 5**	Vereinsmitglied
සමාන	*samāna* adj	ähnlich, gleich
	samāna lakuṇa	=, Gleichheitszeichen
	yamakuṭa samāna venavā	jmdm. ähnlich sein
සමාව	*samāva*, *samā-* unz	Vergebung, Verzeihung
	yamakugen samāva illanavā	jmdn. um Verzeihung bitten
	yamakuṭa varadakaṭa samāva denavā/samā venavā	jmdm. ein Unrecht vergeben, verzeihen
	karuṇākara maṭa samā venna.	Bitte, verzeihen Sie mir!
සමිතිය	*samitiya*, *samiti-*	Verein, Genossenschaft
සමීපය	*samīpaya*, *samīpa-* unz	Nähe, Nachbarschaft
	yamakuṭa/yamakaṭa samīpa venavā	sich jmdm./einer Sache nähern
සමු ගන්නවා	*samu gannavā* zsgv: obs *samu* 'Billigung'+*gannavā*	Abschied nehmen; *wtl.* (zum Gehen) Billigung erhalten
	samu gänīma vn	Abschied

සමුව	*samuva* schr	*s.u. hamuva*
සමූහය	*samūhaya*, *samūha-* schr	Haufen, Menge, Ansammlung, Gruppe
සම්පන්න	*sampanna* adj	versehen mit
සම්පූර්ණ (සම්පූර්ණ)	*sampūrṇa* adj	vollständig, vollkommen
	sampūrṇayen(ma) adv	vollkommen, total
	sampūrṇa karanavā	vervollständigen
සම්ප්‍රදාය	*sampradāya*, *sampradāya-*	Tradition, Überlieferung
සම්බ කරනවා	*samba karanavā*	*s.u. hamba karanavā*
සම්බන්ධය	*sambandhaya*, *sambandha-*, pl *sambandhakam*; *sambandē* umg	Verbindung, Beziehung, Zusammenhang
	prēma sambandhaya	Liebesbeziehung
	mē sambandhayen	diesbezüglich
සම්බ වෙනවා	*samba venavā*	*s.u. hamba venavā*
සම්භ කරනවා	*sambha karanavā*	*s.u. hamba karanavā*
සම්භ වෙනවා	*sambha venavā*	*s.u. hamba venavā*
සම්මත	*sammata* adj	Standard-, geregelt; zugestimmt, angenommen
	sammatānukūla	regelmäßig
සම්මුතිය	*sammutiya*, *sammuti-*	Vereinbarung, Abmachung
සය	*saya* schr	*s.u. haya*
සයිකලය	*sayikalaya*, *sayikal-*; *sayikalē*	Fahrrad; *s.a. bayisikalaya*
ස'ර්	*sa'r* sprich *sə(r)* Anredeform	(mein) Herr!
සරණාගතයා	*saraṇāgatayā*, *saraṇāgata-* **para 5**	Flüchtling
සරසනවා	*sarasanavā*; umg a. *haráhánavā*	verzieren, (aus-)schmücken
සරසවිය	*sarasaviya*, *sarasavi-*	Universität; *Sarasvatī: hindu. Göttin der Beredsamkeit*
සරි	*sari* schr, *hari* umg adj	gleich, ähnlich
	sariyē adv poet	gleichermaßen
	hari hariyaṭa umg	gleichermaßen
සරීරය	*sarīraya*	*s.o. śarīraya*
සරු	*saru* adj	gedeihend, fruchtbar, reich
	saru bima	fruchtbarer Boden
	apē vyāpāraya saruyi.	Unser Geschäft gedeiht gut.
සර්පයා (සර්පයා)	*sarpayā*, *sarpa-* **para 5**; *sarupayā* umg	Schlange
සර්ව (සර්ව)	*sarva* pron adj; umg a. *saruva*	all, ganz; *s.a.* § 16
	sarva jana chanda balaya	allgemeines Wahlrecht
	sarvajña < *sarva+jña*	allwissend, *ein Beiname des Buddha*
සලකනවා	*salakanavā*	(be-)achten, betrachten; (gut) behandeln
	... bava salakanna.	Achten Sie/achte bitte darauf, daß ...

	demāpiyanṭa salakanavā	die Eltern gut behandeln
	yamak gäna salakā balanavā	etw. in Betracht ziehen
	sälakilla vn	gute Behandlung, Aufmerksamkeit, Interesse
සලකුණ	*salakuṇa*, *salakuṇu-*	Zeichen, Signal
සලනවා	*salanavā*, *halanavā*	hin u. her bewegen, schütteln; *s. a. sälenavā*
	hisa salanavā	den Kopf schütteln
	penērekin piṭi halanavā	durch ein Sieb Mehl schütteln
සලසනවා	*salasanavā* m. kaus *salasvanavā*, *salassanavā* gleichbedeutend	(jmdn.) veranlassen (etw. zu tun), (etw.) in die Wege leiten, bewirken
	piyā putāṭa igena gannaṭa salasayi/salasvayi/salassayi. schr	Der Vater veranlaßt (seinen) Sohn zu studieren.
සල්ලි	*salli* pl v. obs *salliya* '$\frac{1}{2}$ cent'	Geld
සව්	*sav* pron adj poet	all, ganz; *s. a.* § 16
සවන	*savana*, *savan-*	Ohr, Gehör
	yamakuṭa savan denavā	jmdm. Gehör schenken
	kathāvaṭa savan denavā	die Rede hören
සවස	*savasa*, *havasa*, *savas-*, *havas-*	Nachmittag, am Nachmittag
	savas/havas kālaya	Nachmittag(-szeit)
සවිය	*saviya*, *hayiya*, *savi-*, *hayi-* unz	Kraft (körperl.), Stärke
	savimat schr	kräftig, stark
	hayiyen adv	schnell, laut, stark
	savi schr/*hayi* umg *karanavā*	befestigen
	yamak hayi venavā umg	etw. wird fest, hart
සසඳනවා	*sasaňdanavā*	vergleichen
සහ	*saha*, *hā* konj, post, adv schr	und, mit; *s. a.* §§ 38 a), 37 c)
	putā saha duva	der Sohn und die Tochter
	sorā gam väsiyaku hā (samaga) mituruva siṭiyēya. schr	Der Dieb war mit einem Dorfbewohner befreundet.
	sahápirivarin adv poet	mit/samt Gefolge
සහජීවනය	*sahajīvanaya*, *sahajīvana-* unz	Zusammenleben
	sāmakāmī sahajīvanaya	friedliches Zusammenleben
සහතිකය	*sahatikaya*, *sahatika-*	Zeugnis, Bescheinigung, Bestätigung, Urkunde
	sahatika patraya	Zeugnis, Bescheinigung
	... bava sahatika karanavā	bescheinigen, daß ...
සහභාගි, සහභාගී	*sahabhāgi*, *sahabhāgī* adj; *sahabāgi* umg	beteiligt (an), teilnehmend (an)
	sahabhāgitvaya	Beteiligung
	sahabhāgi venavā	sich beteiligen, teilnehmen, mitwirken
	utsavayakaṭa sahabhāgi venavā	an einem Fest teilnehmen

	vāḍēṭa sahabhāgi venavā	sich an der Arbeit beteiligen, mitwirken
සහමුලින්ම	*sahamulinma adv*	total, ganz, vollständig; *wtl.* mit der Wurzel
සහයෝගය	*sahayōgaya*, *sahayōgaya-* unz	Beistand, Unterstützung
	yamakuṭa/yamakaṭa sahayōgaya dakvanavā	jmdn./etw. unterstützen
	yamakuṭa sahayōgaya denavā	jmdm. Beistand leisten
	sahayōgitāva	Solidarität
සහල්	*sahal* schr	*s.u. hāl*
සහිත	*sahita* post schr	mit, versehen mit
	paḍi sahita nivāḍu	Urlaub mit Lohn, *d.h.* bezahlter Urlaub
සහෝදරයා	*sahōdarayā*, *sahōdara-* **para 5**	Bruder; *s.a. sohoyurā*
	sahōdariya **para 6**	Schwester; *s.a. sohoyurī*
සාකච්ඡාව	*sākacchāva*, *sākacchā-*	Diskussion, Erörterung, Gespräch
	yamak gäna sākacchā karanavā	über etw. diskutieren
සාක්කිය	*sākkiya* umg	*s.u. sākṣiya*
සාක්කුව	*sākkuva*, *sākku-*	Tasche (in Kleidungsstücken)
	kalisam sākkuva	Hosentasche
සාක්ෂිය	*sākṣiya*, *sākkiya*, *sākṣi-*, *sākki-*; *sākṣyaya* geh	(Augen-)Zeugenaussage, Zeugnis, Beweis
	sākṣi/sākki denavā	als Zeuge aussagen
	sākṣiyak häṭiyaṭa	als Beweis
සාදනවා	*sādanavā*	*s.o. sadanavā*
සාධාරණ	*sādhāraṇa* adj; *sādāraṇa* umg	allgemein, gleich, gerecht
	kāṭat sādhāraṇa nītiyak	ein Gesetz, das für jeden gleich gilt
	sādhāraṇa milak	ein gerechter Preis
	sādhāraṇa minihek	ein gerechter Mensch
සාප්පුව	*sāppuva*, *sāppu-*	Boutique, Geschäft, Laden
සාමය	*sāmaya*, *sāma-* unz	Frieden
	sāmakāmī	friedlich, friedliebend
	sāma sākacchā	Friedensgespräche
සාමාන්‍ය	*sāmānya* adj	allgemein, generell, üblich
	sāmānyayen adv	im allgemeinen, generell
	sāmānya vaśayen adv schr	im allgemeinen, generell
සාරනවා	*sāranavā*, *hāranavā*	graben
සාර(වත්)	*sāra(vat)* adj	gedeihend, fruchtbar; *wtl.* mit Essenz versehen
සාරිය	*sāriya*, *sāri-*	der Sari (*ein Frauengewand*)
සාර්ථක (සාර්‍ථක)	*sārthaka* adj; *sārtaka* umg	erfolgreich, fruchtbar, -bringend
	sārthakava, *sārthaka lesa* adv	erfolgreich

සාලාව	*sālāva*	*s.o. śālāva*
සාසනය	*sāsanaya*	*s.o. śāsanaya*
සාහිත්‍යය	*sāhityaya, sāhitya-*	Literatur
	sāhitya itihāsaya	Literaturgeschichte
	sāhitya maṇḍalaya	literarischer Zirkel
සැකය	*säkaya, säka-* unz; umg auch *häkaya, häkē*	Zweifel, Verdacht, Argwohn, schlimme Vermutung
	kisi säka(ya)k nätiva, nisäkavama, nisäkayenma schr	ohne jeden Zweifel
	kisima säkak nätuva umg	ohne jeden Zweifel
	säka sitanavā/häka hitanavā	Zweifel hegen
	yamaku nikaruṇē säka karanavā	jmdn. unbegründet verdächtigen
සැට	*säṭa* schr	*s.u. häṭa*
සැටිය	*säṭiya* schr	*s.u. häṭiya*
සැඩ	*säḍa* adj ; umg a. *häḍa, häḍi*	heftig, ungestüm, zornig
සැණ	*säṇa, säṇa-* pl kaum gebr schr	Moment, Augenblick
	säṇin, säṇen adv	augenblicklich, sofort
	säṇakin, säṇekin adv	in einem Augenblick
සැතපුම, සැතැපුම	*sätapuma, sätäpuma, sätäpma(ya), hätäpma(ya), sätapum-, sätäpum-, sätäpma-, hätäpma-; hätäkma, hätämma* umg	Meile (Längenmaß v. 1,609 km); *wtl.* Rast, Marschunterbrechung
සැතැප්ම(ය)	*sätäpma(ya)*	*s.o. sätapuma, sätäpuma*
සැත්කම	*sätkáma, sätkam-*	chirurg. Eingriff, Operation
සැත්තෑව	*sättǟva* schr	*s.u. hättǟva*
සැන්දෑව	*sändǟva, sändǟ-, sän̆dǟ-,* pl *sändǟ(val); händǟva* umg	Spätnachmittag, früher Abend
	sändǟ/sän̆dǟ kālaya	Zeit am frühen Abend
සැප(ය)	*säpa(ya), säpa-* pl begrenzt; *säpē*	Gesundheit, Wohlbefinden
	säpa sanīpa kohomada? umg	Wie geht es (Ihnen/dir)?
	säpen, säpasē adv	bequem, angenehm
	api säpen siṭimu. im Brief	Wir sind wohlauf.
	Sunil väḍa karaddī Nimal säpasē nidā gati. schr	Während Sunil arbeitete, schlief Nimal angenehm.
සැප්තැම්බරය	*säptämbaraya, säptämbar(a)-*	September
	säptämbarayē, säptämbarvala	im September
සැබෑව	*säbǟva* schr	*s.u. häbǟva*
සැම	*säma, häma, säma-, häma-* pron adj; betont *sǟma, hǟma*	all, ganz; *s.a.* § 16
	säma/häma tänama	überall
	sämadāma, hämadāma	jeden Tag, immer
	säma denama/denāma, häma denāma; hämōma umg	alle Leute, jedermann

	säma viṭama schr, *häma velāvema* umg	jedes Mal, immer
සැමියා	*sämiyā, sämi-* para 3	Ehemann
සැර	*sära* adj	scharf; zornig
	sära kǟmak	ein scharfes Essen
	sära minihek umg	ein zorniger Mensch
	yamakuṭa sära karanavā/venavā	jmdn. anschreien
සැරය	*säraya, särē, sära-* umg	Mal; *urs* Pfeil(-schuß)
	kīpa särayak	einige Male
	giya särē	das letzte Mal
සැරි සරනවා	*säri saranavā* Intensiv v. obs *sara-* 'sich bewegen'	hin u. her gehen, in diese u. jene Richtung fahren
සැරේ	*särē*	s. o. *säraya*
සැලකිල්ල	*sälakilla, sälakili-*	s. o. *salakanavā*
සැලෙනවා	*sälenavā* itr v. *salanavā* schr	zittern, schwanken
සැවොම	*sävoma* schr	alle, alle Leute, jedermann
සැහැල්ලු	*sähällu* adj; umg auch *hällu*	leicht, einfach
	yamak sähälluvaṭa gannavā	etw. für einfach halten
	yamaku hällu karanavā umg	jmdn. herabsetzen
සෑම	*sǟma*	s. o. *säma*
සෑහෙන	*sǟhena* part ps v. *sǟhenavā*	genügend, ausreichend; angemessen
	geṭa sǟhena mudalak viyadam uṇā. umg	Das Haus hat e. genügende Menge Geld, d. h. viel Geld, gekostet.
	ē ohuṭa sǟhena kaṭayuttak novē. schr	Das ist keine angemessene Aufgabe für ihn.
සෑහෙනවා	*sǟhenavā*	genügen, ausreichen; angemessen sein
	ē mudala väḍēṭa säheyida?/ sǟhēvida? umg	Wird das Geld für diese Angelegenheit genügen?
	ehäṭa sǟhenna vahinavā. umg	Dort regnet es viel.
සිංහයා	*siṃhayā, siṃha-* para 5	Löwe
	siṃha dhēnuva para 7, 9	Löwin
සිංහල	*siṃhala* adj, s	singhalesisch; singh. Sprache
	siṃhala kāntāva para 7	Singhalesin
	siṃhala bhāṣāva	singhalesische Sprache
	siṃhalayā para 5	Singhalese
සිකුරාදා	*sikurādā, sikurādā-*, pl *-val*	Freitag, am Freitag
සිට	*siṭa* abs II v. *siṭinavā*, post lok, temp schr; *hiṭa(lǎ), hiṭan* umg	von ... an, beginnend mit, seit; *s. a.* § 37 a), b)
	Kolamba siṭa Nuvara dakvā	von Colombo bis Kandy
	sandudā siṭa iridā dakvā	von Montag bis Sonntag

	giya satiyē siṭa minissu mehi väḍa karati. schr	Seit letzter Woche arbeiten die Männer hier.
	ḷamayā ada hiṭan unanduven igena ganīvi. umg	Der Junge wird wohl von heute an fleißig lernen.
සිටවනවා	*siṭavanavā, hiṭavanavā* kaus v. *siṭinavā/hiṭinavā; hiṭuvanavā*	veranlassen zu stehen, einpflanzen; *wtl.* stehen machen
සිටිනවා	*siṭinavā* schr ps *siṭiyi, siṭī,* abs *siṭa,* part pt *siṭi,* pt *siṭiyēya;* umg ps *hiṭinavā,* abs *hiṭa, hiṭalā,* part pt *hiṭi, hiṭiya, hiṭapu,* pt *hiṭiyā*	sein; *urs* stehen (*der Imperativ: siṭīṃ!* 'steh!' *u. das zsgv: siṭa gannavā* 'aufstehen', 'sich erheben' *haben die ursprüngliche Bedeutung.*)
	hiṭiyā u. *hiṭiyē* emphat. pt umg	...dachte, daß ...
	maṃ hiṭiyā/hiṭiyē Nimal giyäyi kiyalā. umg	Ich dachte, Nimal wäre fortgegangen.
	hiṭi häṭiyēma umg, schr	plötzlich; *wtl.* so wie man da stand
සිත	*sita, hita, sit-, hit-*	Geist, Absicht, Wille, Gedanke, Herz, Gemüt, Lust
	sita saha kaya schr	Körper und Geist
	ohuṭa mṛdu sitak äta. schr	Er hat ein weiches Herz.
	hita hayiya äti kenek umg	einer mit festem Willen
	yamakugē sita ridavanavā	jmds. Gemüt, *d.h.* Gefühle, verletzen
	maṭa dän gedara yanna hita(k) nähä. umg	Ich habe jetzt keine Lust, nach Hause zu gehen.
	gedara yanna magē hitē tiyenavā. umg	Ich habe die Absicht, nach Hause zu gehen.
සිතනවා	*sitanavā, hitanavā*	denken, überlegen, sich vorstellen/einbilden, annehmen, meinen; *s.a. sitenavā*
	sitiya nohäki schr, *hitanna bäri* umg	unvorstellbar
	sitivilla, situma vn	Gedanke
	situm pätum	Gedanken und Wünsche
සිතියම	*sitiyama, sitiyam-; situvama*	Gemälde, Bild, (Land-)Karte
	sitiyam pota	Atlas
සිතෙනවා	*sitenavā* inv v. *sitanavā,* mit Subjekt im Dativ; *hitenavā* umg	denken *inv,* jmdm. fällt etw. ein; *s.a.* § 29 c)
සිත්තම	*sittama, sittam-*	Gemälde, Bild
සිත්තරා	*sittarā, sittara-,* pl *sittaru*	Maler
සිදු වෙනවා	*sidu venavā* zsgv: *sidu* 'vollendet' +*venavā*	sich ereignen, geschehen, erfolgen; *s.a. siddha*
	mē pārē nitara hadisi anaturu sidu veyi. schr	Auf dieser Straße geschehen oft Unfälle.
	siduvīma, pl *siduvīm* vn schr	Ereignis, Geschehen

සිද්ධ (සිධ)	*siddha* adj; *sidda* umg	vollendet, vollbracht, gelungen, erfolgt; heilig
	siddhasthānaya	heilige Stätte
	pin siddha kara gannavā	für sich religiöse Verdienste erwerben
	maṭa payin yanna sidda uṇā. umg	Es geschah so, daß ich zu Fuß gehen mußte.
සිද්ධිය (සිධිය)	*siddhiya*, *siddhi-*	Ereignis, Geschehen
සිඳිනවා [1]	*sin̆dinavā*[1], umg *hin̆dinavā*	abbrechen, abschneiden *tr*, entblättern, entwurzeln
සිඳිනවා [2]	*sin̆dinavā*[2], umg *hin̆dinavā*	auspressen (Öl aus Nüssen), ausschöpfen (Brunnen)
සිනාව	*sināva*, *hināva*, *sinā-*, *hinā-*; *sináháva*, *hináháva*	Lächeln, Lachen
	sinā musu muhuṇin	m. e. Lächeln im Gesicht
	sinā senavā, *sinā/sináhá venavā* schr	lächeln, lachen
	hinā/hináhá venavā, *hinähenavā* umg	lächeln, lachen
සිඹිනවා	*sim̆binavā* schr	*s. o. im̆binavā*
සිය [1]	*siya*[1] pron adj schr	eigen, e. Person zugehörig
	siya kämätten	auf eigenen Wunsch, freiwillig
	siya nivasa	eigene Wohnung
	Nimal saha siya pavula	Nimal und seine Familie
සිය [2]	*siya*[2]	*s. u. siyaya*
සියය	*siyaya*, *sīya*, *siya-* zw	hundert
	pot siyayak/(ek(a)) sīyak	100 Bücher
	pot eka siya dahayak	110 Bücher
	siya vasa	Jahrhundert
සියලු	*siyalu* pron adj; *siyul* poet	all; *s. a.* § 16
	siyalu denā(ma), *siyaluma denā*, *siyallōma*	alle, alle Leute
	siyalu dē(ma), *siyaluma dē*, *siyallama*	alles, alle Dinge
සියුම්	*siyum* adj	fein, zart, raffiniert
සිරය	*siraya* schr	*s. u. hiraya*
සිරිත	*sirita*, *sirit-*	Sitte, Gewohnheit
	sirit paridi	wie gewohnt, regelmäßig
	eyā sirit paridi häma sikurādāma enavā. umg	Er kommt regelmäßig jeden Freitag.
සිරිය	*siriya*	*s. o. śrīya*
සිරුර	*sirura*, *siruru-* schr	Körper, Leib; *s. a. śarīraya*
සිල්පය	*silpaya*	*s. o. śilpaya*

සිව්, සිවු	*siv, sivu*, obs *sū* zahl adj schr	vier-
	siv(u) diga	vier Himmelsrichtungen
	minissu siv(u) denek	vier Männer
	siv padaya	vierzeilige Strophe
	siv(u)pāvā, pl *siv(u)pāvō*	Vierbeiner
	sū visi … adj obs	vierundzwanzig …
සිසු	*sisu*, *sisu-*, pl *sisuhu*, s, adj schr	Schüler, Student; Studenten-, Schüler-; *s. a. śiṣya*
	sisuvā **para 5**	Student, Schüler
	sisuviya **para 6**	Studentin, Schülerin
සිහින්	*sihin*, *sihini* adj; *hīn(i)* umg	dünn, schlank, fein
සිහිනය	*sihinaya*, *sīnaya*, *sihina-*, *sīna-*; *hīnaya, hīnē* umg	Traum
	sihinayak dakinavā	einen Traum haben
	mama naraka hīnayak däkkā. umg	Ich hatte einen bösen Traum/Albtraum.
සිහිනි	*sihini*	*s. o. sihin*
සිහිය	*sihiya*, *sihi-* unz	Gedächtnis, Erinnerung, Bewußtsein
	yamaku/yamak sihi (pat) karanavā	sich jmdn./etw. ins Gedächtnis (zurück-)rufen
	yamaku/yamak sihi venavā	s. an jmdn./etw. erinnern
	sihi näti venavā umg	das Bewußtsein verlieren
සීත(ල)	*sīta(la)*	*s. o. śīta(la)*
සීනය	*sīnaya*	*s. o. sihinaya*
සීනි	*sīni*, *sīni-* Stoffbez pl Flexion	Zucker
සීමාව	*sīmāva*, *sīmā-*	Grenze, Begrenzung
	sīmā rahita nidahasa	unbegrenzte Freiheit
	sīmā sahita samāgama(ya)	GmbH
සීය	*sīya*	*s. o. siyaya*
සු-	*su-* präf	gut, wohl-, schön
	sugatiya	gute Existenz *relig.*
	supiri	Super-
	suprakaṭa	wohlbekannt
	surūpī	wohlgestaltet, schön
	susaṃgata	regelmäßig (Gesichtszüge)
	suháda	wohlgesinnt, herzlich
සුඟ	*suňga* adj schr obs	wenig; *s. aber huňga*
	suňgak schr	ein wenig, ein bißchen
සුදු	*sudu* Farbadjektiv	weiß
	suda, sudu pāṭa	Weiß, weiße Farbe
	sudu gähäniya schr/*suddī* umg, pl *sudu gähänu/gǟnu, suddiyō*	weiße Frau, die Weiße

	sudu minisā schr/*suddā* umg, pl *sudu minissu, suddō*	weißer Mann, der Weiße
	gē sudu karanavā	d. Haus weiß anstreichen
සුදුසු	*sudusu* adj	passend, geeignet, angemessen
සුද්ධ (සුධ)	*suddha*	*s. o. śuddha*
සුන්දර	*sundara* adj	schön, ästhetisch
	sundaratvaya	(ästhetische) Schönheit
සුබ	*suba*	*s. o. śubha*
සුමානය	*sumānaya*, *sumāna-*; *sumānē* umg	Woche
සුරු	*suru* schr	*s. u. huru*
සුරූපී	*surūpī* adj	*s. o. su-*
සුලබ, සුලභ	*sulaba, sulabha* adj	leicht erhältlich, reichlich vorhanden
සුලඟ	*sulaňga*	*s. u. suḷaňga*
-සුලු	*-sulu* suf; unkorrekt auch *-suḷu*	-haft, -lich
	biyasulu	ängstlich, schreckhaft
සුවඳ	*suvaňda*, *suvaňda-*, pl *-val*, s, adj	Wohlgeruch; wohlriechend
	mē mala suvaňdayi.	Diese Blume riecht gut.
සුවය	*suvaya*, *suva-* unz	Wohlsein, -befinden, -ergehen
	kesēda suvaduk? im Brief	Wie geht es Euch?; *wtl.* Wie (ist) das Wohlsein und Unwohlsein?
සුසාන භූමිය	*susāna bhūmiya*, *susāna bhūmi-*	Friedhof
සුළඟ	*suḷaňga*, *sulaňga*, *suḷaṃ-*, *sulaṃ-*; *huḷaňga* umg	Wind, frische Luft
	uturu desin suḷaṃ hamayi. schr	Der Wind weht aus nördlicher Richtung.
	huḷaṃ gähenavā umg	sich der frischen Luft aussetzen
සුළු	*suḷu* adj	klein, trivial, minder
	suḷu jātiya	nationale Minderheit
	suḷu minissu	kleine Leute
	ēka suḷu deyak nemeyi. umg	Das ist keine Kleinigkeit.
සුහද	*suhada* adj	*s. o. su-*
සූ	*sū*	*s. o. siv, sivu*
සූදානම	*sūdānama*, *sūdānam-* unz	Vorbereitung, Bereitsein
	yamak sūdānam karanavā	etw. vorbereiten
	sūdānam venavā	sich vorbereiten
සූර	*sūra*	*s. o. śūra*
සූරනවා	*sūranavā*, umg *hūranavā*	kratzen, scharren, ritzen
සූර්යයා (සූර්‍ය්‍යා, සූර්යා)	*sūryayā*, *sūrya-* **para 5** schr	Sonne
	sūryágráháṇaya	Sonnenfinsternis

සෙනග, සෙනඟ	*senaga*, *senañga*, *senaga-*, *senañga-* Kollektivum	Menschenmenge, Gedränge
	ada etana loku senañgak hiṭiyā. umg	Heute war dort eine große Menschenmenge.
සෙනවා	*senavā* obs, nur im zsgv *sinā senavā* erhalten	lächeln, lachen; *s. a. sinā senavā*
සෙනසුරාදා	*senasurādā*, *senasurādā-*, pl *-val;* umg auch *henahurādā*	Samstag, am Samstag, (am) Sonnabend
සෙනෙහස	*senehása*, *senehása-* unz	Zuneigung, Anhänglichkeit
සෙම	*sema*, *sem-* Stoffbez	Schleim
	sempratiśyāva schr/*hembi-rissāva* umg	Schnupfen, Erkältung
සෙමින්, සෙමෙන්	*semin*, *semen* schr	*s. u. hemin*
සෙය	*seya*, *sey-*, *sē-* unz schr	Art und Weise; Ähnlichkeit
	seyin, *sē* adv	in der Art u. Weise, wie
	pera seyin, *pera sē* adv	wie früher/ehemals
සෙර, සෙරී	*sera*, *serī*, *sera-*, *serī-* **para 6**, f v. *sorā*; *hera*, *herī* umg	Diebin
සෙරෙප්පුව	*sereppuva*, *sereppu-*	Sandale
සෙල්ලම	*sellama*, *sellam-*	Spiel, Spaß, Vergnügen
	sellamaṭa adv	zum Spaß, als Vergnügen
	sellam baḍuva, pl *sellam baḍu*	Spielzeug
	sellam karanavā	spielen
සෙවණ	*sevaṇa*	*s. u. hevaṇa*
සෙවණැල්ල	*sevaṇälla*	*s. u. hevaṇälla*
සෙසු	*sesu* adj schr	übrig, restlich
සෙළුව	*seḷuva*, *heḷuva*, *seḷu-*, *heḷu-*	Nacktheit
සේ	*sē* post schr	wie, ähnlich wie; *s.* § 37 g), § 35 c), § 36 *u. seya*
සේනාව	*sēnāva*, *sēnā-*	Heer, Armee, Truppe
සේරම	*sērama*; *sēroma* (selten); pron umg, bisweilen redundantes *-(l)lā* als pl: *sērama(l)lā* 'alle'	alle, alles; *s. a.* § 16
	pantiyē sēraṭama	allen in der Klasse
	pot sērama	alle Bücher
	eyāṭa sērama denna.	Gib ihm/ihr alles!
සේවය	*sēvaya*, *sēvā-*	Dienst, Dienstleistung
	sēvakayā **para 5**	Bediensteter, Angestellter, Diener
	sēvikāva **para 7**	Bedienstete, Angestellte, Dienerin
	yamakuṭa sēvaya karanavā	jmdm. dienen
	täpäl kantōruvaka sēvaya karanavā	in einem Postamt als Angestellter tätig sein

සොඳ	*sonda* schr	*s. u. honda*
සොබා සිරි(ය)	*sobā siri(ya)*, *sobā siri(ya)-* unz	die Schönheit der Natur
සොයනවා	*soyanavā*, *hoyanavā* schr ps *soyayi*, abs *soyā*, part pt *sevū*, pt *sevvēya*, *sevīya*; umg abs *hoyalā*, part pt *hevva*, *hoyapu*, pt *hevvā*	suchen
	soyannāṭa samba vē. Sprichwort	Wer suchet, der findet.
	yamak/yamaku gäna soyā balanavā	sich um etw./jmdn. kümmern
	sevīma vn; *sevuma* vn	Suchen; Suche
	sevum yantraya	Suchmaschine *comp*
සොරා	*sorā*, *horā*, *sora-*, *hora-* **para 2**	Dieb
	hora atsana	gefälschte Unterschrift
	sora kama, *hora kama*	Diebstahl, Entwendung
	sora kam/hora kam karanavā	stehlen, entwenden
සොලවනවා	*solavanavā* kaus v. *salanavā* 'schütteln' (**salava- > solava-*), *holavanavā* > *hollanavā* umg	schütteln, schwingen, hin u. her bewegen
සොහොයුරා	*sohoyurā*, *sohoyuru-* **para 4**; *sohovurā*	Bruder; *s. a. sahōdarayā*
	sohoyurī, *sohovurī* **para 6**	Schwester; *s. a. sahōdariya*
	sohoyuru sohoyuriyō	Geschwister
සෝකය	*sōkaya*	*s. o. śōkaya*
සෝදනවා	*sōdanavā*, *hōdanavā*	waschen
	sōdā/hōdā gannavā	sich waschen
	muhuṇa sōdā/hōdā gannavā	sich das Gesicht waschen
සෞඛ්‍යය	*saukhyaya*, *saukhya-* unz	Gesundheit, Hygiene
සෞභාග්‍යය	*saubhāgyaya*, *saubhāgya-* unz	Glück, Reichtum, Wohlstand
	saubhāgyavat	glücklich, sehr reich, Wohlstands-
ස්තුතිය	*stutiya*, *stuti-*; umg a. *istutiya*	Dank; *wtl.* Lob, Lobpreisung
	yamakuṭa stuti karanavā	jmdm. danken
	yamakuṭa stutivanta venavā	jmdm. dankbar sein
	bohoma stutiyi!	vielen Dank!
ස්තූපය	*stūpaya*	*s. o. thūpaya*
ස්ත්‍රිය, ස්ත්‍රී	*striya*, *strī*, *strī-*, pl *strīhu* schr	Frau, Weib, Gattin; *s. a. itiriya*
	strī liṃga, *itiri lingu* gramm	weiblich (Genus)
ස්ථානය	*sthānaya*, *sthāna-*; umg a. *(i)stānaya*, *istānē*	Platz, Ort, Stelle, Stellung, Stätte, Revier
ස්ථිර	*sthira* adj; umg a. *istira*	fest, beständig, standhaft
	sthira ādāyama	festes Einkommen
ස්පර්ශය (ස්පර්‍ශය)	*sparśaya*, *sparśa-* unz schr	Berührung, körperl. Kontakt

	sparśa karanavā	berühren, leicht anfassen
ස්ව-	*sva-* pron adj als präf schr	selbst, eigen
	svakīya vagakīma	eigene Verantwortung
	svabhāvaya	Natur, Wesensart
	svabhāvika	natürlich, ungezwungen
	svayaṃkrīya	selbsttätig, automatisch
	svarūpaya	Beschaffenheit, Wesen
	svōtsāhaya < *sva+utsāhaya*	eigene Anstrengung
ස්වරය	*svaraya*, *svara-*	Ton, Klang, Note (Musik); Vokal, Akzent; Stimme
ස්වල්ප	*svalpa* adj; umg a. *suvalpa*	wenig, gering, unbedeutend
	svalpa denek pamaṇak	nur wenige Leute
	svalpa vēlāvakaṭa pasu schr	nach kurzer Zeit

හ *ha*

හං	*haṃ*	*s.o. sama*[2]
හංගනවා	*haṃganavā*	*s.o. saṅgavanavā*
හංසයා	*haṃsayā*, *haṃsa-* **para 5**	Schwan; *urs* Gans
	haṃsa dhenuva **para 7, 9**	weiblicher Schwan
හකුළනවා	*hakuḷanavā*	*s.o. akuḷanavā*
හඟවනවා	*haṅgavanavā*, *aṅgavanavā* kaus von *(h)äṅgenavā*	zu verstehen geben
හඟිනවා	*haṅginavā* selten gebr schr	denken, überlegen, vermuten
හට ගන්නවා	*haṭa gannavā*, *aṭa gannavā* zsgv: Abs II v. obs *haṭa-* 'entstehen'+ *gannavā*	entstehen, hervorkommen
හටන	*haṭana*	*s.o. saṭana*
හඬ	*haṅḍa*	*s.o. aṅḍa*
හඬනවා	*haṅḍanavā*	*s.o. aṅḍanavā*
හඬලනවා	*haṅḍalanavā*	*s.o. aṅḍalanavā*
හත	*hata*, *sata*, *hat-*, *sat-* zw	sieben
	hat sīya, schr *sat siyaya*	siebenhundert
	aber *sat satiya* schr, umg	sieben Wochen
හතර	*hatara*, *satara*, *hatara-*, *hāra-*, *satara-* zw	vier; *s.a. siv, sivu u. sū*
	diśā/disā satara schr	vier Himmelsrichtungen
	visi hatara schr, umg	vierundzwanzig
	bīpu minihā gedara giyē hatara gāten. umg	Auf allen vieren ging der Betrunkene nach Hause.
	hatara maṃ handiya	Kreuzung zweier Straßen
	hāra sīya, *hāra dāhá/dahása*	vierhundert, viertausend
	minissu hatara pas denek umg	vier oder fünf Männer

	aber *minissu hāra pan sīyak* umg	vier oder fünfhundert Männer
හතළිහ	*hataḷiha*, *sataḷisa*, *hataḷis-*, *sataḷis-* zw	vierzig
හතුරා	*haturā* umg	*s.o. saturā*
හද	*hada*, *hadavata*, *hada-*, *hadavat-*	Herz, Gemüt
	hadē/hadavatē gäsma	Herzklopfen
හදනවා	*hadanavā*	*s.o. sadanavā*
හදවත	*hadavata*	*s.o. hada*
හදි(ස්)සිය	*hadi(s)siya*, *hadis(s)i-*	große Eile, Dringlichkeit; Notfall, Unerwartetes
	hadisi anatura	Unfall
	hadis(s)iyen, *hadissiyē* adv	in großer Eile, unerwartet
	hadisiyēma adv	plötzlich, unerwartet
	hadissi venavā umg	voreilig sein/handeln
හඳ	*haňda*	*s.o. saňda*[1]
හඳුනනවා	*haňdunanavā*	*s.o. aňdunanavā*
හඳුන්වනවා	*haňdunvanavā*	einführen, einleiten; bezeichnen
	häňdinvīma	Einführung, Einleitung
හනික	*hanika* adv umg	augenblicklich, sofort
	hanika enna.	Komm sofort!
හන්ද	*handā*, *hindā* post, konj umg	wegen, aufgrund; weil; *s.a.* § 37 d), 38 e)
	rasnē handā/hindā mama gedara nävatuṇā.	Wegen der Hitze bin ich zu Hause geblieben.
	vahina handā/hindā eyā väḍaṭa giyē nä̈.	Weil es regnet, ist er nicht zur Arbeit gegangen.
හන්දිය	*handiya* < *sandhiya*, *handi-*	Straßenkreuzung; Gelenk
හපනවා	*hapanavā*	*s.o. sapanavā*
හපන්	*hapan* adj umg	fähig, geschickt
	hapanā **para 1**, *hapanī* **para 6**	der/die Geschickte
හම	*hama*	*s.o. sama*[2]
හමදිනවා	*hamadinavā*	*s.o. amadinavā*
හමනවා	*hamanavā*	wehen (Wind, Wohlgeruch)
	rōsa malen hoňda suvaňdak hamanavā. umg	Von der Rose weht ein angenehmer Duft.
	uturu desin säḍa suḷaňgak hämīya. schr	Vom Norden wehte ein heftiger Wind.
හමාර	*hamāra*, *hamāra-* unz	Ende, Schluß; Hälfte > halb
	hamāra karanavā	zu Ende führen
	hamāra venavā	zu Ende gehen
	sätapum tunáhámārak	dreieinhalb Meilen
	dän vēlāva dekáhámārayi.	Jetzt ist es halb drei.
හමුදාව	*hamudāva*, *hamudā-*	Armee, Truppe

හමුව	*hamuva*, *samuva*, *hamu-*, *samu-*	(Zusammen-)Treffen
	yamaku hamuvē	in Gegenwart von jmdm.
	maṭa ohu hamu viya. schr/ *maṭa eyā(va) hamu uṇā.* umg	Ich habe ihn (zufällig) getroffen./Er ist mir begegnet.
	mama ohu hamu vīmi. schr/ *mama eyāva hamu uṇā.* umg	Ich habe ihn (nach Vereinbarung) getroffen.
	pärаṇi at piṭapatak ohuṭa hamu viya. schr	Er hat eine altes Manuskript gefunden.
හම්බ කරනවා	*hamba karanavā*, *samb(h)a karanavā* zsgv: *sambha* (< *saṃbhava* 'Entstehung') + *karanavā*; umg a. *hambu karanavā*	verdienen (Geld), erwerben (Reichtum)
හම්බ වෙනවා	*hamba venavā*, *samb(h)a venavā* zsgv; umg a. *hambu venavā*	finden, bekommen, treffen, (ein Kind) bekommen
	maṭa ohu samb(h)a viya. schr/ *maṭa eyā(va) hamba uṇā.* umg	Ich habe ihn (zufällig) getroffen./Er ist mir begegnet.
	mama ohu samb(h)a vīmi. schr/ *mama eyāva hamba uṇā.* umg	Ich habe ihn (nach Vereinbarung) getroffen.
	eyāgē nōnāṭa īyē ḷamayek hamba uṇā. umg	Seine Frau hat gestern ein Kind bekommen/geboren.
හය	*haya*, *saya*, *haya-*, *saya-* zw	sechs
හයිය	*hayiya*	*s.o. saviya*
හරකා	*harakā*, *harak-*, pl *harak*	Stier, Rind; Rindvieh *vulg*
	harakī **para 6**	Kuh; dumme Kuh *vulg*
	harak mas	Rindfleisch
හරහ	*haráhá*, *haras-* unz	Quere, Querrichtung
	haras pāra	Querstraße
	haras praśnaya	Zwischenfrage
	yamakuṭa haras kapanavā	jmdm. in die Quere kommen, jmdm. das Wort abschneiden
	yamak haras karanavā	etw. quer legen/stellen (in behindernder Weise)
	haráháṭa adv	quer
	haráhā adv	quer(-durch)
හරි 1	*hari*[1] adj, adv umg	richtig, gut; sehr
	hari velāva	richtiger Zeitpunkt
	hari häṭi	auf richtige Weise
	hari hoňda ḷamayek	ein sehr guter Junge
	yamak hari gassanavā	etw. reparieren, zurechtmachen, -setzen, -stellen
	okkoma hari giyā.	Es hat alles gut geklappt.
	yamakuṭa hari yanavā	jmdm. geht es gut (beruflich/finanziell)
	hariya, *hari lakuṇa* schr/umg	√, Richtigkeitszeichen

	hariyaṭa adv	richtig, genau; sehr viel
	hariyaṭa väḍa karanna.	Arbeite/Arbeiten Sie bitte richtig!
	eyā hariyaṭa(ma) tunaṭa āvā.	Er kam genau um 3 Uhr.
	eyā hariyaṭa väḍa karanavā.	Er arbeitet sehr viel.
හරි [2]	*hari*[2]	*s.o. sari*
හරි [3]	*hari*[3] indef pron suf, konj umg	irgend; entweder ... oder ...; *s.a.* § 15 u. 38 b)
	mokak hari	irgend etwas
	Nimal hari Sunil hari	entweder Nimal oder Sunil
හරිනවා [1]	*harinavā*[1] zu obs *hara-* 'nehmen'	senden, wegschicken (*aus Sicht d. Absenders); s.a. arinavā* [1]
	hära gannavā	(für sich) nehmen
	hära gat	(für sich) genommen
	hära gena	(für sich) genommen habend
හරිනවා [2]	*harinavā*[2]	*s.o. arinavā* [2]
හරිය	*hariya*, *hariya-*, pl nicht gebr	Ausdehnung, Gegend
හලනවා	*halanavā*	*s.o. salanavā*
හලෝ!	*halō!* Grußformel	*Meldewort beim Telefonieren*
හවස	*havasa*	*s.o. savasa*
හවුරුද්ද	*havurudda*	*s.o. avurudda*
හවුල	*havula*, *havul-*	Teilhaber-, Partnerschaft
	havul kārayā **para 5**	Teilhaber, Partner
	havul kāriya **para 6**	Teilhaberin, Partnerin
	yamakaṭa havul venavā	an etw. teilhaben
හසු කරනවා	*hasu karanavā*	*s.o. asu karanavā*
හසු වෙනවා	*hasu venavā*	*s.o. asu venavā*
හසුන	*hasuna*	*s.o asuna*[2]
හස්තය	*hastaya*, *hasta-* schr	Hand; *s.a. ata*[1]
	hasta karmāntaya	(Kunst-)Handwerk
හස්න	*hasna*	*s.o. asuna*[2]
හා [1]	*hā* [1]	*s.o. saha*
හා! [2]	*hā!*[2] int oft redupliziert	halt (tu das nicht)! (*zur Prävention e. unmittelbar bevorstehenden Handlung*)
	hā (hā)! dora arinna epā!	Halt! Öffne die Tür nicht!
හා [3]	*hā* [3] oft mit nasalisiertem Vokal als *hā̃* gesprochen, satzwort umg	ja, O.K. (*Zustimmung n. Aufforderung/höfl. Frage*)
	oyā dän gedara yanna. hā./(hā, hoṅdayi.)	Geh bitte jetzt n. Hause! O.K./(In Ordnung!)
	oyā maṭa pota denavāda? hā./(hā, dennam.)	Gibst du mir das Buch? O.K./(Ich gebe es dir.)
	eyāṭa pota dennada? hā./(hā, denna.)	Darf ich ihm das Buch geben? O.K./(Gib es ihm.)

හා කරනවා	*hā karanavā* zsgv: *hā*^{1}+*karanavā*	zusammenfügen, verbinden
හාදුව, හාද්ද	*hāduva, hādda, hādu-*	Kuß
	hāddak denavā; hādu denavā	einen Kuß geben; küssen
හානිය	*hāniya, hāni-*	Verlust, Ruin, Zerstörung
	hānikara adj	schädigend, schädlich
	yamakuṭa/-kaṭa hāni karanavā	jmdn./etw. schädigen
-හාම	*-hāma* temp konj m. archaischem part ps schr	sobald, jedesmal wenn
	ohu geṭa ätul vannāhāma	sobald/jedesmal wenn er in das Haus hineingeht,
හාර	*hāra*	*s. o. hatara*
හාරනවා	*hāranavā*	*s. o. sāranavā*
හාල්	*hāl, sahal* Stoffbez	geschälter Reis
හා වෙනවා	*hā venavā* zsgv: *hā*^{1}+*venavā*	sich aneinanderfügen
හැකය	*häkaya*	*s. o. säkaya*
හැකි	*häki* adj, mod verb ers m. dat, Flexion: *häkkēya* usw. m. Subjekt im Nom obs; *ähäk(i)* regional umg, konstruiert wie *puḷuvan*	fähig, möglich; können, fähig sein; *s. a.* § 29 b)
	häki taram	soviel wie möglich
	väḍa kaḷa häki minissu	arbeitsfähige Menschen
	kiyaviya häki at akuru	lesbare Handschrift
	maṭa väḍa kaḷa häkiyi/häkī.	Ich kann arbeiten.
	häkiyāva	Fähigkeit, Möglichkeit
හැඟීම	*häṅgīma, häṅgīm-*	*s. u. häṅgenavā*
හැඟුම	*häṅguma, häṅgum-*	*s. u. häṅgenavā*
හැඟෙනවා	*häṅgenavā, äṅgenavā* Subjekt im Dativ	fühlen, spüren, verstehen, vermuten
	Sunil dukin siṭina bava Nimal-ṭa hänguṇēya/häṅgiṇi. schr	Nimal fühlte/spürte, daß Sunil unglücklich ist.
	maṭa häṅgena häṭiyaṭa	wie ich (es) verstehe,
	häṅgīma, häṅguma vn	Gefühl, Vermutung, Eindruck
	"ohu gedarayä" yi yana häṅgī-men mama ehi giyemi. schr	In d. Vermutung, er sei zu Hause, ging ich dorthin.
හැට	*häṭa, säṭa, häṭa-, säṭa-* zw	sechzig
	siv(u)/sū säṭa kalā schr	64 Künste
හැටි(ය)	*häṭi(ya), säṭiya, häṭi-, säṭi-* unz	Beschaffenheit, Art, Weise
	Lāl naṭana häṭi lassanayi.	Die Art und Weise wie Lāl tanzt, ist schön.
	Sunil kiyana häṭiyaṭa ...	wie Sunil sagt, ...
	Sarat ā häṭiyē/häṭiyema Nimal gedara giyā. umg	Sowie Sarat kam, ging Nimal nach Hause.
හැඩ(ය)	*häḍa(ya), häḍa-; häḍē* umg	Form, Aussehen, Gestalt

	häḍa kārayā **para 5** umg	gutaussehender Mann
	häḍa kāriya **para 6** umg	gutaussehende Frau
	kālayaṭa anuva häḍa gäsenavā schr/*kālĕ häṭiyaṭa häḍa gähenavā* umg	sich dem Zeitgeist anpassen; *wtl.* sich gemäß der Zeit anpassen
හැතැක්ම	*hätäkma*	*s.o. sätapuma, sätäpuma*
හැතැප්ම(ය)	*hätäpma(ya)*	*s.o. sätapuma, sätäpuma*
හැත්තෑව	*hättǟva*, *sättǟva*, *hättǟ-*, *sättǟ-* zw	siebzig
හැන්ද	*hända*, *hän̆di-*	Löffel
	hän̆di gäruppu	Löffel u. Gabel, Besteck
හැන්දෑව	*händǟva*	*s.o. sändǟva*
හැපෙනවා	*häpenavā* kaus *happanavā* < **hapavanavā*; *happavanavā* sog. Doppelkausativ	an/gegen etw./jmdn. schlagen, stoßen
	magē än̆gē häpenna epā! umg	Stoß mich nicht an!; *wtl.* Stoß nicht gegen meinen Körper!
හැබැයි	*häbäyi* adversativ konj umg	aber; *wtl.* (so) wahr (das) auch ist
	Sunil hari pohosat, häbäyi satuṭin nemeyi innē.	Sunil ist sehr reich, aber er ist nicht glücklich.
හැබෑව	*häbǟva*, *säbǟva*, *häbǟ-*, *säbǟ-*	Wirklichkeit, Wahrheit
	häbǟṭa? adv umg	wirklich?
	ēka häbǟda? umg	Ist das wahr?
හැම	*häma*	*s.o. säma*
හැමෝම	*hämōma*	*s.o. säma*
හැර	*hära* post schr, abs II v. *harinavā*[1], *harinavā*[2]	außer, ausgenommen; *s.a.* § 37 f)
	ohuṭa Sunil hära an kisi yahaḷuvek näta.	Außer Sunil hat er keinen anderen Freund.
හැරෙනවා	*härenavā*	sich wenden, abbiegen
	dakuṇaṭa härenavā	sich nach rechts wenden
	etanin vamaṭa härenna! umg	Biegen Sie/bieg (bitte) von dort links ab!
	härilā enavā	umkehren
හැසිරෙනවා	*häsirenavā*	sich benehmen/verhalten; hin- und her gehen
	häsirīma vn	Benehmen, Verhalten
හෑම	*hǟma*	*s.o. säma*
හිංසාව	*hiṃsāva*, *hiṃsā-*	Schädigung, Verletzung, Qual
	satunṭa hiṃsā kirīma	Tierquälerei
හිඟ(ය)	*hin̆ga(ya)*, *hin̆ga-*	Knappheit, Mangel, Defizit
	hin̆ga mudala	Fehlbetrag

	hiňga venavā	knapp werden
හිට, හිටන්, හිටලා	*hiṭa, hiṭan, hiṭalā*	*s.o. siṭa*
හිටවනවා	*hiṭavanavā*	*s.o. siṭavanavā*
හිටිනවා	*hiṭinavā*	*s.o. siṭinavā*
හිටි හැටියේ(ම)	*hiṭi häṭiyē(ma)*	*s.o. siṭinavā*
හිත [1]	*hita*[1]	*s.o. sita*
හිත [2]	*hita*[2], *hita-* unz	Wohl, Nutzen
	hitakara	wohltuend
	mīṭa hitavat als Briefschluß	*Entspr. zu:* mit freundlichen Grüßen/Ihr(e) ergebene(r); *wtl.* (Ihnen) wohlgesinnte(r)
හිතනවා	*hitanavā*	*s.o. sitanavā*
හිතුවක්කාර	*hituvakkāra* adj umg	eigensinnig, trotzig
	hituvakkārayā **para 5**	der Eigensinnige
	hituvakkāriya **para 6**	die Eigensinnige
හිතෙනවා	*hitenavā*	*s.o. sitenavā*
හිඳිනවා [1]	*hiňdinavā*[1]	*s.o. siňdinavā*[1]
හිඳිනවා [2]	*hiňdinavā*[2]	*s.o. siňdinavā*[2]
හිඳිනවා [3]	*hiňdinavā*[3]	*s.o. iňdinavā u. innavā*
හිනාව	*hināva*	*s.o. sināva*
හින්දා	*hindā*	*s.o. handā*
හිම [1]	*hima*[1]	*s.o. ima*
හිම [2]	*hima*[2], *hima-* Stoffbez	Schnee
	himālaya	Himalaya; *wtl.* Schneestätte
	hima väṭenavā	es fällt Schnee
හිමින්	*himin*	*s.u. hemin*
හිමියා	*himiyā, himi-* **para 3**	Herr, Besitzer, *obs* Ehemann
	gehimiyā	Hausherr, Hausbesitzer
	Saraṭṭa iḍama himi veyi schr/ *himi venavā.* umg	Sarat kommt in den Besitz des Grundstücks.
හිර	*hira*	*s.o. ira*[1]
හිරය	*hiraya, siraya, hira-, sira-* in der letzten Bedeutung zählbar; *hirē*	Gefängnis, Enge; Ehe *umg*
	hira karuvā/kārayā **para 5**	Gefangener
	hira kāriya **para 6**	Gefangene
	sira geya schr, *hira gē/gedara*	Gefängnis
	sira schr/*hira daňḍuvama*	Gefängnisstrafe
	sira bhārayaṭa gannavā schr	gefangen-, festnehmen
	hirē/hirēṭa yanavā umg	ins Gefängnis kommen
	hira venavā	ins Gedränge geraten
	äňduma maṭa hirayi. umg	Das Kleid ist mir zu eng.
	hira/hirayak gannavā umg	eine Frau nehmen
	hira denavā umg	eine Frau zur Ehe geben
හිරිහැරය	*hirihäraya, hirihāra-*	Belästigung, Schikane

	yamakuṭa hirihära karanavā	jmdn. belästigen/schikanieren
හිරු	*hiru*	*s. o. ira*[1]
හිල	*hila*, *hil-*	kleines Loch
	hil karanavā	lochen
හිස	*hisa*, *isa*, *(h)is-*; umg auch *iha*	Kopf, Haupt, Spitze
	hisa käkkuma	Kopfschmerz(en)
	hisa kes	Kopfhaar
	his kabala	Schädel
හිස්	*his* adj	leer, unbewohnt
	his kāmarayak	ein unbewohntes Zimmer
	his täna	Leerstelle, Lücke
හී	*hī* abs II v. *henavā*[1] 'fähig sein', nur m. neg präf *no-/nu-* gebr schr	fähig/imstande seiend
	vēdanāva ivasā gata nohī ...	nicht fähig, den Schmerz zu ertragen, ...
හීත(ල)	*hīta(la)*	*s. o. śīta(la)*
හීන්	*hīn*	*s. o. sihin*
හීන	*hīna* suf, adj	gering, niedrig, minder
	hīna mānaya	Minderwertigkeitskomplex
	bela hīna	mit geringer Kraft
	hīna venavā	geringer werden
හීනය	*hīnaya*	*s. o. sihinaya*
හීනි	*hīni*	*s. o. sihin*
හුඟ	*huňga* adj umg	viel, reichlich; *s. a. suňga*
	huňgak auch adverbial gebr	e. große Menge/Zahl; sehr
	huňga kalak, *huňgak kal*	(eine) lange Zeit
	huňga davasak, *huňgak davas*	viele Tage
	huňga denek, *huňgak denā*	viele Leute
	aber *huňgak pot*, *pot huňgak*	viele Bücher, ein große Zahl von Büchern
	huňgak hoňda potak	ein sehr gutes Buch
හුදක්	*hudak*	*s. u. hudek*
හුදකලා, හුදෙකලා	*hudakalā*, *hudekalā* adj	allein, einsam
	hudakalā/hudekalā bava	Einsamkeit
හුදෙක්	*hudek*, *hudak* adv schr	nur, allein; eindringlich
හුන්	*hun* part pt v. *hiňdinavā*[3] schr	gewesen; *s. a. innavā*
හුරු	*huru*, *suru* adj	vertraut, geschickt, tüchtig
	huru ata, *suráta* < *suru ata*	geschickte/rechte Hand
	huru purudu	vertraut und gewöhnt
	väḍaṭa huru venavā	mit der Arbeit vertraut werden
හුවමාරුව	*huvamāruva*, *huvamāru-*	Austausch, Wechsel

	baḍu huvamāruva	Austausch von Gütern
	liyum huvamāruva	Briefwechsel
	vacana huvamāruva	Wortwechsel
	pot huvamāru kara gannavā	Bücher austauschen
හුස්ම	*husma*, *husma-* unz	Atem, Atemzug
	husma gannavā	einatmen, Atem holen
	avasan husma heḷanavā	den letzten Atemzug tun
හුළඟ	*huḷan̆ga*	*s. o. suḷan̆ga*
හූ කියනවා	*hū kiyanavā* zsgv: onom poet	*als Ausdruck d. Mißfallens ununterbrochen "hū" rufen*
	hū+kiyanavā umg	
හූරනවා	*hūranavā*	*s. o. sūranavā*
හෘදය	*hṛdaya*, *hṛda(ya)-*	Herz, Gemüt
	hṛdaya rōga	Herzkrankheiten
	hṛdaya vastuva	Herz
	hṛda(ya) sākṣiya	Gewissen; *wtl.* das Zeugnis des Herzens
	hṛdayāṃgama/hṛdayāṅgama	herzlich, aufrichtig
	hṛdayābādhaya	Herzinfarkt
හෙට	*heṭa* adv	morgen
හෙතෙම	*hetema*	*s. u. hē*
හෙණය	*heṇaya*, *henaya*, *heṇa-*, *hena-*; *henē* umg	Blitz, Blitzschlag
	heṇa/hena gahanavā. umg	Der Blitz schlägt ein.
හෙදිය	*hediya*, *hedi-* **para 6**	Krankenschwester
හෙනය	*henaya*	*s. o. heṇaya*
හෙනවා [1]	*henavā*[1] obs	fähig/imstande sein; *s. a. hī*
හෙනවා [2]	*henavā*[2] obs, in *gilihenavā* (s.o.) noch vorhanden	(herunter-)fallen
හෙම්	*hema*, *ehema* abpart umg	denn, etwa, usw.
	Sunil iskōlĕ yannē (e)hema nädda?	Geht Sunil denn nicht in die Schule?
	oyā eyāṭa salli (e)hema dunnăda?	Hast du ihm etwa Geld gegeben?
	Lāl mēsa puṭu (e)hema alutin gattā.	Lāl hat Tische, Stühle usw. neu angeschafft.
හෙමින්	*hemin*, *himin*, *semin*, *semen* adv	langsam; leise; *urs* ruhig
	hemin kat(h)ā karanavā	leise sprechen
	hemin yanavā	langsam gehen/fahren
හෙමිහිට	*hemihiṭa* adv umg	langsam, leise, in Ruhe
හෙම්බිරිස්සාව	*hembirissāva*	*s. o. sema*
හෙයින්	*heyin* kaus konj schr	da, weil; *s. a.* § 38 e)
	ohu esē kī/kivū heyin,	weil er so gesagt hat,
හෙර, හෙරි	*hera*, *herī*	*s. o. sera*

හෙවණ	*hevaṇa, sevaṇa, hevaṇa-, sevaṇa-; sevana, hevana*	Schatten (freier Raum ohne direkte Sonnenstrahlen)
	gasaka sevaṇa schr	der Schatten e. Baumes
හෙවණැල්ල	*hevaṇälla, sevaṇälla, hevaṇäli-, sevaṇäli-; hevanälla, sevanälla*	Schatten (eines Lebewesens/ Gegenstandes)
	eyā hevaṇälla vagē ägē passen yanavā. umg	Er folgt ihr wie ihr Schatten.
හෙවත්	*hevat* adv schr	alias, sonst ... genannt
	Śāntilāl hevat Lāl Gamagē	Śāntilāl alias Lāl Gamagē
හෙළනවා	*heḷanavā*	*s. o. eḷanavā*
හෙළුව	*heḷuva*	*s. o. seḷuva*
හේ	*hē, hetema* pers pron m 3. sg nom **para 14**, oft durch *ohu* ersetzt	er, jener
හේතුව	*hētuva, hētu-*	Ursache, Grund
	hētu sahita	begründet
	yamakaṭa hētu dakvanavā	Gründe für etw. anführen
හේත්තු කරනවා	*hēttu karanavā*	(etw. an etw.) lehnen
හේත්තු වෙනවා	*hēttu venavā*	sich (an etw.) lehnen
හොට	*hoṭa, hoṭa-,* pl *-val*	Schnabel (eines Vogels)
හොඬය, හොඬවැල	*hoňḍaya, hoňḍaväla, hoňḍa-, hoňḍaväl-; hoňḍē*	Rüssel (eines Elefanten)
හොත්	*hot* konditional suf schr; *hotin*	wenn, falls; *s. a.* § 30 a)
	väḍa kaḷa hot mudal läbeyi.	Wenn man arbeitet, wird man Geld erhalten.
හොඳ	*hoňda, soňda* adj, s	gut; das Gute; Güte; *urs* schön
	hoňda minihek	ein guter Mensch
	hoňda potak	ein gutes Buch
	hoňda naraka	das Gute und das Böse
	yamakuṭa hoňdak karanavā	jmdm. Gutes tun
හොය	*hoya*	*s. o. oya*[2]
හොයනවා	*hoyanavā*	*s. o. soyanavā*
හොරා	*horā*	*s. o. sorā*
හොරෙන්	*horen* adv umg	diebisch, heimlich
හොලවනවා	*holavanavā* > *hollanavā*	*s. o. solavanavā*
හෝ	*hō* konj schr	oder; *s. a.* § 38 b)
	mava hō piyā	Mutter oder Vater
	tē hō kōpi hō	entweder Tee oder Kaffee
හෝටලය	*hōṭalaya, hōṭal(a)-*	Hotel
හෝඩිය	*hōḍiya, hōḍi-*	Alphabet
හෝදනවා	*hōdanavā*	*s. o. sōdanavā*
හ්‍රස්ව	*hrasva* adj	kurz
	hrasvaya/hrasva svaraya	kurzer Vokal

ළ *ḷa*

ළං	*ḷaṃ*	*s. o. lan̆ga*
ළඟ	*ḷan̆ga*	*s. o. lan̆ga*
ළදරුවා	*ḷadaruvā, ladaruvā, ḷadaru-, ladaru-* **para 5**	Säugling, Baby, kleiner Junge
	ḷadäriya, ladäriya **para 6**	kleines Mädchen
ළඳ	*ḷan̆da*	*s. o. lan̆da*
ළමයා	*ḷamayā, lamayā, ḷamā-, lamā-,* pl *ḷamayi, ḷamō, lamayi, lamō*	Kind, Junge
	ḷamā kālaya	Kindheit
ළය	*ḷaya, ḷa-* pl nicht gebr	Herz, Brust, Busen
	ḷa pätta	Herzgegend, Brustseite
	ḷa tävenavā > *ḷatavenavā*	bereuen, bedauern; *wtl.* Das Herz glüht.
ළා	*ḷā* adj	jung; hell (Farbe)
	ḷā bāla	jung und unreif
	ḷā pāṭa/pähäya	helle Farbe
ළැදියාව	*ḷädiyāva*	*s. o. lädiyāva*
ළිඳ	*ḷin̆da*	*s. o. lin̆da*
ළිප	*ḷipa*	*s. o. lipa*
ළිහනවා	*ḷihanavā*	*s. o. lihanavā*

ෆ *fa*

ෆයිල් එක	*fayil eka, fayil-* umg	Akte, Mappe, Ordner; engl. file
ෆාමසිය	*fāmasiya, pāmasiya, fāmasi-, pāmasi-; fāmasi eka* umg	Apotheke
ෆැරන්හයිට්	*färanhayiṭ* sprich *färənháyiṭ*; *päranhayiṭ*	Fahrenheit
	färanhayiṭ aṃśaka 212	212° F (= 100° C)
ෆැන් එක	*fän eka, fän-* umg	Ventilator, *engl.* fan
ෆිල්ම් එක	*film eka, film-* umg	Film, Kinofilm, *engl.* film
ෆොටෝ එක	*foṭō eka, foṭō-* umg; *poṭō eka*	Lichtbild, *engl.* photo(graph)
	foṭō gannavā	fotographieren
ෆ්‍රිජ් එක	*frij eka, frij-* umg	Kühlschrank, *engl.* refrigerator

Anhang 1

Einige Begriffe zu Datums- und Zeitangaben

1 Tage der Woche

ඉරිදා	*iridā* (Stammform identisch)	Sonntag
සඳුදා	*sańdudā*	Montag
අඟහරුවාදා	*ańgahāruvādā*	Dienstag
බදාදා	*badādā*	Mittwoch
බ්‍රහස්පතින්දා	*brahaspatindā*	Donnerstag
සිකුරාදා	*sikurādā*	Freitag
සෙනසුරාදා	*senasurādā*	Samstag/Sonnabend

2 Monatsnamen

ජනවාරිය	*janavāriya*, *janavāri-*	Januar
පෙබරවාරිය	*pebaravāriya*, *pebaravāri-*	Februar
මාර්තුව	*mārtuva*, *mārtu-*	März
අප්‍රියෙල්	*apriyel*, *apriyel-*	April
මැයි	*mäyi*, *mäyi-*	Mai
ජූනි	*jūni*, *jūni-*	Juni
ජූලි	*jūli*, *jūli-*	Juli
අගෝස්තුව	*agōstuva*, *agōstu-*	August
සැප්තැම්බරය	*säptämbaraya*, *säptämbar(a)-*	September
ඔක්තෝබරය	*oktōbaraya*, *oktōbar(a)-*	Oktober
නොවැම්බරය	*novämbaraya*, *novämbar(a)-*	November
දෙසැම්බරය	*desämbaraya*, *desämbar(a)-*	Dezember

3 Zeitangaben (einige Beispiele)

දැන් වේලාව ...	*dän vēlāva ...*	Es (die Zeit) ist jetzt ...
... තුනයි දහයයි.	*...tunayi daháyayi.*	...zehn nach drei.
... පහයි කාලයි.	*...paháyi kālayi.*	...Viertel nach fünf.
... දොළහයි කාලයි.	*...doḷáhāyi kālayi.*	...Viertel nach zwölf.
... හතහමාරයි.	*...hatáhámārayi.*	...halb acht (sieben u. halb).
... නමයට දහයයි.	*...namayaṭa daháyayi.*	...zehn vor neun.
... එකට කාලයි.	*...ekaṭa kālayi.*	...Viertel vor eins.

4 Datumsangabe (ein Beispiel)

අද දෙදහස් හතරක්වූ ජනවාරි මස දෙවෙනි දින සිකුරාදා/දෙවෙනිදා සිකුරාදා. *ada dedahas hatarakvū janavāri masa deveni dina sikurādā/devenidā sikurādā.* 'Heute ist Freitag, der 2. Januar 2004.'

Anhang 2

Literatur

Literarische Quellen

1. Jayalath, K.: *Mānavikāvak* 'Geschichte eines Mädchens', Ratmalāna 1986 (das erste Kapitel aus diesem Roman).
2. Jayasuriya, P.: *Rēṇuyi Samanaḷayayi* 'Rēṇu und der Schmetterling', Ratmalāna 1990 (ein Lesebuch für Kinder).
3. Jayatilake, K.: *Nonimi Sittama* 'Das unvollendete Bild' aus der gleichnamigen Kurzgeschichtensammlung, Colombo 1984.
4. Sarachchandra, E.R.: *Kālayāgē Ävämen* 'Nach abgelaufener Zeit' aus der gleichnamigen Kurzgeschichtensammlung, Colombo 1969.

Lehrbücher

1. Matzel, K., Jayawardena-Moser, P.: Einführung in die singhalesische Sprache, 4., neubearbeitete Auflage, Wiesbaden 2001.
2. Reynolds, C.H.B.: Sinhalese. An introductory course, SOAS, University of London 1980, 2nd edition, London 1995.

Wörterbücher und Glossare

1. A Dictionary of the Sinhalese Language, hrsg. von D. B. Jayatiḷaka unter der Leitung von Wilhelm Geiger (1935–1941), danach vom Kultusministerium Śrī Laṃkās in Colombo geleitet.
2. Adikaram, E.W.: *Pāṭhaśālīya Śabdakōṣaya, Iṃgrīsi-Siṃhala* ('Schulwörterbuch Englisch-Singhalesisch'), Colombo 1990 (2. Druck).
3. Carter, Ch.: A Sinhalese-English Dictionary, Colombo 1924 (AES third Reprint, New Delhi 2003).
4. Clough, B.: Sinhalese-English Dictionary, second edition, Colombo 1892 (second AES Reprint, New Delhi 1996).
5. Clough, B.: Sinhalese-English Dictionary, verkürzte Neubearbeitung des vorigen Werkes von T. Moscrop und B. A. Mendis, Kuliyapiṭiya 1899 (2nd ed.: 1987).
6. Dictionary of Business Terms, edited by Patricia Fernando, Chandrabanu Samaraweera, Colombo 2003.
7. Glossary of Technical Terms (English-Sinhala), Philosophy & Logic, hrsg. vom Educational Publications Department, Colombo 1989.
8. Malalasekera, G.P.: English-Sinhala Dictionary, 4., neubearbeitete Aufl., Colombo 2003.
9. Paranavitana, S.: Sigiri Graffiti, being Sinhalese Verses of the Eighth, Ninth and Tenth Centuries, Vol. II (Texts and Translation with Notes, Glossary), Oxford University Press 1956, S. 423–472.

10. *Siṃhala Śabdakōṣaya* ('Singhalesisches Wörterbuch'), 1937 (Vol. 1) – 1991 (Vol. 26), 1992 (Vol. 25), Hrsg. Kultusministerium Śrī Laṃkās, Colombo.
11. Wijayatunga, H.: *Prāyōgika Siṃhala Śabdakōṣaya* ('Angewandtes Singhalesisches Wörterbuch'), 2 Bände, Colombo 1982, 1984.

Grammatiken und Beiträge zur historischen Sprachforschung

1. Disanayaka, J.B.: *Nūtana Siṃhala Lēkhana Vyākaraṇaya, 1. Akṣara Vinyāsaya* ('Grammatik der Schriftsprache des gegenwärtigen Singhalesischen, 1. Gestaltung und Anordnung der Schriftzeichen'), Colombo 1990.
2. Geiger, W.: A Grammar of the Sinhalese Language, Colombo 1938.
3. Geiger, W.: Studien zur Geschichte und Sprache Ceylons. Sb. d. Bayer. Akad. d. Wiss., Phil.-hist. Abt. Jg. 1941, Band II, Heft 4. (Nachdruck in: W. Geiger. Kleine Schriften zur Indologie und Buddhismuskunde, hrsg. von Heinz Bechert, Glasenapp-Stiftung Band 6, Wiesbaden 1973, S. 523–557).
4. Geiger, W.: Beiträge zur singhalesischen Sprachgeschichte. Sb. d. Bayer. Akad. d. Wiss., Phil.-hist. Abt. Jg. 1942, Heft 11. (Nachdruck in: W. Geiger. Kleine Schriften (s. o.), S. 560–636).
5. Gunaśekera, A.M.: A Comprehensive Grammar of the Sinhalese Language, Colombo 1891 (reprint: 1962).

Ausführlicher zur Literatur siehe:

1. De Silva, M. W. S.: Sinhalese and other island languages in south Asia, Tübingen 1979 (S. 52–75).
2. Jayawardena-Moser, P.: Aufbauwortschatz Singhalesisch-Deutsch, Anhang B, Wiesbaden 1996.
3. Matzel, K., Jayawardena-Moser, P.: Einführung ... (s.o.), Anhang 4.

Premalatha Jayawardena-Moser

Aufbauwortschatz Singhalesisch – Deutsch

1996. XX, 229 Seiten, br
ISBN 978-3-447-03303-9 *€ 39,– (D)*

Die ca. 4.500 Stichwörter des Aufbauwortschatzes sind nach Sachgruppen geordnet. Zusammen mit dem Grundwortschatz ist er eine Grundlage (bei ergänzendem Benutzen von Lehrbüchern) für das Selbststudium der singhalesischen Schrift- und Umgangssprache und ermöglicht die Konversation sowie das Verstehen einfacher Texte (Zeitungen, Romane etc.). Für Sprachwissenschaftler ist der rasche Zugriff zu grammatischen Kategorien sowie zu Begriffen und Redewendungen nützlich. Nicht zuletzt sind Grund- und Aufbauwortschatz willkommene Reisebegleiter.

Klaus Matzel,
Premalatha Jayawardena-Moser

Einführung in die singhalesische Sprache

4., neubearbeitete Auflage

2001. XXXVIII, 263 Seiten, 1 Abb., br
170x240 mm
ISBN 978-3-447-04498-1 *€ 48,– (D)*

Der Aufbau des Gesamtwerkes ist gegenüber den bisherigen Auflagen (1966, 1983, 1987) im Wesentlichen unverändert geblieben. Die einzelnen Lektionen wurden in der 4. Auflage jedoch weitgehend neu gestaltet, in einigen Fällen mit moderneren Texten. Das Buch soll dadurch für diejenigen, die am aktiven Gebrauch der Sprache interessiert sind, einfacher zu nutzen sein. Gleichzeitig kann es aber auch als Grundlage für Sprachforschungen und Sprachvergleiche dienen. In 19 Lektionen wird zunächst in die Umgangssprache und dann in die Schriftsprache eingeführt, wozu auch Zeitungsartikel und Briefe herangezogen werden. In der Neuauflage erscheinen die Lektionstexte zunächst in singhalesischer Schrift, dann in Umschrift (bis zur 13. Lektion unmittelbar dahinter), gefolgt von Übersetzung und Vokabeln. Jedes Kapitel enthält außerdem einen grammatischen Teil, Erläuterungen zu den einzelnen Sätzen sowie Übungen. Die Einleitung unterrichtet über die singhalesische Schrift, die Aussprache, die Orthographie und die Unterschiede in den Lokalvarianten mit einer Karte. Der Anhang enthält einen grammatischen Index, Lösungen zu den Übungen, ein Literatur- und ein singhalesisch-deutsches Wörterverzeichnis.

Sonja Wengoborski

Die zeitgenössische singhalesische Kurzgeschichte

Beiträge zur Indologie 43

2010. XI, 225 Seiten, 3 Abb.
135x200 mm
⊙ E-Book: ISBN 978-3-447-19078-7 *€ 49,80– (D)*

Die zeitgenössische singhalesische Kurzgeschichte ist in Sri Lanka äußert beliebt. Anfang des 20. Jahrhunderts als eigenständiges Genre entstanden, stellt sie heute einen wichtigen Zweig der modernen singhalesischen Literatur dar. Sonja Wengoborski geht in ihrer grundlegenden Studie der Frage nach, wodurch sich die singhalesische zeitgenössische Kurzgeschichte (keṭikatāva) im Besonderen auszeichnet. Dieser Frage nähert sie sich zum einen aus der Perspektive der einheimischen singhalesischen Literaturkritik, die eine Reihe präziser Forderungen an die keṭikatāva stellt, zum anderen über die Analyse eines Korpus von 18 Kurzgeschichten nach vorwiegend strukturalistisch geprägten westlichen erzähltechnischen Standards. Untersucht werden Perspektive, Raum und Zeit, Wiedergabe von Rede und Gedanken und auch gestalterische Elemente wie das Zusammenspiel von Titel, Anfang und Schluss. Besondere Beachtung findet die Analyse der verwendeten Stilmittel und der spezifischen sprachlichen Möglichkeiten, die das Singhalesische für die Literatur bereithält. In einem abschließenden Schritt stellt Wengoborski ihre Ergebnisse aus der Erzählanalyse den Forderungen der singhalesischen Literaturtheorie kritisch gegenüber und leistet damit einen wichtigen Beitrag zur Erforschung des bisher wenig bekannten Genres.